Mars et Vénus au régime

Du même auteur
aux Éditions J'ai lu

Mars et Vénus au travail, n° 6872
Mars et Vénus, petits miracles au quotidien, n° 6930
Mars et Vénus sous la couette, n° 7194
Une nouvelle vie pour Mars et Vénus, n° 7224
Mars et Vénus Les chemins de l'harmonie, n° 7233
Mars et Vénus, 365 jours d'amour, n° 7240
Comment obtenir ce que nous désirons et apprécier ce que nous possédons, n° 7253
Mars et Vénus, les enfants viennent du paradis, n° 7261
Mars et Vénus ensemble pour toujours, n° 7284
Mars et Vénus se rencontrent, n° 7360
Mars et Vénus au régime, n° 8412
Mars et Vénus en harmonie, n° 8958
Vénus en feu, Mars de glace, n° 9596
Mars et Vénus réussissent ensemble, n° 10841
Mars et Vénus font la paix, n° 11347
Guérir de ses blessures affectives, n° 11677

JOHN GRAY

Mars et Vénus au régime

Pour deux sexes qui ne viennent pas de la même planète, enfin une méthode de régime qui respecte leurs différences !

Traduit de l'anglais (États-Unis) par Anne Lavédrine

J'ai lu
Bien être

Collection dirigée par Ahmed Djouder

Titre original :
THE MARS AND VENUS DIET AND EXERCISE SOLUTION
Publié par HarperCollins, New York, N. Y.

Ce livre est dédié à ma femme Bonnie Gray,
avec tout mon amour et mon affection.
Sa tendresse, sa vulnérabilité, sa sagesse et son dévouement m'ont aidé à donner le meilleur de moi-même. Le moment est venu de partager ce que nous avons appris ensemble.

NOTE AUX LECTEURS

Avant d'entreprendre un programme d'amincissement ou de remise en forme, quel qu'il soit, il est indispensable de consulter au préalable son médecin traitant.

Préface

Mars et Vénus surveillant de concert leur alimentation et leur forme physique : quelle idée alléchante ! Pourtant, s'ils mangent la même chose et pratiquent les mêmes exercices, on peut s'attendre à des frictions et à des déceptions, comme à chaque fois qu'une femme et un homme tentent de communiquer ou de s'aimer sans tenir compte des différences intrinsèques entre les sexes. Dans ce nouveau livre aussi utile qu'efficace, John Gray, l'homme qui nous a appris que les femmes et les hommes venaient de deux planètes différentes, propose des solutions simples et appropriées pour optimiser notre régime alimentaire, notre programme sportif, nos amours, la gestion de notre stress et notre chimie cérébrale.

Nul ne peut le nier : le cerveau influe sur l'humeur, l'énergie, la gestion des relations et le comportement alimentaire. Un excès de stress affecte la chimie cérébrale ainsi que les capacités de communication et de concentration. Les problèmes relationnels accentuent le risque de dépression, de troubles liés au stress et d'hyperphagie. Pourtant, les solutions dans chacun de ces domaines ne sont pas les mêmes pour les femmes et les hommes. Voici l'élément clé de cet ouvrage : les femmes et les hommes ont besoin de protocoles différents pour équilibrer leur chimie cérébrale.

Dans mes cliniques, nous ne manquons pas d'occasions de constater comment des déséquilibres à ce niveau peuvent affecter l'existence d'un patient et comment l'optimisation de ces fonctions améliore son état. Nos établissements traitent chaque année des milliers de patients souffrant de troubles de l'apprentissage et du comportement chez l'enfant, ou de troubles de la mémoire chez les seniors. Dans ce dessein, nous nous basons sur quelques principes simples.

– Le cerveau est impliqué dans chacun de nos actes. Nos pensées, nos sensations, notre comportement face à l'apprentissage, au travail et même à l'amour, dépendent directement du fonctionnement cérébral.

– Quand le cerveau fonctionne correctement, nous tendons en général à en faire autant. Dans le cas contraire, il nous est très difficile de donner le meilleur de nous-mêmes.

– Le cerveau est l'organe le plus complexe qui soit. On estime que l'être humain possède quelque cent milliards de neurones ; chacun d'entre eux est relié aux autres par des milliers de connexions. Ces interconnexions seraient plus nombreuses que les étoiles du firmament... Le cerveau est aussi le premier consommateur d'énergie de notre organisme : bien qu'il ne représente que 2 % de notre poids, il brûle environ 20 % des calories que nous absorbons.

– Les psychiatres et les spécialistes de la santé mentale devraient se pencher sur le fonctionnement du cerveau des sujets atteints de problèmes d'apprentissage, du comportement ou de troubles émotionnels.

– Chaque région du cerveau est liée à une fonction définie. Par exemple, le cortex préfrontal intervient au niveau de la concentration, du contrôle des impulsions et de la prise de décision ; les lobes temporaux gèrent la mémoire, l'égalité d'humeur et le contrôle de celle-ci. De ce fait, lorsque des problèmes (d'origine génétique, traumatique, toxique – abus de stupéfiants ou d'alcool – ou liés au stress) surviennent dans une zone du cerveau, ils génèrent des troubles dans les fonctions commandées par ladite zone.

– La protection et l'optimisation des fonctions cérébrales sont indispensables pour aider chacun de nous à donner le meilleur de lui-même. Malgré les immenses avancées réalisées dans le domaine neurologique, nous ne rendons pas justice à cet organe unique. Ainsi, nous laissons nos enfants frapper leur ballon de la tête ou faire du snow-board sans casque, et nous ne prêtons guère attention aux atteintes cérébrales « mineures. »

– Il existe quantité de façons d'optimiser les fonctions cérébrales, parmi lesquelles la prise de compléments alimentaires, de vitamines et de médicaments, un programme alimentaire et sportif approprié, et une bonne gestion du stress (les hormones du stress attaquent les fonctions cérébrales).

L'un des aspects les plus originaux du travail mené dans mes cliniques réside dans l'utilisation d'imagerie cérébrale par la tomographie d'émission monophotonique, plus connue sous le nom de Spect (*single photon emission computed tomography*), sur les patients atteints de troubles émotionnels, comportementaux ou relatifs à l'apprentissage. Ce système d'imagerie médicale permet observer un cerveau en action grâce à des radio-isotopes. Faciles à interpréter, les images Spect indiquent les zones du cerveau qui fonctionnent correctement, celles qui sont surmenées et celles qui sont sous-utilisées. Elles détectent les ravages provoqués par l'abus de substances toxiques ou par un traumatisme, les prémices d'une démence ainsi que les diverses apparences de l'anxiété, de la dépression et des troubles de l'attention. Elles permettent d'identifier des atteintes cérébrales dans des maladies jusqu'alors considérées comme d'origine strictement psychologique, comme l'anxiété ou la dépression.

Au cours des douze dernières années, mes cliniques ont compilé la plus importante base de données sur l'imagerie cérébrale et le comportement, avec plus de 16 000 images. Nous disposons en outre de nombreux clichés Spect « avant/après », qui permettent d'évaluer l'efficacité de tel ou tel traitement, ainsi que ses éventuels effets indésirables. Ainsi, on constate que les antidépresseurs de la classe des inhibiteurs de la capture de la sérotonine tendent à calmer les zones associées à la dépression mais peuvent aussi réduire l'activité du cortex préfrontal, ce qui peut entraîner des problèmes de concentration ou de motivation.

Très rapidement, nous avons mis en évidence l'importance cruciale de traitements sur mesure. Les anxiolytiques fonctionnent pour certains patients dépressifs, mais pas pour tous. En outre, le traitement doit être adapté au sexe, au tempérament et à l'activité cérébrale de chaque individu. C'est la raison pour laquelle j'ai accepté avec enthousiasme de rédiger cette préface au livre de John Gray. Il prône une approche équilibrée et novatrice qui comprend un grand choix de méthodes pour optimiser les fonctions cérébrales et, par suite, les capacités relationnelles et l'existence du patient.

Tout comme dans cet ouvrage, nous recommandons dans nos cliniques un large éventail de traitements à cet effet, dont la prise de compléments alimentaires, ainsi que des modifications de l'alimentation. La nourriture est un outil thérapeutique – nous le sentons en général d'instinct. Après un repas adéquat, on se sent bien, en forme ; dans le cas contraire, on est ballonné, abruti, voire nauséeux.

L'activité physique agit sur bon nombre de mécanismes corporels. Des études ont indiqué que l'exercice stimule le flux sanguin vers le cerveau, ce qui accroît les capacités cognitives, même chez les seniors. Cela augmente aussi la disponibilité au niveau cérébral de la sérotonine, l'un des neurotransmetteurs les plus importants en termes d'humeur.

L'amour et les relations de couple jouent aussi un rôle décisif pour la santé du cerveau. Une étude qui fait autorité a montré que les bienfaits de la psychothérapie interpersonnelle, laquelle apprend aux patients à améliorer leurs relations, se font sentir jusque dans le cerveau. D'après des images Spect, les fonctions des zones responsables de la régulation de l'humeur peuvent revenir à la normale après quelques séances de thérapie de ce type. « Nous commençons à distinguer des tendances nettes », confirme le Dr Stephen D. Martin, de l'université de Durham, dans le Sunderland (Royaume-Uni). Des chercheurs du Cherry Knowle Hospital ont, pour leur part, effectué des tests Spect sur 27 patients adultes atteints de dépression sévère. Quatorze d'entre eux ont reçu un traitement antidépresseur classique, tandis que les 13 autres bénéficiaient d'une heure hebdomadaire de psychothérapie interpersonnelle. Au terme de six semaines, les deux groupes présentaient une amélioration significative de leur état dépressif. Une deuxième série d'images Spect montre, elle aussi, une nette amélioration, notamment dans les zones du cerveau qui commandent les émotions. L'amour est aussi puissant qu'un médicament... et beaucoup plus plaisant !

Ce livre sera précieux pour les personnes en quête d'une vie équilibrée et plus heureuse.

Dr Daniel G. Amen, auteur de
Change Your Brain, Change Your Life [1]

---

1. *Changez votre cerveau, changez de vie* (N.d.T.).

1
Le régime Mars et Vénus

L'Occident traverse actuellement une crise de santé publique. Chaque jour, nous sommes bombardés d'informations accablantes : un petit garçon sur cinq est atteint de troubles de l'attention ou d'hyperactivité ; les suicides d'adolescents, la violence et l'usage de stupéfiants sont plus répandus que jamais ; un mariage sur deux s'achève par un divorce ; au-delà de cinquante ans, un homme sur deux connaît des problèmes de prostate ; une femme sur trois sera un jour ou l'autre frappée par le cancer ; 65 % de la population est en surpoids ; des millions de femmes souffrent de dépression et ne peuvent se lever le matin sans l'aide de psychotropes... et des millions d'hommes prennent des médicaments pour parvenir à avoir des érections. Et ce n'est là qu'un aperçu !

Mars et Vénus au régime fournit des réponses pratiques et faciles à toutes ces situations. Comme son titre l'indique, il propose des solutions adaptées aux besoins spécifiques des femmes et des hommes. Cela peut paraître incroyable, mais aucun des innombrables régimes amaigrissants n'a jusqu'alors souligné les réactions disparates des organismes féminins et masculins face aux aliments ou au sport. Tous proposent une solution générique et unisexe...

L'alimentation et l'activité physique affectent différemment les femmes et les hommes

Penchons-nous sur quelques points rarement étudiés ou évoqués dans les autres régimes.

– Savez-vous que le même protocole nutritionnel peut faire prendre du poids à une femme, tandis que son compagnon mincit ?

– Savez-vous que c'est l'alimentation d'un homme – et non le nombre d'heures passées à travailler – qui détermine son degré de fatigue en fin de journée ?

– Savez-vous que l'alimentation d'une femme lui procure davantage de satisfaction que le comportement de son compagnon ?

– Savez-vous pourquoi les femmes ont besoin de tendresse et les hommes de sexe ?

– Savez-vous pourquoi les hommes sont souvent dépendants de l'alcool, des stupéfiants, du travail ou du sport ?

– Savez-vous qu'un grand nombre d'hommes présentent des symptômes de déficit de dopamine, tandis que les femmes souffrent plutôt d'un déficit de sérotonine ?

– Savez-vous que 90 % des patients suivant une psychothérapie sont des femmes et que la plupart d'entre elles présentent des symptômes de déficience en sérotonine ?

– Savez-vous que 90 % de la population carcérale est de sexe masculin et que la plupart des détenus présentent des symptômes de déficit de dopamine ?

– Savez-vous pourquoi les femmes sont plus sujettes à la dépression que les hommes ?

– Savez-vous qu'un programme d'exercice physique destiné à aider un homme à perdre du poids peut freiner le processus d'amaigrissement d'une femme, voire susciter chez elle des fringales ?

– Savez-vous pourquoi certaines combinaisons d'aliments rendent un homme somnolent, tandis que madame sera d'humeur coquine, ou inversement ?

– Savez-vous que la dépression masculine se caractérise par des symptômes différents de ceux observés chez la femme ?

– Savez-vous que l'activité physique n'est pas recommandée aux femmes obèses dans la première phase de leur régime amincissant, mais qu'elle est indispensable pour les hommes obèses ?

Mars et Vénus au régime vous aidera à percer ces mystères et bien d'autres encore, en prenant en compte les découvertes scientifiques les plus récentes. Une fois en possession de toutes les pièces du puzzle, vous pourrez comprendre pourquoi vos régimes, programmes sportifs ou relations amoureuses passées se sont soldés par des échecs et découvrir de nouveaux horizons. Oubliez les regrets pour retrouver la motivation nécessaire et, cette fois, réussir en créant les conditions d'une neurochimie propice à la santé, au bonheur et à un couple durable.

Assembler les pièces du puzzle

Mes recherches au cours des dix dernières années depuis la publication de *Les hommes viennent de Mars, les femmes viennent de Vénus* m'ont conduit à me poser la question suivante : en quoi l'alimentation et l'activité physique affectent-elles différemment les hommes et les femmes ?

Le programme qui suit combine découvertes modernes et savoir ancestral. Après avoir lu cet ouvrage, vous en saurez plus long à certains égards que bien des chercheurs. Car les experts se concentrent sur un aspect spécifique d'une question et ignorent souvent ce qui se passe dans les autres domaines scientifiques. Pendant plus de trente ans, j'ai glané des informations auprès de spécialistes dans cinq domaines : la neurologie, la nutrition, le sport, les relations amoureuses et la gestion du stress.

Des neurobiologistes m'ont fait part de leurs dernières découvertes relatives à la chimie cérébrale. Les recherches menées sur les maladies mentales ouvrent de nouvelles perspectives pour nous tous, car bon nombre de personnes présentent des symptômes atténués qui reflètent ceux, plus sévères, de patients relevant de la psychiatrie.

Bon nombre de personnes présentent des symptômes qui reflètent de façon atténuée ceux des patients relevant de la psychiatrie.

J'ai pu constater, tout comme quantité de chercheurs, que parmi les millions d'individus à qui l'on prescrit un traitement par psychotropes, bon nombre souffrent simplement de déficiences nutritionnelles. Et dès que l'on nourrit correctement leur cerveau, grâce à une supplémentation en acides aminés, les symptômes s'estompent en quelques jours seulement.

Les chercheurs de pointe savent mal appliquer leurs découvertes pour traiter les « névroses ordinaires ».

Bien des thérapeutes, conseillers ou professeurs sont experts en gestion du stress, mais ne s'y connaissent guère en gestion du poids, en santé ou en nutrition. Ils ignorent en quoi notre alimentation affecte notre équilibre émotionnel qui, lui-même, affecte notre tour de taille. Ceux qui enseignent des techniques de relaxation ou de méditation méconnaissent parfois l'impact de l'activité physique ou de l'alimentation sur l'état d'esprit.

Ce programme complet offre aux thérapeutes une nouvelle voie pour assister leurs patients atteints de dépression, d'anxiété ou qui souffrent de troubles relationnels. Mon activité de conseiller matrimonial m'a appris que l'on peut résoudre la plupart des problèmes de couple en expliquant aux deux partenaires les différences entre hommes et femmes. Mais faute d'une alimentation et d'un programme d'exercice propre à équilibrer la chimie du cerveau, beaucoup d'hommes et de femmes manqueront de l'énergie et de la sérénité nécessaires pour accomplir les « efforts » qui paraissaient si faciles au début de leur relation.

Bien souvent, ceux qui suivent un programme de désintoxication pour dire adieu à l'alcool, aux stupéfiants ou aux relations malsaines deviennent sans tarder accro au café, à la cigarette ou aux sucreries. Même s'ils ont accompli un pas positif, ils subissent toujours le stress et le désarroi liés à une dépendance et ils le subiront jusqu'à ce que leur cerveau retrouve son équilibre. Toute dépendance est symptôme de déséquilibre cérébral.

Il arrive fréquemment que ceux qui suivent un programme de désintoxication remplacent sans tarder leur dépendance passée par une autre.

Les dernières avancées dans le domaine de la nutrition sont brillamment exposées dans quantité d'ouvrages proposant des programmes nutritionnels aussi divers que variés. Mais si chaque expert propose sa stratégie pour perdre du poids, il ne fait en général pas le lien avec la manière dont la chimie cérébrale ou la vie amoureuse influent sur nos habitudes alimentaires. De ce fait, leurs conseils peuvent fonctionner pour un temps, mais si l'on ne mange pas ce qu'il faut pour équilibrer ses sécrétions de neurotransmetteurs, il devient vite presque impossible de s'en tenir à une alimentation saine.

Les régimes en vogue évoquent peu l'importance d'une stimulation des sécrétions cérébrales adéquates pour optimiser la santé et le contrôle du poids.

De la même manière, sans sous-estimer l'apport des spécialistes sportifs, il faut souligner qu'ils savent rarement comment les divers types d'exercices agissent sur la chimie du cerveau. Et certains entraîneurs sans discernement épuisent leurs clients.

Mon programme ne vise pas à remplacer les méthodes qui fonctionnent déjà pour vous. Considérez plutôt *Mars et Vénus au régime* comme le moyen d'enrichir votre protocole de santé actuel. Vous bénéficierez ainsi des dernières avancées scientifiques dans les domaines suivants :

1. la diététique, la nutrition et la gestion du poids ;
2. les exercices physiques essentiels pour stimuler les systèmes lymphatique, endocrinien et nerveux, pour tonifier les muscles ;
3. la chimie du cerveau, qui détermine la santé et le bonheur ;
4. la relation entre les êtres, la communication et les questions sentimentales qui affectent aussi bien l'équilibre hormonal que celui de la chimie cérébrale ;
5. le stress et la gestion de l'humeur en vue d'une vie plus longue, plus saine et plus heureuse.

L'étude de ces divers domaines sur les trente dernières années, en mettant l'accent depuis dix ans sur la santé et la nutrition, m'ont amené à concevoir un Régime Mars et Vénus. Les informations contenues dans cet ouvrage vous donneront les bases nécessaires pour améliorer vos relations avec les autres, et vos relations avec votre corps.

90 % d'efficacité !

Mars et Vénus au régime ne vous demandera pas de vous soumettre à des mois de disette ou de gym intensive. Vous trouverez dans ces pages des idées faciles à appliquer et donnant des résultats rapides.

Il vous suffira de quelques jours pour déterminer si ce programme vous convient. Si, après quelques semaines, vous n'observez aucun effet salutaire, cela signifie que vos troubles ne résultent pas exclusivement d'un déficit nutritionnel. Si vous avez subi un traumatisme crânien ou un accident, si votre foie est engorgé ou si vous prenez beaucoup de médicaments, vous mettrez peut-être plus longtemps pour éprouver les bienfaits de ce protocole. Dans ce cas, d'autres types de soutien se révèlent nécessaires. Nous étudierons ces autres méthodes curatives dans le chapitre 13.

D'après mon expérience, ce programme fonctionne presque instantanément pour 90 % de ceux qui l'entreprennent.

Je sais, cela semble trop beau pour être vrai, et certains lecteurs vont lever au ciel des yeux incrédules. Pourtant, c'est la vérité. J'en ai moi-même constaté les résultats et l'on me rapporte chaque jour de nouveaux succès. Voilà pourquoi je me montre aussi optimiste.

Le Régime Mars et Vénus est si facile à mettre en œuvre que presque tous ceux qui l'essaient en ressentent les bienfaits immédiatement. Des milliers d'individus l'ont déjà essayé : ils jouissent aujourd'hui d'une meilleure santé et sont plus heureux au quotidien comme dans leurs amours. Nombre d'entre eux ont pu, avec l'accord et sous le contrôle de leur médecin, interrompre leur traitement antidépresseur. Des milliers de personnes en surpoids ont perdu leurs kilos excédentaires et stabilisé leur poids. Et des couples dont les sentiments s'étaient refroidis au fil des ans ont retrouvé la passion et l'enthousiasme des débuts de leur relation. Chaque jour, on me parle de meilleure santé, de regain d'énergie, de contrôle efficace du poids et d'amélioration du sommeil.

En général, une semaine suffit pour observer des changements significatifs.

Comment cela peut-il être aussi facile ?

Jamais auparavant nous n'avons disposé d'une telle somme d'informations, et jamais nous n'avons été aussi perdus. Voilà le paradoxe de notre époque. Nous croulons sous les publications et les ouvrages consacrés au mieux-être. Si cette surabondance de révélations améliore notre existence, elle présente aussi des effets pervers : comment distinguer le bon grain de l'ivraie ?

Cet ouvrage s'efforce de le faire pour vous. Les informations nécessaires sont disponibles ; il suffit d'apprendre à en faire bon usage. Ainsi, consulter régulièrement son médecin et se soumettre aux examens prescrits constitue une avancée dans le domaine de la santé... mais sans les conseils prodigués dans ce livre, tout cela ne servira parfois qu'à indiquer que votre santé se dégrade (et que vous vieillissez !).

De même, un emploi intéressant et bien payé favorise sans conteste le bonheur, mais les portes qui s'ouvrent dans le monde du travail provoquent chez certains fatigue, anxiété, stress ou le sentiment d'être dépassé par les événements.

Trouver l'amour de sa vie et apprendre à mieux communiquer avec les autres ne peut que contribuer à vous rendre heureux, mais les sentiments s'affadissent souvent avec le temps.

Nous ne manquons pas de données utiles, bien au contraire, mais nous savons rarement les utiliser à bon escient. Où se cache la clé du succès ?

La clé du succès

La clé magique vous attend un peu partout, du supermarché au magasin de produits diététiques en passant par l'épicerie. Oui, vous avez bien lu : ce que vous mangez détermine votre santé et votre bonheur.

Vous trouverez la clé magique qui donne accès à la santé, au bonheur et à l'amour au supermarché, dans votre magasin de produits diététiques et dans votre épicerie.

Lorsque j'ai pris conscience des liens entre déficiences nutritionnelles et déséquilibre de la chimie du cerveau, j'ai compris que cette équation s'appliquait à tous mes patients présents ou passés, à tout mon entourage, à tout le monde en fait. Au cours de ma carrière, j'ai reçu, conseillé ou accueilli dans mes séminaires plus d'un million de personnes et quand je dis que *tout le monde* peut tirer avantage des conseils exposés ci-après, je ne parle pas à la légère. En revanche, nous n'obtiendrons pas tous des résultats identiques, puisque chacun a une façon particulière de réagir.

Lorsque j'ai pris conscience des conséquences comportementales des déficiences nutritionnelles, j'ai compris que cette équation concernait tous mes patients, collègues ou amis, tout le monde, en fait.

Aux déficits nutritionnels s'ajoutent, chez certains, des traumatismes cérébraux, des malformations congénitales ou les séquelles d'un abus de stupéfiants ou de troubles alimentaires. Ces problèmes peuvent limiter en partie les effets immédiats de ce protocole.

Mais même chez les 10 % des sujets qui n'en bénéficient pas d'emblée, le Régime Mars et Vénus peut, à terme, avoir des effets bénéfiques lorsqu'il est associé à d'autres modes thérapeutiques, à déterminer en fonction des besoins et des préférences de chaque patient. Les médecins et thérapeutes « classiques » se montrent de plus en plus enclins à recommander en complément le recours à un chiropracteur, à un naturopathe, à l'homéopathie, à la médecine chinoise traditionnelle, à la prise de vitamines ou d'acides aminés, à l'acupuncture, à la phytothérapie, à l'aromathérapie, aux thérapies énergétiques ou spirituelles, au qi-gong, au tai-chi-chuan, au yoga, à la méditation, à la visualisation positive ou à la tenue d'un journal de bord.

Partager avec vous le fruit de mon travail me remplit de joie, tant je sais ce que *Mars et Vénus au régime* peut apporter à chacun. Et je pense que vous serez subjugués par l'étude de tous ces champs d'investigation autant que je l'ai été.

2
Découvrir la solution Mars et Vénus

Lorsque j'ai fêté mon quarantième anniversaire, il y a dix ans, j'ai pris conscience que rester en bonne santé n'irait plus désormais de soi. Un petit accident de ski m'a fait découvrir qu'après quarante ans, on ne se remet plus aussi rapidement qu'à vingt. Une banale chute et il m'a fallu six mois pour pouvoir de nouveau m'asseoir et croiser les jambes comme avant...

Après quarante ans, aller bien cesse d'aller de soi.

Je pris ce coup de semonce très au sérieux, forcé de constater que si je ne faisais aucun effort pour améliorer ma condition physique, celle-ci se dégraderait inexorablement. Cela confirmait ce que j'avais déjà pu découvrir au sujet des relations de couple. Pendant les trois premières années d'une union, on bénéficie d'un afflux soutenu d'« hormones amoureuses »... mais ce délai écoulé, si l'on ne veille pas à préserver la magie de l'amour, la passion tiédit. Les battements de notre cœur – de nos deux cœurs – ne s'accélèrent plus automatiquement, comme ils le faisaient juste après notre rencontre. Vous pouvez recréer cette atmosphère, mais elle ne va plus de soi.

Eh bien, les mêmes principes s'appliquent à notre santé, notre vitalité et notre souplesse. Pendant les quatre premières décennies de l'existence, jouir d'une bonne santé est peu ou prou la règle, mais passé ce cap, si l'on ne travaille à préserver sa santé, on voit sa vitalité décroître et le processus de vieillissement s'enclencher.

En amour, on bénéficie de trois années d'afflux soutenu d'« hormones amoureuses ».

En un mot comme en cent, il était temps pour moi de me bouger. Je me suis donc penché sur les diverses options qui s'offraient à moi. Je suis revenu au yoga et aux techniques de méditation que j'avais apprises et pratiquées avec assiduité entre vingt et trente ans. À cette époque, je cherchais à accroître mon potentiel spirituel et mental ; désormais je visais plutôt la santé et la forme physique.

Comme quantité de mes contemporains, je me suis plongé dans les régimes minceur, programmes santé et programmes sportifs à la mode. J'en ai testé beaucoup et tous ont fonctionné... pour un temps. Je suivais un régime à la lettre pendant plusieurs mois, puis je m'en lassais. Je perdais du poids, puis je le reprenais. En théorie, je savais comment procéder, mais je manquais de persévérance. Je m'astreignais à une activité physique régulière, qui améliorait mon état jusqu'au jour où j'arrêtais tout. Pendant un séminaire, je débordais d'énergie ; le même soir, je m'écroulais de fatigue. Un jour, j'étais d'humeur romantique et me montrais tendre et attentionné envers ma femme ; le lendemain, je l'ignorais...

Pendant un séminaire, je débordais d'énergie. Le même soir, je m'écroulais de fatigue.

Plus grave, je croyais ces va-et-vient pondéraux normaux. Je ne voyais pas que j'avais un problème. Après tout, quantité de personnes présentent les mêmes symptômes et j'étais globalement heureux et en bonne santé avec une vie réussie. Je n'imaginais pas combien les choses pourraient être plus faciles. À mes yeux, quelques kilos superflus, des tensions musculaires, moins d'énergie, de petites douleurs articulaires, des trous de mémoire... rien que de très banal quand on vieillit. Dans mon ignorance, je jugeais tous ces troubles normaux.

Des millions de personnes jugent normal de souffrir de symptômes liés à un vieillissement prématuré.

Une ignorance et une passivité fort répandues dans notre société. Des millions de mes contemporains jugent normal de souffrir de symptômes liés à un vieillissement prématuré et de prendre régulièrement des médicaments. Un traitement doit répondre à un besoin médical précis, pas devenir un mode de vie. Ce problème peut être résolu, mais cela implique de reconnaître son *existence*.

Lorsque la solution s'est profilée, je suis tombé des nues.

Mon voyage au Mexique

Pendant plus de trente ans, j'ai pratiqué et enseigné le yoga, la méditation, la psychologie, la nutrition et d'autres techniques visant à l'amélioration du bien-être, tout cela sans avoir trouvé le moyen de *rester* en pleine forme, heureux et amoureux. Je rencontrais certes des succès tout à fait honorables dans ces domaines, mais rien de comparable à ce que je vis aujourd'hui.

Le chemin qui m'a conduit à la rédaction de *Mars et Vénus au régime* passe par la compréhension de notre capacité de rééquilibrer la chimie au sein de notre cerveau. Je connaissais les applications de ces notions dans le traitement des affections mentales, mais j'ignorais l'étendue de leur impact sur le quotidien. Ce parcours initiatique a débuté au cours d'un séjour d'une semaine dans une clinique de Tijuana, au Mexique.

Un ami m'avait parlé du Dr William Hitt, brillant prix Nobel de médecine, qui avait mis au point un traitement très efficace des allergies et de l'asthme. En une semaine, les symptômes disparaissaient et cette rémission se révélait la plupart du temps définitive après quelques semaines ! Voilà qui ne pouvait que me séduire : depuis mon enfance, je souffre du rhume des foins et je suis allergique aux chats, à la poussière et aux moisissures. Grâce à un « régime idéal » et à des exercices d'autoguérison, j'avais réussi à juguler ces troubles. Mais au moindre écart alimentaire, mes symptômes resurgissaient ; or mon régime, extrêmement restrictif, prohibait totalement les laitages, le sucre, le pain, les aliments industriels et les graisses hydrogénées. La perspective de passer à une alimentation plus variée méritait bien un voyage au Mexique !

Un régime « idéal » interdisant complètement les laitages, le sucre, le pain, les aliments industriels et les graisses hydrogénées n'est ni plaisant ni nécessaire au maintien d'une bonne santé.

Ma motivation première pour suivre mon régime « idéal » était le contrôle de mes allergies, mais je me réjouissais de perdre au passage quelques kilos. La saison des pollens achevée, je pouvais me détendre... et oublier toutes ces restrictions alimentaires.

Je ne suis pas le seul dans ce cas, loin s'en faut. Bien des gens s'en tiennent à une alimentation saine pour des raisons de santé et, dès qu'ils se sentent mieux ou perdent leur excédent pondéral, ils reprennent des habitudes plus proches de la gourmandise que de la salubrité.

Une attitude parfaite est trop lourde à porter pour quiconque !

Durant cinq jours, j'ai suivi le traitement mis au point par le Dr Hitt, avec un résultat spectaculaire. J'ai profité de mon séjour pour étudier les autres protocoles sur lesquels son équipe travaillait, notamment l'administration d'ozone pour débarrasser l'organisme des virus et les injections d'acides aminés afin de normaliser les sécrétions cérébrales.

Chaque jour, je voyais des patients abandonner la drogue sans aucun symptôme de manque, grâce à des perfusions d'acides aminés. Certains arrivaient en plein « trip » dû à l'héroïne ou à la cocaïne et repartaient neuf jours plus tard libérés de leur addiction. Cela me parut miraculeux. Et même si je ne présentais pour ma part nul problème de dépendance, je me demandais ce qu'un tel protocole pourrait m'apporter.

Le Dr Hitt m'exposa les principes de base de sa thérapie. À mesure que nous avançons en âge, les défenses immunitaires s'affaiblissent. L'ozone tue des millions de virus nocifs : cela contribue au renforcement du système immunitaire, donc ralentit le processus de vieillissement. Quantité de stars du grand écran se rendent au Mexique pour y bénéficier de cures d'ozone.

Le Dr Hitt me signala aussi que, même si la plupart des gens ne souffrent pas de troubles psychologiques aussi sérieux que la dépression ou la dépendance à telle ou telle substance, des symptômes atténués de ces dysfonctionnements sont fréquents. Une supplémentation en acides aminés destiné à améliorer les sécrétions cérébrales se révèle donc bénéfique pour un large public.

À titre d'expérience, je décidai de me soumettre à ces deux traitements. J'ignorais l'effet qu'ils produiraient sur moi... Après quelques jours de faiblesse liée à l'élimination des toxines, je commençai à me sentir vraiment bien. Je rentrai chez moi ravi : délivré de mes allergies et en pleine forme. Mission accomplie. Je me sentais plein d'énergie, mais je n'avais pas l'impression d'être *à ce point* un homme différent. Ma femme, elle, voyait en l'homme revenu du Mexique un être différent... celui dont elle s'était éprise vingt-trois ans auparavant !

Sans même m'en rendre compte, je me montrais tout naturellement plus attentif, meilleur mari. Pourtant, je croyais déjà faire tout ce qu'il fallait pour que notre couple s'épanouisse : j'aime mon épouse, nous nous entendons à merveille et comme mon métier consiste à étudier les relations de couple, je mets en pratique les conseils que je donne.

> **Sans même m'en rendre compte, je me montrais tout naturellement plus attentif, meilleur mari.**

Quelques semaines après mon retour, ma femme me fit remarquer quelques changements : j'étais davantage à son écoute, je regardais moins souvent la télévision, je nettoyais la salle de bain après mon passage, je lavais de moi-même la vaisselle, je pensais à sortir les poubelles, il m'arrivait de faire notre lit tout seul, j'avais rangé mon placard, je lavais régulièrement la voiture, je lui proposais mon aide plus fréquemment qu'à l'accoutumée, je me montrais plus patient et m'énervais moins, je paraissais réellement m'intéresser à ce qu'elle me racontait... Je dus bien admettre que j'avais changé.

Le plus fort était que je n'avais absolument rien fait pour. Pas le moindre effort. De mon point de vue, je suivais la bonne voie tracée depuis des années. J'avais toujours fait les choses que Bonnie décrivait... mais pas aussi fréquemment. À présent, je me comportais ainsi *en permanence*.

Mémoire sélective

La mémoire masculine se révèle souvent sélective : nous nous remémorons nos bonnes actions, mais nous oublions les moments où nous nous sommes montrés moins serviables ou disponibles. Dans ce domaine, je réagissais en mâle typique. Je croyais en toute bonne foi que je soutenais et aidais *toujours* ma femme. En réalité, je me comportais bien une partie du temps, surtout quand ma partenaire me remettait sur le droit chemin. Pour ma part, j'avais seulement remarqué que ma femme paraissait plus heureuse. Que nous arrivait-il ?

Comme le Dr Hitt devait me l'apprendre, il se passait que mon cerveau s'était mis à produire des sécrétions saines. Depuis que je donnais à cet organe les acides aminés dont il avait besoin, j'accomplissais spontanément ce qui, jusqu'alors, me demandait un effort de volonté ou répondait à une sollicitation de ma femme.

J'avais découvert tout à fait par hasard un secret qui améliorait mon bien-être *et* me rendait apte à donner et à recevoir plus d'amour au sein de mon couple.

Empathie et énergie

Je savais depuis longtemps comment favoriser l'épanouissement de notre duo, mais à présent je débordais d'énergie pour mettre ces préceptes en œuvre. Quand on se sent en permanence épuisé, il est difficile d'accomplir les efforts que l'on sait nécessaires... On a besoin de se reposer de temps à autre. Enfin, mon tonus retrouvé me mettait à même d'appliquer sans faillir mes connaissances en termes d'amour, de communication et de vie à deux. Ma vie changea du tout au tout.

Quand on manque d'énergie, préserver l'amour au sein de son couple demande de gros efforts.

Il me semblait que tout se mettait en place. Quantité de nouvelles réponses affluaient dans mon esprit. Les femmes demandent toujours pourquoi l'intérêt et la passion manifestés par leur partenaire au début d'une relation s'atténuent peu à peu. Il existe diverses explications, mais la plus déterminante se cache sans nul doute dans la chimie du cerveau.

Pour que la passion se maintienne, le couple doit progresser et évoluer. Une chanson attire toujours plus l'oreille quand on l'entend pour la première fois ; à force de la réécouter, on s'en lasse. Et sauf exception, même vos films favoris vous ennuieront à la cinquième projection. En va-t-il de même pour les relations amoureuses ?

Un individu est infiniment plus complexe qu'un enregistrement ou un long métrage ; il change et évolue sans cesse. Mais cela ne suffit pas à entretenir la flamme de la passion. La routine du quotidien suscite l'ennui ou un manque d'énergie au sein du couple. J'avais découvert que si l'on stimule les sécrétions cérébrales, la lassitude s'envole et l'enthousiasme des débuts ressurgit. Notre partenaire n'a pas changé, mais l'équilibre chimique de notre cerveau, si.

Préserver une bonne chimie cérébrale

Un mois plus tard, les bienfaits du traitement mexicain commencèrent à s'estomper. J'éprouvais de nouveau le besoin de faire des siestes. Ma femme le remarqua... et me conseilla vivement de programmer un nouveau séjour dans la clinique du Dr Hitt. De mon côté, je me plongeai dans l'étude des compléments alimentaires susceptibles de stimuler mes « bonnes » sécrétions cérébrales.

J'achetai ainsi un certain nombre de produits renfermant les acides aminés que le traitement du Dr Hitt comportait. J'étudiai aussi les méthodes les plus simples pour nettoyer l'organisme et le flux sanguin. Il m'apparut que les produits les plus efficaces étaient ceux conçus pour soigner les enfants atteints de troubles de l'attention ou d'hyperactivité. Cela semblait logique puisque nombre d'études valident les bienfaits d'une supplémentation en acides aminés dans le traitement de ces affections. Des compléments appropriés peuvent éliminer tout symptôme chez l'adulte comme chez l'enfant et remplacer les médicaments habituellement prescrits pour ce type de trouble.

Une supplémentation en acides aminés peut permettre aux adultes comme aux enfants souffrant de troubles de l'attention ou d'hyperactivité de se passer des médicaments habituellement prescrits.

Tandis que je cherchais un moyen naturel d'apporter des acides aminés à mon cerveau et de nettoyer mon organisme sans me soumettre à une semaine de perfusions intraveineuses et de thérapie par l'ozone, je dénichai enfin un complément nutritionnel produisant sensiblement les mêmes effets sur moi. Il s'agissait d'une poudre nutritive à mélanger avec de l'eau et à prendre en guise de petit déjeuner. Dès la première prise, j'ai eu l'impression que mon cerveau se réveillait.

Cette poudre riche en acides aminés me stimulait autant qu'un séjour dans la clinique du Dr Hitt. Quand j'ai proposé cette solution à mes patients, elle leur a été salutaire, à des degrés divers. Quand on n'obtient pas les résultats escomptés de la prise d'acides aminés par voie orale, c'est en général parce que les acides aminés ne sont pas assimilés. Il me fallait donc trouver de surcroît un programme de nettoyage de l'organisme et du foie – tout un chacun ne peut pas se rendre au Mexique pour bénéficier d'un traitement à l'ozone... Je finis par déterminer que la prise d'enzymes favorise la digestion, que des breuvages enrichis en sels minéraux et en jus d'aloe vera nettoient le foie, et que cette synergie rend l'organisme plus apte à métaboliser les protéines et les graisses et à convertir les acides aminés en neurotransmetteurs.

Perte de poids ou enrichissement de la relation ?

Le programme de purification et de supplémentation en acides aminés que j'ai utilisé est vendu comme complexe amincissant. Tel n'était pas mon objectif, mais je donnai tout de même sa chance à ce cocktail dont la composition semblait adaptée à mes besoins. À ma grande satisfaction, il se révéla efficace ; en quelques jours à peine, j'avais retrouvé une forme « mexicaine ». Et, cerise sur le gâteau, j'avais perdu quelques kilos.

Grâce à ce programme minceur accéléré, j'ai perdu quatre kilos en neuf jours ; quelques semaines plus tard, je m'étais débarrassé de trois autres kilos et j'avais retrouvé mon poids idéal. Même si je ne cherchais pas particulièrement à mincir, j'étais ravi. Non seulement j'avais plus d'énergie à investir dans mon couple, mais en plus j'avais retrouvé ma sveltesse d'antan.

J'avais perdu sans effort mes kilos superflus, car le complément nutritionnel aux acides aminés avait supprimé toutes mes fringales. Avec un cerveau équilibré sur le plan chimique, plus besoin de grignoter pour prendre des forces ou se réconforter. Tout comme ils peuvent délivrer les toxicomanes des affres du manque, les acides aminés suppriment les envies d'aliments malsains. Vous constaterez par vous-même à quel point on se sent libéré !

Aliments malsains et dépendance

Les fringales d'aliments industriels ou malsains s'apparentent à une forme de dépendance. Il s'agit d'aliments qui réconfortent et procurent un sursaut d'énergie, mais de façon très temporaire. Rapidement, les sécrétions cérébrales diminuent et nous avons de nouveau envie de succomber à la tentation. Quand on dérègle sa chimie cérébrale, un gâteau ne suffit jamais...

Lorsque notre chimie cérébrale est déréglée, un gâteau ne suffit jamais.

En détaillant la composition de ma poudre pour petit déjeuner, j'ai compris que chacun de nous pouvait trouver les ingrédients dans son magasin de produits diététiques. J'ai aussi pensé qu'adapter sa formule aux besoins spécifiques des femmes et des hommes ne pourrait qu'accroître son efficacité.

Avec quelques informations, chacun de nous peut acheter les ingrédients nécessaires dans son magasin de produits diététiques.

Je donne la liste de ces compléments alimentaires, disponibles dans la plupart des magasins de produits diététiques ou de régime, dans le chapitre 9. Si vous les ajoutez à votre petit déjeuner, vous ne tarderez pas à obtenir des résultats. Dès que vous vous sentez prêt(e) à commencer le Régime Mars et Vénus, reportez-vous à ce chapitre.

Rester dans la « zone »

Dès que vous entreprendrez le Régime Mars et Vénus, votre cerveau se mettra à sécréter des substances propres à favoriser votre bien-être. Ce processus achevé, vous serez à même d'être à l'écoute de votre corps. Car pour reconnaître les aliments qui déséquilibrent votre chimie cérébrale, il vous faut d'abord vivre en état d'équilibre. Alors seulement vous pourrez mesurer la différence.

Suivre les préceptes de *Mars et Vénus au régime* conduit à un état persistant de bien-être corporel et mental qui correspond à celui que Barry Sears a décrit sous le nom de « Zone » dans son ouvrage *Le Régime des stars* [1], un état dans lequel tout va comme on le souhaite et où « le corps et l'esprit travaillent de concert pour donner le meilleur d'eux-mêmes ». Avec un petit déjeuner comportant les nutriments appropriés, vous entrerez rapidement dans cette « zone » magique.

Lorsque votre chimie cérébrale s'équilibre, vous pénétrez dans une zone d'énergie et de bien-être durables.

Quand j'avais vingt ans, j'atteignais cet état par la pratique du yoga et de la méditation, mais il me suffisait de prendre un repas pour retomber hors de cette « zone », sans avoir conscience du lien de cause à effet entre les deux. Je pensais juste qu'il me fallait méditer davantage pour me sentir durablement bien. J'ai passé des années à essayer de me maintenir dans cet état. Si j'avais su qu'il suffisait de quelques compléments alimentaires pour régler la question !

Je consacrai ensuite la décennie suivant mon trentième anniversaire à bâtir un couple solide. Quand mes « hormones romantiques » étaient stimulées, j'entrais dans la « zone », mais j'en ressortais dès que des problèmes de communication surgissaient. Si j'avais su que mon alimentation m'empêchait de rester tendre et amoureux...

1. Titre original *Enter the Zone*.

La quarantaine venue, c'est mon travail qui m'a mené dans cette « zone ». Dès que je me retrouvais devant une caméra, un micro ou un auditoire, je me sentais en pleine forme. J'ai publié douze livres au cours de cette période. Chaque fois que j'entreprenais la rédaction d'un de ces ouvrages, il me propulsait dans la « zone » et je l'écrivais à une vitesse incroyable. Même s'il m'avait fallu plusieurs années pour mettre au point les idées exposées, la rédaction elle-même ne me prenait que quelques mois. J'étais au sommet de l'énergie créatrice.

Cependant, l'interview, la journée d'écriture ou le séminaire achevés, je ne tardais pas à voir mon énergie et mon optimisme décroître. Comme tout homme en déficit de dopamine, je m'écroulais dès que l'urgence disparaissait.

Aujourd'hui, j'ai plus de cinquante ans, je vis avec des sécrétions cérébrales équilibrées et je sens la différence.

Avec une bonne alimentation et un programme physique approprié, on garde en permanence son sentiment de bien-être.

Je suis toujours au mieux de ma forme... sauf quand je cesse de l'être. Car il m'arrive de temps à autre de manger des mets inappropriés.

Un stress extrême ou le manque de sommeil peuvent aussi troubler cet équilibre. Voilà pourquoi il est primordial, surtout au début du Régime Mars et Vénus de se coucher et de se lever tôt. On sait en effet que la sécrétion de sérotonine par le cerveau est la plus efficace durant les deux heures qui suivent le lever du soleil. Il est donc tout particulièrement important pour les femmes, qui présentent souvent un déficit en sérotonine, de se lever tôt. Les hommes surtout doivent se coucher tôt, car c'est entre 22 heures et minuit que le cerveau produit la plus grande quantité de dopamine. Les sécrétions cérébrales persistent évidemment en dehors de ces tranches horaires, mais il faut respecter le plus possible ces horaires de lever et de coucher. Une fois accumulé un bon stock de dopamine, l'on peut s'autoriser des soirées tardives.

À mesure que la chimie de votre cerveau se rééquilibre, autorisez-vous de nouveaux emplois du temps et de nouveaux horaires de repas. Nous sommes conçus pour nous maintenir dans la « zone ». Il nous suffit pour cela de maintenir notre organisme à un niveau de santé optimal.

À tout âge, en absorbant les nutriments adéquats, le bien-être se stabilise. Notre âme nous inspire, notre esprit nous dirige, notre cœur répond et notre corps nous soutient dans l'effort.

Quand on commence à se sentir plein d'énergie du lever au coucher, on détermine sans peine quels aliments particuliers, quelles portions et quelles combinaisons se révèlent les plus bénéfiques. Au lieu de suivre aveuglément un régime ou de compter les calories, vous serez à l'écoute de votre cerveau et de votre organisme.

Un repas équilibré et équilibrant permet de garder son tonus jusqu'au repas suivant. Les symptômes les plus courants de cet état d'équilibre ? Une énergie sans bornes, une joie de vivre sans mélange et une capacité d'amour infinie. Quand on se sent aussi bien, il devient plus facile de choisir les bons ingrédients, mais aussi d'épanouir ses relations avec autrui.

Une énergie sans bornes

Vous débordez en permanence d'énergie. Plus besoin de faire des siestes, ni de s'évertuer à se motiver. Vous vous levez sans effort le matin et vous avez envie de faire du sport. Les hommes ne rechignent pas à aider leur compagne quand elles le demandent. Et si celle-ci parle un peu trop à votre goût, au lieu de vous refermer comme une huître, vous pensez : « Oh, je peux bien l'écouter. »

Un individu énergique est capable d'écouter son épouse avec patience et intérêt, alors qu'un homme plus fatigué presserait sa partenaire, l'adjurant d'aller droit au but pour qu'il puisse lui suggérer une solution. La quête d'un remède à un problème stimule en effet le tonus masculin...

Une femme qui se sent fatiguée et dépassée par l'ampleur de la tâche lui incombant est sans conteste sortie de la « zone ». En phase de manque d'énergie, ces dames voient souvent tout en noir et dépriment. Et même si elles songent à demander un coup de main, leur cerveau leur souffle que cela va encore compliquer les choses. Elles continuent donc à accumuler les responsabilités jusqu'à ce que l'épuisement les guette. À ce stade, la simple idée du programme du lendemain les éreinte. L'incapacité de demander de l'aide est un symptôme de manque d'énergie.

Un bonheur inconditionnel

On sourit sans raison autre que le simple bonheur d'être en vie. Bien sûr, votre vie connaît des hauts et des bas, mais vous les vivez sans vous départir de votre joie de vivre. Ce « bonheur » n'est pas un concept abstrait mais un sentiment tangible : il insuffle enthousiasme, excitation, joie et plaisir dans votre quotidien. En résumé, une petite chose suffit à vous rendre heureux et les gros problèmes ne vous désarçonnent pas.

> **Quand vous vivez un bonheur inconditionnel, un rien suffit à vous rendre heureux... et les gros problèmes ne vous désarçonnent pas.**

Cela ne signifie pas que vous devenez imperméable à votre environnement : simplement, même quand tout n'est pas rose, vous gardez du recul. Vous ne sombrez pas dans la déprime en ressassant ce qui va mal et en oubliant tous les bienfaits que l'existence vous apporte malgré tout. Car c'est ainsi que raisonnent les dépressifs.

Même quand on vogue sur l'océan du bonheur inconditionnel, on peut éprouver des sentiments de tristesse ou de déception, mais on ne se sent jamais désespéré. On peut éprouver de la colère et du chagrin, mais on n'a pas l'impression d'être devenu incapable d'aimer. On peut éprouver de la peur, mais sans pour autant perdre toute confiance en soi.

Tous les déséquilibres psychiques – angoisse, haine, anxiété, dépression, pour ne citer qu'eux – résultent d'une propension à se concentrer sur les aspects négatifs de la situation en oubliant les aspects positifs. Ces troubles sont visibles par imagerie Spect, laquelle montre les déséquilibres de l'activité cérébrale. Certaines parties du cerveau paraissent trop actives ou pas assez. Un cerveau équilibré permet de garder une vision d'ensemble en toute circonstance, sans se laisser submerger par les problèmes.

Même quand tout va mal, il nous reste mille motifs de gratitude. Un individu équilibré retrouve sans tarder son équilibre après un coup dur en faisant appel à ses sentiments positifs.

> **Même quand tout va mal, il nous reste mille motifs de gratitude.**

Un amour infini

L'amour infini n'implique pas d'aimer tout le monde. En revanche, on a tant d'amour à donner qu'on ne s'en montre pas chiche. Si quelqu'un vous déçoit, vous avez assez d'amour en vous pour ne pas fermer votre cœur ou cesser de vous montrer aimant. La véritable mesure de l'amour réside dans la capacité de continuer à ressentir de la tendresse pour son partenaire, même quand il est de mauvaise humeur ou vous fait des reproches.

> **La véritable mesure de l'amour réside dans la capacité de continuer à ressentir de la tendresse pour son partenaire même quand il vous a rejeté !**

Dès qu'on éprouve un amour illimité, on découvre que même lorsque les différences entre les êtres s'aiguisent, suscitant tensions et conflits, on reste capable de trouver en soi la patience, la gentillesse et la compréhension nécessaires pour dissiper les malentendus et protéger le tendre lien qui unit son couple.

Ce progrès s'applique aussi dans le domaine du travail. Je fais ce que j'aime et même quand certains ne m'apprécient pas, je retrouve toujours en moi la force de partager mon expérience et d'accomplir ce que j'aime tant faire.

Quand on se retient d'aimer, on est la première victime de son attitude. Et si l'on y réfléchit, les moments les plus pénibles de l'existence sont ceux pendant lesquels on referme son cœur. Apprendre à équilibrer votre chimie cérébrale et à vivre dans la « zone » de l'amour illimité accroîtra votre forme et vous permettra aussi de vivre une vie d'amour.

Même l'amour peut blesser

Aimer nous rend vulnérable : une personne que nous n'aimons pas ne peut nous blesser. Plus nous sommes épris, plus nous devenons fragiles.

> **Plus l'on est proche de quelqu'un, plus on devient vulnérable.**

On souffre quand on perçoit un déséquilibre entre ce que l'on donne et ce que l'on reçoit. Nous donnons notre cœur et l'autre campe sur ses positions ; nous faisons pour lui quelque chose de spécial et il ne paraît pas s'en soucier. Il nous semble qu'il considère notre amour comme un fait acquis et ne nous apprécie pas à notre juste valeur. Nous nous préoccupons de ses besoins et il se désintéresse des nôtres. Nous l'aimons, mais il ne nous porte pas en retour un amour égal. Ces déséquilibres engendrent de la souffrance.

Le véritable problème vient de ce que, dès que nous pensons ne pas recevoir ce que nous méritons, nous cessons de prodiguer notre amour à notre partenaire ou à nous-même.

Celle que nous aimons nous rejette ? Nous en déduisons que nous ne sommes pas à la hauteur, pas digne d'être aimé. Ou alors nous répondons au rejet par le rejet. L'instant précédent, nous aimions notre partenaire et notre propre personne ; l'instant suivant, il nous rejette et nous choisissons de le rejeter à notre tour. Nous nous retenons d'aimer et c'est nous qui en souffrons le plus.

Nous souffrons quand nous nous interdisons d'aimer l'autre et de nous aimer nous-même.

S'aimer et aimer les autres rend plus heureux. Les apprécier et se sentir en paix avec soi-même indique un cœur ouvert et prêt à prodiguer un amour illimité.

Tout commence par des détails

Quand on pense à un problème relationnel, on s'en tient souvent aux frictions les plus graves. En réalité, les petits problèmes sont les plus importants. Tous les gros problèmes commencent par être de petits soucis. Le secret d'un couple durable réside dans la résolution des petits problèmes, lesquels ne sont en général que des malentendus.

Le secret d'un amour durable réside dans la résolution des petits problèmes.

Qu'il soit clair ou non, chaque malentendu blesse. Au bout de quelque temps, ces bleus à l'âme guérissent, tout comme une blessure physique ; mais si l'on frappe de nouveau le point endolori, encore et encore, celui-ci ne cicatrisera jamais. La plaie ira en s'aggravant. Dans un couple, il est inévitable de heurter l'autre : tout le monde commet des erreurs, et même les meilleurs danseurs écrasent parfois le pied de leur cavalière.

Pour favoriser la guérison de ces petits maux, il faut apprendre à accepter les imperfections de l'autre, ainsi que l'art du pardon, mais aussi savoir tirer les leçons de ses erreurs. Lorsqu'un homme ne bénéficie pas des informations nécessaires pour agir en ce sens, il finit par penser que quelque chose ne va pas chez sa compagne, sinon elle ne se froisserait pas si facilement, et il perd tout désir de corriger ses erreurs. Et une femme qui ne comprend pas les hommes finit par se replier sur elle-même et par douter qu'une relation amoureuse puisse combler son attente.

Quand nos différences surgissent, nous pensons à tort que quelque chose ne va pas chez notre partenaire.

Si un homme a l'impression, quand il rentre le soir, que sa femme ne l'apprécie pas à sa juste valeur, il cesse peu à peu de prêter attention aux détails de sa coiffure ou de sa tenue, comme il le faisait au début de leur union. À mesure qu'il omet ces petites attentions, sa femme l'apprécie de moins en moins. Cet attiédissement des sentiments suscite une tension grandissante qui s'intensifie encore dès que surgit un différend ou que l'on tente de résoudre les difficultés de la vie à deux.

L'essentiel de ces frictions naît de malentendus minimes, liés au fait qu'hommes et femmes parlent des langues distinctes, le martien pour les premiers et le vénusien pour les secondes. Voici un exemple.

Monsieur et Madame rentrent après leur journée de travail. Elle demande :

— Est-ce que tu as envie de sortir ?

— Non, restons plutôt à la maison. Nous pourrons finir les restes du dîner d'hier, répond-il.

Elle en déduit : « Quel égoïste ! Il ne pense qu'à lui. Il ne se préoccupe plus de mes souhaits comme il le faisait naguère, sinon il aurait envie de m'emmener dîner dehors. »

À la suite de cette conversation, le couple dîne à la maison des restes de la veille et Madame commence à se braquer. Conséquence directe : si son époux tente une tendre approche, le soir, elle ne sera pas d'humeur. Se voyant ainsi repoussé, Monsieur aussi se met à prendre du champ. Rien de grave, mais leur amour et leur intimité sont devenus un peu moins intenses.

> **Les petites blessures bloquent la croissance de l'amour au sein du couple.**

En vénusien, dire « Est-ce que tu as envie de sortir ? » revient à dire : « J'ai envie de dîner dehors. Sortons donc. » Voilà ce que Madame voulait exprimer, mais son Martien de compagnon a compris : « Je n'ai pas de souhaits particuliers pour ce soir. Tu as envie de sortir ? De rester ? Choisis. De mon côté, tout me va. »

Quand j'explique cela aux hommes, ils répliquent en général quelque chose du style : « Si c'est ce qu'elle voulait dire, pourquoi ne l'a-t-elle pas dit ? »

En fait, c'est ce qu'elle a fait... mais en langue vénusienne. Une autre femme aurait parfaitement compris le sens de sa phrase.

Sentiments et chimie cérébrale

La plupart des hommes ont un aperçu de ce que peut être un cerveau chimiquement équilibré pendant la phase d'excitation précédant un rapport physique. Chez eux, avoir envie de faire des galipettes active en effet des sécrétions cérébrales équilibrées. Mais si leur alimentation et leur activité physique ne soutiennent pas cette production, ils ne tardent pas à quitter cet état et s'endorment dès que leurs besoins sont satisfaits. Ce n'est ni leur faute, ni le signe qu'ils ne tiennent pas à leur partenaire. Simplement, leur régime alimentaire ne leur permet pas de rester bien longtemps énergiques et passionnés.

> **Chez l'homme, être d'humeur érotique donne un aperçu de la chimie cérébrale optimale.**

Quand une femme est courtisée comme elle l'espère, elle aussi vit un rééquilibrage chimique du cerveau. Voilà pourquoi les magazines féminins consacrent tant de colonnes à l'art de créer une atmosphère romantique et, plus important encore, à l'art de se vêtir, de s'exprimer ou de se mouvoir de façon à inspirer les sentiments amoureux de son partenaire à son égard. Au moins au début d'une relation, le simple fait que son partenaire souhaite combler tous ses désirs suffit à lui procurer une félicité sans bornes. Lorsqu'il s'écarte de cette attitude, son bonheur s'estompe. Ce type de dépendance n'est pas sain dans un couple.

Avec une alimentation appropriée et une activité physique optimisant ses sécrétions cérébrales, une femme devient moins sensible aux variations de l'humeur de son compagnon. Elle reste capable d'apprécier qu'il se montre tendre et romantique ; mais elle ne se sent ni perdue ni malheureuse s'il se retire dans sa caverne. Quantité d'autres activités stimulent ses sentiments positifs. Au lieu d'avoir besoin d'un homme pour se sentir bien et aimante, elle est déjà dans cet état. Et à mesure qu'elle se fait moins dépendante de lui pour son contentement, les tensions potentielles diminuent et il devient beaucoup plus facile pour chacun d'exprimer ses besoins.

Le bonheur et les sentiments amoureux d'une femme qui connaît le bonheur infini et l'amour inconditionnel dépendent moins de son partenaire.

Sachez, Mesdames, qu'obtenir quelque chose d'un homme est bien plus facile si votre demande n'exprime ni chantage émotionnel ni exigence.

Quant à vous, Messieurs, si vous entretenez avec votre compagne une relation plus empreinte d'énergie, d'attention et de chaleur, vous recevrez d'elle les mêmes élans de tendresse qu'au début de vos amours.

En fait, pour Mars comme pour Vénus, dès que ce programme nutritionnel et sportif commence à produire son effet et à faire gagner en tonus et en bien-être, faire fonctionner une relation amoureuse cesse d'exiger des efforts.

Où prendre ses repas ?

Puisque nous parlons nourriture, évoquons un exemple de malentendu entre Mars et Vénus. Dans ce scénario, Madame se montre plus directe et annonce, au retour de son conjoint :

— Sortons dîner au restaurant.

À quoi Monsieur répond :

— D'accord. Où as-tu envie d'aller ?

— Où tu veux, répond-elle en souriant.

Ravi de prendre la situation en main et de régler le problème, il réplique :

— Très bien. Allons chez D'Angelo.

Elle réfléchit quelques instants.

— En fait, je n'ai pas très envie de cuisine italienne. Nous avons mangé des pâtes hier.

— OK, allons au restaurant chinois, alors.

Enchantée de discuter restaurants et cuisine, elle poursuit :

— Non, j'ai envie de quelque chose de plus original.

— Un *burrito* chez Lucinda, alors, suggère-t-il avec une pointe d'agacement.

— Oh, non, s'exclame-t-elle en toute innocence, nous avons dîné mexicain lundi.

Là, il s'énerve :

— D'accord, je m'en moque. Décide-toi et mettons-nous en route !

La soirée est tendue. La Vénusienne a l'impression que son époux se soucie de ses vœux comme d'une guigne et ce dernier pense que, quoi qu'il fasse, cela ne suffira jamais pour la rendre heureuse. Puisqu'elle ne l'apprécie pas, il retient sa tendresse. De son côté, sa compagne lui reproche son impatience, sa brutalité et son manque d'attention. Alors, elle se renferme et se montre plus froide et distante. Chacun d'eux ferme son cœur à l'autre.

Si une telle dynamique se poursuit au fil des mois ou des années, ils en viendront peut-être à ouvrir leur cœur à une tierce personne... Ils s'aiment, mais ils s'éloignent progressivement l'un de l'autre. Certains couples s'installent dans un confort un peu morne ; ils apprennent à s'accepter mutuellement en réduisant leurs exigences. La passion et le romantisme n'ont plus droit de cité au sein de leur duo.

Certains couples apprennent à s'accepter mutuellement en réduisant leurs exigences.

Une fois admis le fait que sa compagne et lui viennent de planètes différentes, un homme comprend que sa femme aime disserter sur le restaurant idéal. Si ma femme et mes filles souhaitent étudier chaque option avant d'arrêter leur choix, je sais qu'il s'agit là d'un rituel vénusien de détente et de bien-être. Sur le plan scientifique, partager et explorer un problème pour le résoudre active la sécrétion d'hormones et autres substances génératrices de bien-être. Accepter cette approche conduira l'homme à éprouver des sensations similaires.

Au lieu de s'énerver, l'homme conscient de la dualité Mars/Vénus trouvera en lui la patience et la sagesse nécessaire pour participer à la discussion. L'exemple qui suit montre comment il peut participer à la stimulation des hormones de bien-être dans le cerveau et le corps de sa compagne.

Lorsqu'elle dit :

— Où pourrions-nous aller ?

... il propose le restaurant italien ; elle répond :

— En fait, je n'ai pas très envie de cuisine italienne. Nous avons mangé des pâtes hier.

Alors, il remarque :

— Tu as raison. J'adore leurs spaghettis aux palourdes, mais tous les jours, c'est trop. On pourrait aller au chinois. C'est bon aussi.

Ravie de discuter restaurants, elle objecte :

— Non, j'ai envie de quelque chose de plus original. Je n'ai pas envie de canard laqué, ce soir. Je voudrais autre chose, mais quoi ?

Conscient du plaisir qu'elle prend à cette conversation, il réplique gentiment :

— On n'est pas obligé de manger chinois. On peut garder cela pour notre dîner avec les Brown, mercredi prochain. Tu veux qu'on passe juste chercher des plats à emporter chez Lucinda ?

Le cœur réchauffé par l'attention et le soutien que son mari lui apporte, elle répond :

— Un *burrito* me tente moyennement, ce soir. Et puis, je préférerais ne pas m'occuper du repas ni de la vaisselle.

Ayant patiemment réprimé son désir de prendre une décision, Monsieur peut enfin intervenir et faire son choix tout en respectant les sentiments de sa compagne :

— J'ai une idée. Si nous allions dîner dans l'autre restaurant mexicain. Il sert ces *tacos* au poisson que tu aimes tant.

À ce stade de la conversation, Madame fond devant tant de tendresse et de considération. Car son mari, non content de la laisser prendre tout son temps, se prête aux trois activités qui stimulent la production d'hormones de bien-être dans l'organisme féminin : il communique, coopère et collabore avec elle. La réponse de Madame reflète son contentement.

— Excellente idée. Allons-y.

Monsieur aussi se sent bien. Chez les hommes, le bien-être est étroitement lié à l'impression d'avoir réalisé quelque chose. Cela les met d'humeur tendre. Et quand ils rentreront chez eux, elle accueillera ses avances avec enthousiasme.

Savoir, régime et activité physique

Je le répète : une alimentation équilibrée ne peut suffire à vous apporter le bonheur. Il faut aussi apprendre à reconnaître nos différences et nos modes de communication distincts. Sinon, les petits problèmes si faciles à résoudre peuvent prendre des proportions telles que l'on doute de pouvoir jamais les régler. On en arrive par exemple à des réflexions telles que :

« Je n'éprouve plus aucun sentiment pour toi » ;
« Tu ne me fais plus aucun effet » ;
« Je donne, je donne et je n'ai plus rien à donner » ;
« Quoi que je fasse, cela ne suffit jamais. Je jette l'éponge ! »

Même ces problèmes sérieux peuvent souvent être résolus grâce à quelques séances de travail « Mars et Vénus », à un régime et un programme physique adaptés. En ma qualité de conseiller, j'aide depuis trente ans des couples et des célibataires à régler leurs différends les plus graves.

Il arrive que certains problèmes ressurgissent après quelque temps. Ces rechutes partielles ne résultent pas d'un défaut de connaissances, mais d'une baisse d'énergie, de joie et d'amour dans nos cœurs... bien souvent liées à un problème nutritionnel ou à une activité physique mal adaptée. Quand on est déprimé, même si on aime son partenaire, on ne peut plus ressentir cet amour ni être stimulé par lui.

Quand on est déprimé, même si on aime son partenaire, on ne peut plus ressentir cet amour ni être stimulé par lui.

On est souvent confronté au cliché « Préserver le romantisme au sein du couple est un effort de tous les instants. » Il s'est vérifié pour moi, pourtant expert en la matière : alors, imaginez ce que cela peut être pour une personne exerçant dans une autre branche d'activité...

Je le sais pourtant : j'aurais pu m'épargner une bonne part de ce dur labeur si j'avais adopté plus tôt une bonne alimentation et une bonne hygiène de vie. Quand on a gagné en tonus et retrouvé une vision plus positive de l'univers, construire et faire prospérer une relation de couple devient beaucoup plus facile.

Quand on baigne dans un amour infini, on n'éprouve plus de difficulté à solliciter le pardon de ses erreurs ni à absoudre l'autre des siennes. On dispose de l'énergie nécessaire pour entourer son partenaire, même les jours où lui-même a moins à donner. Les gens heureux tolèrent mésaventures et malentendus. Une énergie sans borne, un bonheur inconditionnel et un amour infini facilitent la mise en pratique des pratiques relationnelles.

Combiner les enseignements exposés dans *Les hommes viennent de Mars, les femmes viennent de Vénus* avec les dernières découvertes médicales fournit les clés d'une vie longue et heureuse.

3
La dopamine vient de Mars

La dopamine est une substance chimique présente dans le cerveau ; elle commande notre énergie et notre motivation. La sérotonine, un autre neurotransmetteur, nous détend et nous aide à nous rappeler que tout va s'arranger. Ces substances sont produites à partir d'acides aminés spécifiques apportés par les protéines que nous ingérons. En modifiant leur chimie cérébrale grâce au Régime Mars et Vénus, les femmes et les hommes pourront se relaxer et profiter au mieux de leur union.

Augmenter la sécrétion de sérotonine chez les femmes et celle de dopamine chez les hommes permet d'assimiler les techniques de communication indispensables pour entretenir de bons rapports avec les êtres qui nous sont chers. Selon son sexe, une personne métabolise différemment les acides aminés des protéines. Il en résulte que les hommes présentent couramment un déficit de dopamine, tandis que leurs compagnes manquent plutôt de sérotonine. Victime d'une carence, un être recherche les activités propres à stimuler la production de cette substance. Les hommes sont ainsi attirés par le sport, les films d'action et les loisirs dangereux. Plus le taux de dopamine est bas, plus cette tendance est marquée. Le sentiment de sécurité et de confort engendré par une relation de couple stimule en outre la sécrétion de sérotonine, ce qui accentue le déséquilibre. Une étude révèle que les cerveaux masculins synthétisent la sérotonine cinquante-deux fois plus vite que les cerveaux féminins et peuvent en stocker deux fois plus. Les hommes manquent donc rarement de sérotonine, cela explique peut-être qu'ils angoissent moins que leurs compagnes à propos de leur relation amoureuse.

> **Une étude révèle que les cerveaux masculins synthétisent la sérotonine cinquante-deux fois plus vite que les cerveaux féminins.**

La sérotonine, elle, vient de Vénus, car la plupart des femmes en manquent. Un déficit de sérotonine se traduit en général par une propension à trop s'impliquer dans le couple, par des fringales et par des syndromes dépressifs. La sérotonine est principalement sécrétée le matin. Avec une hygiène de vie et un petit déjeuner adéquats, les femmes peuvent produire chaque jour la quantité de sérotonine qui leur est nécessaire. Rappelons toutefois que ni les femmes ni les hommes ne peuvent compter sur le Régime Mars et Vénus *seul* pour leur apporter l'équilibre cérébral, la santé, le bonheur et un amour durable.

Neurotransmetteurs et troubles cérébraux

Les neurotransmetteurs sont des molécules indispensables aux communications entre les cellules du cerveau. Pour fonctionner correctement, le cerveau, à l'instar d'une voiture, a besoin de carburant et d'eau. Sans carburant (la dopamine), certaines zones fonctionnent en sous-régime ; sans eau dans le radiateur (la sérotonine), le moteur surchauffe par endroits.

Les spécialistes le savent depuis longtemps : les troubles mentaux résultent directement de déséquilibres des neurotransmetteurs. La technologie moderne permet aujourd'hui de visualiser ce phénomène. On observe une corrélation claire entre la dépression, l'anxiété, la colère, les dépendances, et l'impression de perdre pied et l'activité des diverses zones du cerveau.

De tels déséquilibres sont parfois la conséquence de lésions au cerveau, d'un stress traumatique ou d'une malformation d'origine génétique. Dans certains cas, l'usage de médicaments peut aider à contrôler ces troubles et à rééquilibrer la chimie cérébrale en stimulant la sécrétion de dopamine ou de sérotonine.

Le cerveau compte quantité de neurotransmetteurs ; dans le cadre de cet ouvrage, nous nous pencherons exclusivement sur les deux plus importants, la sérotonine et la dopamine.

Stimuler la sécrétion de dopamine ou de sérotonine permet de rééquilibrer l'activité du cerveau.

Mon premier exemple concerne le manque de dopamine : les troubles de l'attention et l'hyperactivité sont liés à une sous-activité du cortex préfrontal. Celui-ci occupe le tiers antérieur de la boîte crânienne, juste derrière notre front. Il nous donne la capacité de concevoir des objectifs et de les atteindre. Les enfants présentant un taux de dopamine trop bas et un cortex préfrontal paresseux ont tendance à s'ennuyer facilement et à rechercher les stimuli apportés par des sensations et expériences diverses et par des nouvelles à effet immédiat. Ils se concentrent sans peine sur les choses qui les intéressent.

Leurs parents et leurs professeurs leur reprochent souvent de ne pas se montrer attentifs et de n'en faire qu'à leur tête. Quand on leur demande de s'intéresser à un domaine qui ne leur paraît pas important, ils se butent. Dès qu'ils essaient de se concentrer, ils amenuisent encore leur stock de dopamine : cela suscite alors des manifestations allant de l'ennui, de la fatigue et de l'agitation à l'hyperactivité, à l'impulsivité ou autre comportement perturbateur.

L'administration d'un médicament stimulant la sécrétion de dopamine, comme la Ritaline, agit de manière spectaculaire sur ces symptômes, chez l'enfant comme chez l'adulte. Grâce à cet afflux de dopamine, le cortex préfrontal gagne en activité. Le patient a l'esprit plus clair et un tonus accru ; il prend plus de plaisir à ses activités quotidiennes et se montre plus motivé. Tout se passe comme si le brouillard qui embrumait son cerveau se dissipait. Tout cela grâce à la dopamine.

Lorsque son taux de dopamine augmente, le patient a l'esprit plus clair et un tonus accru, il prend plus de plaisir à ses activités quotidiennes et se montre plus motivé.

Notre second exemple met en évidence les conséquences d'un déficit de sérotonine. Les symptômes caractéristiques de la dépression sont souvent associés à un manque de ce neurotransmetteur accompagné d'un système limbique hyperactif. Situé au centre du cerveau, ce dernier commande notre état émotionnel. Quand il s'emballe, on observe souvent des symptômes de dépression et une attitude négative.

Accroître l'apport en sérotonine aide un cerveau en surrégime à ralentir la cadence. La prise d'un médicament stimulant la sécrétion de sérotonine, comme les antidépresseurs modernes, agit donc efficacement sur ces symptômes. Les sautes d'humeur, l'impression que la situation est sans espoir, qu'il est impossible de s'en sortir et que l'on ne mérite guère l'attention des autres, le pessimisme, la culpabilité et la tendance à ressasser le passé s'estompent.

Souvent, l'on ne remarque pas qu'une jeune fille est dépressive parce qu'elle affiche une certaine docilité, symptôme d'un déficit de sérotonine. Ces adolescents trop altruistes éprouvent en général des difficultés à exprimer leurs propres souhaits. Les symptômes varient en fonction du tempérament de l'enfant.

Un supplément de sérotonine soulage le syndrome dépressif. Il apporte une vague d'apaisement, de sérénité et de contentement. La tempête de pensées négatives se calme, le sentiment d'abandon et de solitude qui étreignait les patientes disparaît. Grâce à cette aide, elles parviennent enfin à lâcher prise de leur passé pour vivre dans le présent et considérer l'avenir avec optimisme.

Un supplément de sérotonine apporte une vague d'apaisement, de sérénité et de contentement.

En réalité, tout comme la grande majorité des adultes, les enfants subissent les conséquences d'un déficit de dopamine ou de sérotonine. Dès que l'on procède aux ajustements diététiques nécessaires et que l'on corrige le mode de vie de manière à favoriser la sécrétion de ces neurotransmetteurs essentiels, le cerveau reprend en général un fonctionnement normal.

Une carence en dopamine

Le déficit de dopamine est une maladie martienne : les enfants atteints de trouble de l'attention ou d'hyperactivité présentent tous un taux trop bas de ce neurotransmetteur et 90 % de ces enfants – et ils se comptent par millions – sont des garçons ! La plupart des criminels affichent des symptômes exacerbés de déficit de dopamine, et 90 % des détenus sont de sexe masculin.

90 % des enfants atteints de trouble de l'attention ou d'hyperactivité – et ils se comptent par millions – sont des garçons !

Un petit garçon sur cinq présente ces troubles. Autant dire qu'il s'agit d'une véritable épidémie. La même règle s'applique aux adultes. Au cours de ma carrière de conseil en relations de couple, j'ai pu identifier les symptômes caractéristiques de ces affections chez la plupart des hommes que j'ai rencontrés ou aidés. Prenez n'importe lequel des travers typiquement masculins qui exaspèrent les femmes, poussez-le à l'extrême et vous obtiendrez le profil du syndrome de déficit de dopamine. Plus la production de ce neurotransmetteur chute, plus les symptômes se font aigus.

Prenez n'importe lequel des travers masculins qui exaspèrent les femmes, poussez-le à l'extrême et vous obtiendrez le profil d'un syndrome de déficit de dopamine.

Un syndrome est un ensemble de symptômes liés à une pathologie spécifique. Il offre des aspects divers en fonction du tempérament de chacun. On peut présenter un syndrome de déficit de dopamine même en l'absence de certains de ces symptômes.

Un syndrome offre des aspects divers en fonction du tempérament de chacun.

Autrement dit, ne croyez pas que, sous prétexte que vous avez échappé à certaines manifestations, vous ne pouvez souffrir d'un manque de dopamine. Certains présenteront quantité de ces symptômes, et d'autres quelques-uns seulement.

Un symptôme peut aussi varier en intensité et en fréquence suivant l'ampleur du déficit de dopamine, de l'alimentation et de l'hygiène de vie. On n'est pas ici dans le domaine du « tout ou rien ». Si vous mangez bien un jour, mais mal le lendemain, vous verrez des symptômes disparaître, puis ressurgir, et ainsi de suite.

Ce qui stimule la sécrétion de dopamine

En règle générale, dès qu'un homme a la possibilité de protéger autrui ou de modifier une situation, son cerveau voit sa sécrétion de dopamine s'accroître. Si ces occasions sont trop rares, il manquera de dopamine et, par conséquent, du tonus et du bien-être associés à une bonne production de ce neurotransmetteur. Frustré, il recherchera des stimuli supplémentaires. Il ne pourra plus se contenter de conduire : tout trajet deviendra une course de vitesse. Au lieu de se contenter de verrouiller les portes pour protéger sa famille, il achètera un fusil et s'entraînera au tir. Une heure de vélo ne lui suffira plus : il accomplira des randonnées quotidiennes de quatre heures. Éprouvant moins d'attirance pour sa femme, il consultera des sites pornographiques sur Internet. Au lieu de se satisfaire de bien gagner sa vie, il s'acharnera à accumuler de plus en plus d'argent.

Un homme a besoin d'une certaine dose de risque, de défi et de compétition pour stimuler sa sécrétion de dopamine.

En clair, un homme a besoin d'une certaine dose de risque, de défi et de compétition pour stimuler sa sécrétion de dopamine. Si son cerveau en produit assez, les occasions de protéger ou servir autrui ou d'améliorer son quotidien suffisent à lui apporter joie et tonus. Mais lorsque son taux de dopamine chute, sortir les poubelles ne lui paraît plus un effort suffisant ; désormais il lui faut tenter de faire fortune. Une femme ayant saisi cela comprendra pourquoi son conjoint pense à passer un coup de téléphone professionnel, mais oublie de sortir les poubelles.

Symptômes du syndrome de déficit de dopamine

Voici douze symptômes ordinaires indiquant un manque de dopamine.

1. Manque d'énergie à la maison

Un homme manquant de dopamine déborde d'énergie au bureau ; de retour à la maison, il se montre fatigué et plutôt apathique. Mais il suffit d'un appel professionnel pour qu'il bondisse du canapé au fond duquel il s'était écroulé, de nouveau plein d'ardeur et de motivation. Les défis sans cesse renouvelés du monde du travail stimulent sa production de dopamine, mais ce n'est pas le cas du train-train de la vie familiale.

Le travail stimule facilement la sécrétion de dopamine ; ce n'est pas le cas du mariage.

Un homme bénéficiant d'un taux de dopamine satisfaisant n'aura pas besoin de stimuli incessants pour retrouver son énergie. Les défis liés à la vie à deux, à l'éducation des enfants ou aux tâches domestiques lui suffisent.

Une femme attentive aux succès, même minimes, de son mari favorisera ainsi sa production de dopamine. Ses compliments et sa capacité à l'accepter tel qu'il est stimuleront efficacement ses sécrétions. Mais cela ne suffit pas. Voilà pourquoi une alimentation et un programme d'exercices appropriés accroissent le potentiel de sécrétion de dopamine et posent les bases d'une vie à deux pleine d'amour, de tendresse et de bonheur.

2. Passion et intérêt en déclin

Au début d'une union amoureuse, un homme déborde d'énergie, d'intérêt et de passion envers sa partenaire, mais cet enthousiasme retombe peu à peu. Quand on voit un couple au restaurant, rien de plus facile que de déterminer s'il s'agit ou non de leur premier dîner. Dans le premier cas, Roméo consacre toute son attention à sa Juliette et ne cesse de plonger son regard dans celui de sa compagne. Les gens mariés, eux, pratiquent rarement ce « les yeux dans les yeux », donc l'attention de Monsieur vacille et la conversation languit parfois.

Le regard constitue un bon indice du taux de dopamine d'un homme : si celui-ci est normal, le sujet n'éprouve pas de difficulté à soutenir le regard de l'autre. La dopamine augmente l'intérêt porté à son environnement et la concentration. Un regard vagabond, lui, indique un taux de dopamine insuffisant. Au début d'une relation amoureuse, l'attrait de la nouveauté l'aiguillonne au point qu'il reconstitue ses réserves de dopamine. Mais dès qu'il s'installe dans une certaine routine, il a besoin d'autres stimuli pour maintenir son attention.

La dopamine est en effet l'hormone cérébrale de l'intérêt. Un homme en déficit de celle-ci et dont le couple est bien établi ne tardera pas à se désintéresser de la conversation de sa partenaire. Il ne peut s'empêcher de songer qu'il a déjà entendu l'histoire et qu'il en connaît la fin. Il a donc du mal à se concentrer sur ses propos et à l'écouter...

La dopamine est l'hormone cérébrale de l'intérêt.

Un homme dont le cerveau produit suffisamment de dopamine n'a pas besoin d'une partenaire nouvelle pour maintenir son intérêt. Il se préoccupe tout autant de sa femme qu'à l'époque de leur rencontre. Quand on ne manque pas de dopamine, on a moins besoin de nouveauté ou d'expériences inédites.

Au début d'une relation, tous les hommes montrent de l'enthousiasme et de l'intérêt pour leur compagne, parce qu'elle constitue un élément neuf de leur existence. Cette attention décroît au fil des mois ou des ans. Cela ne signifie nullement que Monsieur a développé un déficit de dopamine ; cela indique qu'il en manque *depuis le début*. Quand on manque de dopamine, seule l'excitation d'un amour nouveau peut faire grimper le taux de cette hormone et éveiller l'intérêt du sujet.

Un homme présentant un sérieux déficit de dopamine brûle de ferveur lorsqu'il vient de rencontrer une femme, mais se désintéresse très vite d'elle. Il se révèle incapable de garder son enthousiasme. Seul le retour à une chimie cérébrale équilibrée lui permettra d'envisager un duo amoureux durable et satisfaisant.

3. Manque d'attention et impatience

Monsieur écoute Madame lui raconter sa journée... pendant deux ou trois minutes. À mesure que son énergie s'amenuise, il perd sa capacité de concentration et commence à penser à autre chose et/ou la houspille pour qu'elle en vienne au fait. L'observation de l'activité cérébrale indique ceci : au terme de ce bref délai, le cortex préfrontal passe d'une activité normale à un mode ralenti. Cette évolution accompagne une chute du taux de dopamine.

> **Quand il écoute une femme exprimer ses sentiments, un homme peut rapidement perdre sa capacité de concentration.**

En revanche, avec un taux de dopamine normal, Monsieur se montre capable de conserver son énergie et de maintenir son attention pendant que Madame lui parle. Il n'a pas besoin d'un imprévu pour retrouver tonus et motivation. Prendre soin de sa femme et de sa famille lui suffit.

4. Impulsivité

Parmi les symptômes d'un déficit de dopamine, figure l'impulsivité. Quand il manque de cette hormone, un homme éprouve la plus grande difficulté, en cas de crise, à prendre du recul. Soit il se lance dans une bataille homérique sans plus réfléchir à ce qu'il dit ou fait, soit il tourne les talons et oublie rapidement ce qui l'a agacé.

> **Un homme qui manque de dopamine éprouve, en cas de crise, la plus grande difficulté à prendre du recul.**

Un cortex préfrontal fonctionnant au ralenti – associé à un déficit de dopamine – empêche toute réflexion ou expression d'ordre émotionnel. Il arrive ainsi souvent qu'un homme éprouve un trouble diffus sans réellement parvenir à déterminer de quoi il s'agit ou à en parler. Au lieu de se pencher sur son désarroi pour le régler, il se bornera à changer de sujet et à se livrer à une activité lui permettant d'oublier ses soucis et de se sentir mieux.

Si cette stratégie de fuite l'aide à gérer son stress, elle ne favorise pas la résolution de ses problèmes, lesquels finissent par ressurgir et s'accumuler. Or, bien des hommes privilégient cette attitude, en particulier au sein de leur couple, parce qu'ils n'ont pas envie de se disputer avec celle qu'ils aiment. Quand ils ne peuvent fuir à toutes jambes, ils passent à une méthode plus agressive et optent pour la bagarre. Dans les deux cas de figure, ils ne résolvent rien.

Quantité de maris considèrent que tout va bien dans leur ménage tant que leur partenaire ne se plaint pas. Mais dès que la femme élève une objection, l'homme se remémore ses propres griefs et s'énerve. Il se dit : « Tout va bien de mon côté, mais si tu te mets à me faire des reproches, je vais te retourner la politesse. J'ai beaucoup plus de raisons de me plaindre que toi, alors ne m'ennuie pas. » Cette logique lui convient, mais elle n'impressionne guère sa compagne, qui sent la moutarde lui monter au nez.

> **Si une femme commence à se plaindre, son mari brandit souvent une liste de récriminations encore plus longue que la sienne.**

Un taux de dopamine convenable met un homme à même de prendre du recul et de se pencher sur les raisons pour lesquelles il se sent agacé. Et plutôt que de rendre coup pour coup, il réfléchit aux raisons profondes de la crise et cherche ce qu'il peut faire dans l'immédiat pour résoudre celle-ci. La dopamine pousse un homme à rechercher une solution au lieu de ressasser un problème.

5. Trous de mémoire

En vous quittant après une soirée romantique, il promet de vous appeler puis n'en fait rien. En effet, après une tendre étreinte, un homme accuse une chute temporaire du taux de dopamine et, avec elle, de sa motivation. Difficile à comprendre pour une femme, qui se sent d'autant plus blessée par cette nonchalance que dans le même temps son besoin d'établir des liens plus étroits va grandissant. Lorsque Mars retrouve sa motivation, il pense à rappeler Vénus, mais comme il a trop tardé, il s'en abstient. Cela ne signifie pas que sa conquête ne l'intéresse plus, seulement qu'il redoute ses critiques pour avoir tardé autant à la contacter.

6. Recherche de solutions

Quand un homme écoute une femme lui confier ses soucis, il s'attend souvent à ce qu'elle résolve ceux-ci séance tenante. Agacé de l'entendre ressasser ses tracas, il ne tarde pas à lui proposer des solutions. Même les lecteurs de mes ouvrages, qui ont appris qu'une femme est fréquemment plus en quête de compréhension que de clés, ne parviendront pas à contenir leur impatience. Oubliant les besoins de leur partenaire, ils l'interrompent pour suggérer des portes de sortie ou tenter de lui rendre le sourire.

Seul un stock suffisant de dopamine leur permet de juguler leur propension naturelle à prendre le problème à bras-le-corps pour se rappeler qu'elle cherche avant tout à s'exprimer et à trouver une oreille attentive et compatissante. Alors, écoutez-la et, si vous le pouvez, posez-lui même d'autres questions.

7. Indisponibilité émotionnelle

Quand il manque de dopamine, un homme se réfugie dans sa « caverne » à l'issue de sa journée de travail. En clair, il a besoin qu'on le laisse tranquille. Le temps passé dans sa caverne est du temps pour lui.

La lecture de *Les hommes viennent de Mars, les femmes viennent de Vénus* a permis à quantité de femmes de cesser de prendre les incursions de leur partenaire dans sa caverne comme une offense personnelle. Le fait qu'il se retire dans son antre ne signifie pas qu'il ne s'intéresse plus à vous. Il a juste besoin d'un peu d'espace. « D'accord, me répondent souvent les participantes à mes séminaires, mais combien de temps lui faut-il rester dans sa caverne ? »

Le fait qu'il se retire dans son antre ne signifie pas qu'il ne s'intéresse plus à vous.

Il n'existe pas de réponse autre que : aussi longtemps qu'il le faudra. Votre chéri restera dans sa caverne aussi longtemps qu'il le faudra. Le gros problème des couples modernes vient de ce que quantité d'hommes ne produisent pas assez de dopamine pour jamais sortir de leur caverne, et que bien des femmes ne produisent pas assez de sérotonine pour jamais se sentir pleinement entendues ou soutenues.

Une bonne nouvelle tout de même : un homme sécrétant suffisamment de dopamine a besoin de moins de temps dans sa caverne et peut choisir quand il souhaite s'accorder ces plages de solitude. En général, il parvient donc à se consacrer à sa femme et à ses enfants en rentrant pour effectuer sa retraite plus tard.

De la même façon, une femme produisant suffisamment de sérotonine a nettement moins besoin de se raconter. Et il lui faut beaucoup moins de temps pour se sentir assez soutenue pour que cela stimule ses sécrétions cérébrales et les rééquilibre. Il ne lui semble pas non plus indispensable de tout partager avec son partenaire ; elle évacue désormais l'essentiel de ses frustrations au fil de ses conversations avec ses amies pour se ménager des moments de tendresse avec l'homme de sa vie.

Une femme qui produit suffisamment de sérotonine a nettement moins besoin de s'épancher.

Pour stimuler la chimie cérébrale de leur femme et la production d'hormones de bien-être, je recommande aux hommes de lui consacrer vingt bonnes minutes au moins quatre fois par semaine. Avant de se retirer dans leur caverne, ils veilleront à se préoccuper d'elle, à lui demander comment sa journée s'est déroulée, à l'écouter et à l'interroger encore, à lui dire des mots gentils, à l'enlacer, à lui témoigner leur affection et à proposer de l'aider dans ce qu'elle est en train de faire. Ces comportements favorisent la sécrétion de bonnes hormones vénusiennes qui viendront à leur tour stimuler la production de dopamine.

En rentrant le soir, consacrez vingt minutes à votre femme : elle ne vous en appréciera que davantage.

Même un homme au cerveau équilibré a besoin de passer du temps dans sa caverne, mais cela n'implique pas qu'il se montre inaccessible sur le plan physique ou émotionnel pendant de longues périodes. Quant à une femme produisant assez de sérotonine, elle a toujours besoin de discuter avec son partenaire pour tisser des liens avec lui, mais cela se fait plus rapidement et lui procure plus de satisfaction. Raconter sa journée fait à une Vénusienne un bien immense. Si tel n'est pas le cas, soit son partenaire ne l'a pas écoutée, soit elle manque de sérotonine – en général un peu des deux.

8. Œillères

Quand son taux de dopamine baisse, un homme se consacre aux problèmes graves, mais néglige les petits, comme si des œillères l'empêchaient de voir ou de considérer ces derniers. Même si on les lui signale, il ne trouve pas en lui l'énergie nécessaire pour s'en préoccuper. Dans les moments de stress, lorsque sa production de dopamine est limitée, il ne peut se pencher que sur un problème à la fois. L'interrompre ou lui demander de s'occuper d'autre chose ne fait que l'irriter.

Lorsque leur cerveau affiche une teneur normale en dopamine, les hommes tendent toujours à régler les problèmes un à un, mais ils se montrent beaucoup plus souples. Ils s'énervent moins en cas de changement de programme ou si on les prie de faire autre chose que ce qu'ils avaient prévu de faire. Et s'ils se demandent toujours si l'importance d'un problème justifie qu'ils s'en préoccupent, ils parviennent à se montrer beaucoup plus compréhensifs tandis qu'ils s'interrogent sur ce point.

9. Ennui et dépendances

Un homme en déficit de dopamine juge la plupart des activités quotidiennes ennuyeuses. Dans l'espoir de redonner un peu de piment à son existence, il sera tenté par les sports extrêmes auxquels il deviendra souvent accro. Les toxicomanies diverses et les comportements dépendants sont presque toujours liés à un manque prononcé de ce neurotransmetteur. Les plus jeunes, n'ayant pas encore accès à l'alcool, au tabac ou aux stupéfiants, deviendront accros au sport ou aux jeux vidéo.

Dans ses relations de couple, l'homme se lasse du confort un brin routinier de sa vie amoureuse. Sa compagne fait partie des meubles et ne lui inspire plus guère de passion. Pour retrouver un sentiment d'excitation, il recourt à des substances ou à des pratiques susceptibles de le stimuler de nouveau.

Un homme en déficit de dopamine juge la plupart des activités quotidiennes ennuyeuses.

Côté comportements, il peut se réfugier, par exemple, dans une boulimie de travail, de sommeil, de sport, de sexe, de télévision ou de pornographie. Il arrive que le sujet ne sache même pas qu'il agit ainsi parce qu'il s'ennuie, tant il se repose sur la substance ou le comportement dont il est dépendant pour stimuler son intérêt, son énergie et son plaisir.

Un bon équilibre cérébral, tant au niveau de la dopamine que de la sérotonine, élimine en général toutes ces dépendances. Les stimuli quotidiens normaux suffisent au bien-être du sujet, qui n'éprouve plus le besoin de rechercher des sensations fortes.

10. Besoin d'espace et de distance

Après l'amour, votre compagnon s'assoupit immédiatement, ou bien il s'écarte de vous. N'en déduisez pas que ses sentiments à votre égard ont changé. Cela signifie seulement qu'il a besoin de s'éloigner un peu pour retrouver son tonus et sa joie de vivre. La solitude stimule sa production de dopamine, ce qui lui procure un regain d'énergie

La solitude stimule la production de dopamine.

Lorsque sa chimie cérébrale se rééquilibre, un homme n'éprouve plus le besoin de se ménager des plages de solitude après les moments d'intimité. Il apprécie de se sentir proche de sa compagne et étroitement lié à elle avant de voir ressurgir sa soif habituelle d'indépendance et de distanciation.

Les hommes connaissent toujours ces pulsions de va-et-vient, qui les poussent à se rapprocher puis s'écarter de leur compagne. Le niveau cérébral de dopamine est en effet associé à la production de la testostérone, hormone-clé de la physiologie masculine. Lorsque le taux de testostérone s'accroît, l'appétit sexuel du sujet en fait autant, mais elle commande aussi le mouvement de balancier ci-dessus évoqué. Un meilleur équilibre de la dopamine permet de conserver un niveau de testostérone plus stable, si bien que ces pulsions s'atténuent. Ainsi l'homme parviendra à prolonger un rapport sexuel et à ne pas « s'enfuir » physiquement ou émotionnellement après.

11. Incohérences

Un homme manquant de dopamine va souvent se montrer très présent et romantique au début d'une relation, puis adopter une attitude beaucoup plus distante. Dès qu'il atteint un certain degré d'intimité, il fait deux pas en arrière. Voilà un comportement difficile à comprendre pour sa partenaire vénusienne, qui le juge incohérent. Un jour, il ne peut pas vivre sans elle ; le lendemain, il parle de rompre. Une femme ignorant les raisons de telles volte-face risque d'en être blessée.

Ni avec toi, ni sans toi : un symptôme classique de déficit en dopamine.

Elle prendra souvent à tort ce schéma comportemental comme la manifestation d'une peur de l'intimité. Chez un homme, il peut juste s'agir d'un déséquilibre de la dopamine.

Un homme qui prend du recul est le plus souvent mû par un besoin biologique, hormonal. Une chute de son taux de dopamine ne fait qu'exacerber cette pulsion. Il étouffe facilement dans une relation et prend la fuite. Si une femme se montre trop possessive, tout homme se sent pris au piège. Et quand on manque de dopamine, on est plus chatouilleux encore à propos de son indépendance...

12. Perte de désir

Monsieur aime son épouse, mais après quelques années de mariage elle ne l'attire plus physiquement comme au début. Ses sentiments n'ont pas changé, mais l'étincelle charnelle s'est amoindrie, voire éteinte. Au lieu de croître parallèlement à son amour pour elle, l'intérêt sexuel qu'elle lui inspire va s'amenuisant. Seule une autre femme pourra réveiller son appétit charnel.

L'amoindrissement de l'étincelle physique n'implique pas qu'un homme n'aime plus sa femme.

S'il n'apprend pas à contrôler ses pulsions, cet homme sera tenté par des aventures extraconjugales. Il se laissera emporter par l'impression d'être de nouveau pleinement vivant auprès d'une autre femme, alors que chez lui, rien de tel ne se produit. Il s'agit d'un élan de bien-être similaire à celui que peut procurer le premier repas absorbé après plusieurs jours de jeûne. On lui trouve souvent une saveur beaucoup plus délicieuse qu'elle ne l'est en réalité. De telles pulsions n'ont rien à voir avec l'amour. Le sujet aime toujours sa femme, seulement cette inconnue l'excite.

Autant dire que, dans un couple, l'équilibre de la dopamine, seul capable de préserver la passion et la tendresse, joue un rôle essentiel. Car, dès que ce neurotransmetteur vient à manquer, la routine du quotidien et la pleine connaissance de l'autre peuvent tuer le désir.

Quand on manque de dopamine, la routine du quotidien et la pleine connaissance de l'autre peuvent tuer le désir.

Quand sa chimie cérébrale est équilibrée, il éprouve des élans pour d'autres femmes mais les jugule sans peine, car il est toujours attiré par sa compagne officielle. Il n'y a rien de mal à désirer d'autres femmes : au contraire, cela maintient jeune et en forme. C'est une réaction naturelle. Mais si vous maîtrisez bien la communication avec votre partenaire, vous pourrez continuer à focaliser vos appétits sur elle.

Cela dit, il est extrêmement grossier et indélicat de dévisager une autre femme quand on est accompagné de la sienne. Lorsqu'il m'arrive de me perdre dans la contemplation d'une inconnue, ma femme me secoue d'un coup de coude complice. Je sursaute comme si elle me tirait d'un état de transe et m'empresse de me concentrer un peu plus sur elle.

Il s'agit là d'un aspect de la psychologie masculine que peu de femmes comprennent, car leur sexualité est différente. En général, une femme n'est pas attirée par un homme sans envisager une relation suivie. Il lui faut établir un lien émotionnel avant de sentir son appétit charnel s'éveiller.

Manque de considération pour les besoins des autres

Tout cela pourrait se résumer, dans le cadre du couple à *un manque de considération pour les besoins de l'autre*. Au début d'une relation, l'homme, même s'il manque de dopamine, s'évertue à plaire à celle qu'il courtise, car la perspective de gagner son cœur stimule sa sécrétion de cette hormone. Ce défi remporté, la production de dopamine chute et la routine de la vie conjugale ne fait qu'accentuer cette tendance, même quand l'amour est bien vivant.

Un homme manquant de dopamine cherchera à combler sa compagne, mais seulement au début de leur relation.

Lorsqu'il rentre chez lui, l'homme se sent tout simplement épuisé par sa journée de travail. En fait, il souffre d'un syndrome de déficit de dopamine. Au bureau, il se montre énergique, parce qu'il doit relever des défis et prendre des risques, ce qui stimule sa sécrétion de dopamine. À la maison, il trouve le confort, l'harmonie et la routine. Il peut se détendre... et plus rien ne vient déclencher une production de cet indispensable neurotransmetteur.

En fait, ce n'est pas son travail qui le fatigue, mais le manque de dopamine. S'il redevenait célibataire et se lançait à la conquête d'une nouvelle partenaire, il déborderait d'énergie le soir. Car il lui faudrait aussi relever des défis dans le cadre de sa vie privée.

Mais quand la relation a pris sa vitesse de croisière, les défis disparaissent et la production de dopamine retombe. Alors, il ne se préoccupe plus guère des besoins de sa compagne. Il tient à elle mais ne se sent plus la force de la choyer. Inconsciemment, il réserve son énergie aux tâches les plus importantes et rechigne à rendre de petits services.

Or ce sont ces petits services qui permettent à une femme de se sentir aimée et entourée. Ce sont eux qui commandent sa santé, son bonheur et sa tendresse. Dans le prochain chapitre, nous examinerons la place que la sérotonine tient dans l'équilibre cérébral féminin et les nombreuses manifestations du syndrome de déficit de sérotonine, qui touche des millions de femmes de par le monde.

4

La sérotonine vient de Vénus

On observe actuellement en Occident une véritable épidémie de manque de sérotonine au sein de la population féminine. Des millions de femmes prennent des antidépresseurs afin de stimuler leur production de ce neurotransmetteur et des millions d'autres présentent des symptômes moins marqués de déficit de sérotonine. Il s'agit fréquemment de manifestations si banales que les femmes en sont venues à les juger normales : syndrome prémenstruel plus ou moins accentué, impression d'être dépassée par les événements, surpoids, relations amoureuses décevantes, manque de tendresse, bouffées de chaleur... Des symptômes banals, certes, mais en aucun cas signes de bonne santé.

Dans la plupart des cas, ces désagréments résultent directement de l'alimentation et de l'hygiène de vie de la patiente, notamment d'un apport insuffisant en nutriments précurseurs de sérotonine. Des études récentes ont montré que les hommes synthétisent ce neurotransmetteur plus rapidement que leurs compagnes et peuvent en stocker deux fois plus. De même que les hommes présentent de nets symptômes de déficit de dopamine, les femmes souffrent à l'évidence d'un manque de sérotonine. Bref, la sérotonine est un problème vénusien.

Un manque de sérotonine joue aussi un rôle déterminant au niveau des relations amoureuses. Presque toutes les différences entre hommes et femmes qui agacent ces messieurs sont exacerbées par l'insuffisance de cette hormone. En revanche, la plupart des qualités qu'ils apprécient chez leurs compagnes se développent grâce à elle. Une femme produisant assez de sérotonine devient donc plus désirable, mais connaît aussi une meilleure forme et un bonheur accru.

Peu de femmes ont vraiment besoin d'un traitement médicamenteux. Il leur suffirait en général d'adopter un petit déjeuner plus équilibré, afin de ramener à la normale leur production matinale de sérotonine, laquelle suffirait alors pour la journée. Au coucher du soleil, l'épiphyse (ou glande pinéale) pourra convertir le résidu en mélatonine, garante d'un sommeil réparateur. Cette glande située dans le cerveau commande directement la production de sérotonine, pendant la journée, et de mélatonine, la nuit. Quand on manque de mélatonine, on dort souvent mal.

L'épiphyse (ou glande pinéale) convertit le surplus de sérotonine en mélatonine, garante d'une bonne nuit de sommeil.

Une alimentation déséquilibrée, en particulier le matin, conduit une femme à souffrir tout au long de la journée et même de la nuit suivante des conséquences d'un défaut de sérotonine. Lorsque ces symptômes s'aggravent, elles tendent à suivre un traitement antidépresseur, mais la plupart d'entre elles pourraient rééquilibrer leur chimie cérébrale grâce à une simple amélioration de leur apport nutritionnel et de leur hygiène de vie.

Symptômes d'un déficit de sérotonine

La sérotonine est le neurotransmetteur responsable de notre bien-être et de notre optimisme. Si une femme en manque, elle éprouve diverses émotions : impression d'être dépassée par les événements, inquiétude, anxiété, regrets, tristesse, voire désespoir, ressentiment ou rigidité. Les chutes de taux de sérotonine parfois observées chez les hommes sont sans commune mesure avec celles qui touchent les femmes. Là où eux se montrent moins tendres, compréhensifs et respectueux d'autrui, elles souffrent d'une baisse de confiance, d'acceptation et d'appréciation.

La sérotonine procure bien-être et optimisme.

La production de sérotonine est stimulée au premier chef par la qualité de nos relations avec l'autre. Plus une femme est à même de communiquer, de coopérer et de collaborer dans ce cadre, plus elle sécrète de cette hormone. Lorsqu'elle en manque, elle tend à se reposer à l'excès sur son couple pour stimuler sa production de cette hormone de bien-être. Quelque soutien que lui apporte son partenaire, cela ne suffit jamais.

Si une femme manque de sérotonine, elle a tendance à penser que son couple doit faire à lui seul son bonheur.

C'est la raison qui conduit le plus souvent les femmes dans le cabinet d'un thérapeute. Elles trouvent que leur partenaire ne les épaule pas suffisamment. Les célibataires, elles, déplorent la pénurie d'hommes valables dans leur entourage. Même si ces plaintes sont dans une certaine mesure fondées, leurs conclusions et réactions émotionnelles sont compliquées et intensifiées par leur incapacité à produire assez de sérotonine, dans la plupart des cas en raison d'une alimentation mal adaptée.

Une femme en déficit de sérotonine consulte, parce que discuter avec un interlocuteur attentif et amical stimule leur sécrétion de sérotonine. De ce fait, plus elle manque de cette hormone, plus elle a besoin de parler. Certaines cependant, atteignent un tel degré de pessimisme qu'elles se replient sur elles-mêmes, persuadées que nul n'est capable de les comprendre, encore moins de les aider.

Un déficit de sérotonine induit chez certaines femmes un besoin accru de se confier.

Même une femme ayant beaucoup de possibilités de communiquer ne se satisfera pas d'un époux aimant et à l'écoute quand son taux de sérotonine chute. Si elle n'absorbe pas le carburant physiologique indispensable à la production de ce neurotransmetteur, parler ou être choyée ne lui suffira pas : il lui semblera que quelque chose manque dans sa vie. Elle a raison : son cerveau ne produit pas assez de sérotonine !

Une femme qui n'absorbe pas le carburant physiologique indispensable à la production de sérotonine ne se satisfera pas d'un époux aimant et à l'écoute.

Des millions de femmes s'épanchent auprès de thérapeutes dans l'espoir de se sentir mieux. Cela peut fonctionner, mais ne résout pas leur problème de fond. Elles doivent impérativement adjoindre à leur thérapie un apport nutritionnel assurant une production accrue de cette hormone.

Discuter avec un interlocuteur attentif stimule la sécrétion de sérotonine.

Les femmes recourent volontiers aux thérapeutes, mais force est de constater que ces séances représentent parfois une alternative onéreuse à un petit déjeuner équilibré !

Il arrive même que la thérapie aggrave la situation. En effet, si une femme tire un bénéfice de la production de sérotonine résultant de sa conversation avec une personne évidemment d'accord avec tout ce qu'elle dit, il arrive qu'elle tolère d'autant moins que son mari exprime une opinion différente... Elle attend de lui qu'il se comporte comme son psy et l'écoute sans broncher ; elle oublie qu'elle aussi est supposée écouter son conjoint.

Une séance de thérapie représente parfois une alternative onéreuse à un petit déjeuner équilibré.

Penchons-nous à présent sur quelques symptômes du syndrome de déficit de sérotonine...

1. Amnésie temporaire

Un des principes de base qu'un homme doit assimiler est le besoin de sa femme de se nourrir régulièrement, afin de maintenir son taux de sucre sanguin et sa production de sérotonine. Lorsque le premier baisse, la seconde chute aussi. Et quand une femme a faim, cela indique souvent une glycémie sanguine en baisse. Autrement dit, messieurs, sachez interpréter à bon escient la phrase « Cherchons donc un endroit pour déjeuner ». Cela ne signifie pas « Accordons-nous une demi-heure pour trouver un restaurant », mais : « Arrêtons-nous *maintenant.* »

Car si elle ne mange pas dès que la faim se fait sentir, ses taux de glucose sanguin et de sérotonine s'effondrent en quelques minutes. Et quand cela se produit, une inconnue prend la place de la femme que vous avez épousée. Saisie d'amnésie temporaire, elle oublie tout ce que vous avez pu faire de bien depuis votre rencontre.

Quand ses taux de glucose sanguin et de sérotonine s'effondrent, une femme succombe à une amnésie temporaire qui lui fait oublier tout ce que vous avez pu faire de bien depuis votre rencontre.

Ne choisissez pas cet instant pour protester ou lui rappeler tout ce que vous avez fait pour elle : ce n'est pas le moment. Si elle vous reproche d'être toujours en retard, retenez-vous de citer toutes les fois où vous êtes arrivé à l'heure ; si elle se plaint de votre manque de romantisme ou de tendresse, ne ripostez pas en évoquant la dernière tendre soirée que vous avez organisée à son intention ; si elle vous considère d'un œil consterné, manifestement déçue, ne prenez pas cela trop à cœur. Laissez-la dire. Ce nuage va passer et le soleil brillera de nouveau au sein de votre couple.

Lorsque la glycémie sanguine d'une femme chute, dites-vous que ce nuage va passer, après quoi le soleil brillera de nouveau.

Ne prenez pas ses propos au pied de la lettre et ne cherchez pas à les réfuter. Contentez-vous de la laisser parler... et trouvez-lui quelque chose à grignoter. Vous résoudrez ainsi le véritable problème. Efforcez-vous de rester serein. Dites-vous que l'écouter stimule sa production de sérotonine : une fois rassasiée, elle redeviendra la femme que vous aimez, celle qui sait que vous êtes un homme bien.

2. Brusques sautes d'humeur

Comprenez, messieurs, les liens unissant le taux de sucre sanguin, la sérotonine et les variations brutales de l'humeur féminine. Le sucre est l'aliment du cerveau. Lorsque que la glycémie sanguine baisse, le cerveau cesse de fabriquer de la sérotonine et le moral de Madame chute. Il importe donc de savoir lui apporter votre soutien en l'écoutant et en dénichant un endroit où elle pourra manger, sans vous laisser atteindre par ses propos, ses sentiments ou son attitude. Nous reviendrons en détail dans le chapitre 11 sur les raisons de ces chutes du taux de sucre sanguin chez les femmes, et des tactiques à adopter pour les prévenir.

L'état d'esprit d'une femme peut changer en un éclair. Des variations d'humeur *modérées* sont normales, tout comme celles de la météo. La pluie succède au beau temps, la chaleur au froid, les nuages au soleil. Tout cela rend l'existence plus palpitante. Mais quand le taux de sérotonine chute, les sautes d'humeur s'accentuent. Les cyclones remplacent les averses.

Quand le taux de sérotonine chute, les sautes d'humeur gagnent en violence.

Même une femme à la chimie cérébrale équilibrée connaît des sautes d'humeur imprévisibles. N'oublions pas que son moral oscille entre un pôle positif et un négatif, comme par un mouvement de vagues.

Les variations de l'équilibre hormonal liées au cycle menstruel expliquent les accidents du paysage émotionnel féminin. Pendant un certain temps, son moral est en hausse et elle considère tout d'un œil positif. Une sensation de bien-être baigne sa vie. Mais quand sa vague a atteint son apogée, elle ne peut plus aller que dans un sens : vers le bas. Tandis que sa vague commence à retomber, la femme éprouve le besoin d'être soutenue. Si elle ne l'est pas assez en général, elle va en prendre pleinement conscience à ce moment-là.

Quand la vague se brise, les hommes pensent à tort qu'il leur incombe de la « réparer » ou de résoudre tous ses problèmes. Et s'ils n'y parviennent pas, ils en concluent qu'ils ne pourront jamais rendre leur femme heureuse puisque, à leur sens, elle retrouvera le bonheur une fois ses problèmes résolus. En outre, comme Monsieur se sent vaincu, son taux de dopamine chute, si bien qu'il ne ressent plus beaucoup d'énergie ni d'intérêt pour sa compagne. S'il se rappelle comment venir en aide à celle-ci, il pourra maintenir son taux de dopamine, afin de rester attentif et concentré.

Dès qu'elle a atteint le creux de la vague, la femme sent son moral s'améliorer. Une alimentation et un programme sportif équilibrés permettent de stabiliser ces niveaux hormonaux : ses vagues émotionnelles en viendront alors à évoquer davantage un doux roulis que les lames furieuses d'une tempête.

3. Exigences accrues

Les besoins émotionnels variables des femmes présentent un certain intérêt pour la survie de l'espèce humaine. Quand son taux de sérotonine est élevé, une femme a moins besoin de se sentir entourée ; elle est plus autonome. Lorsque son taux d'œstrogènes chute, au moment de l'ovulation, son taux de sérotonine baisse aussi. Cette conjoncture hormonale la rend plus encline à travailler sur la communication, la coopération et l'harmonie dans le cadre de ses relations de couple.

Simultanément, son corps prépare une éventuelle grossesse. Au moment où la femme ovule, elle est programmée pour se mettre en quête d'amour et de soutien. Du point de vue de la survie de l'espèce, cela accroît ses chances de maternité. Soudain, elle apprécie plus ses soupirants potentiels.

C'est au moment de l'ovulation qu'une femme a le plus besoin des autres.

Ce schéma fonctionne bien, excepté si une femme manque de façon significative de sérotonine : au lieu de connaître une faible baisse de son niveau de sérotonine, de nature à stimuler son besoin d'interactions avec les autres, elle éprouve le besoin de s'accrocher à son compagnon. Ce bouleversement hormonal soudain peut la conduire à se sentir abandonnée et désespérée, puis à opter pour le mode défensif, en éprouvant de l'agacement, de l'irritation et de l'indifférence. On regroupe souvent tous ces symptômes sous l'appellation de « syndrome prémenstruel ». Pendant ces périodes, alors que sa vague se brise, exprimer ses sentiments fait remonter son taux de sérotonine : elle se sent alors mieux.

Un bouleversement hormonal peut conduire une femme à se sentir abandonnée et désespérée.

Sachant cela, un homme cessera plus facilement de s'évertuer à résoudre les problèmes de sa femme, de la morigéner ou de lui expliquer pourquoi elle ne devrait pas s'énerver pour si peu. Il pourra au contraire l'écouter sagement, lui poser des questions et donner ainsi à sa « vague » la possibilité de se briser gracieusement avant de remonter, tandis que sa femme retrouve le sourire.

S'il écoute sa compagne, l'entoure de tendresse et s'efforce de se montrer amical pendant ces périodes, l'homme favorisera la production de sérotonine dans son cerveau. Cette sécrétion accrue permettra à sa compagne de toucher le fond plus rapidement, pour retrouver sa joie de vivre. Le fait de comprendre ce qui se passe réellement insuffle à un homme une grande patience, car il sait que les choses peuvent s'aggraver encore avant de s'améliorer.

Un homme sage sait que les choses peuvent s'aggraver avant de s'améliorer.

Lorsqu'une femme présente un syndrome de déficit de sérotonine, quelque amour et soutien que son partenaire lui fournisse, cela ne suffira jamais. Voilà pourquoi une femme doit comprendre que son régime alimentaire, son activité physique et ses choix de vie sont tout aussi importants que l'amour et l'appui qu'une relation de couple peut lui apporter.

Dès que sa chimie cérébrale se rééquilibre, ses exigences reprennent leur cours normal.

4. Quête de l'amour dans les mauvais endroits

Donner de soi-même dans le cadre d'un duo amoureux est, de tous les comportements, celui qui stimule le plus vivement la production de sérotonine. Avec un taux normal de ce neurotransmetteur, une femme peut se consacrer à une personne qui possède le potentiel de lui donner de l'amour en retour ou à une personne qui l'a déjà soutenue par le passé. Ce type de réaction saine repose sur la réciprocité. Elle donne, mais elle reçoit quelque chose en retour, après quoi elle donne de nouveau. C'est cet équilibre entre le don et la réception qui fait qu'une relation nous comble.

C'est l'équilibre entre donner et recevoir qui fait qu'une relation nous comble.

Si une femme bénéficie déjà d'un soutien significatif, son bonheur grandira encore. Elle pourra alors se consacrer à des personnes incapables de l'aimer en retour, une attitude qui s'apparente à un don à une œuvre caritative. On donne librement sans rien attendre en retour.

Ces dons inconditionnels sont ceux qui procurent le plus grand bonheur. Sur le plan biochimique, ils suscitent la sécrétion d'une hormone du nom d'ocytocine, laquelle stimule à son tour encore la production de sérotonine (l'ocytocine est l'hormone vénusienne du bien-être, nous y reviendrons plus longuement dans le chapitre 6). Donner sans rien attendre en retour déclenche immanquablement une sécrétion de sérotonine.

Donner sans rien attendre en retour maximise la sécrétion de sérotonine.

Malheureusement, cette règle conduit souvent les femmes à abuser de ce type de don. Au lieu d'attendre de trouver une personne capable de les épauler en retour, elles sont attirées par les situations, les circonstances et les personnes incapables de le faire. Autrement dit, dans le but d'obtenir un apport immédiat en sérotonine, elles cherchent l'amour aux mauvais endroits.

Les femmes manquant de sérotonine ont tendance à se dévouer systématiquement à des personnes incapables de faire preuve de tendresse en retour et à repousser les occasions de recevoir l'appui de celles ayant quelque chose à donner. En effet, même si elles rencontrent une personne prête à donner, elles-mêmes ne sont pas prêtes à recevoir. Fort heureusement, ce cercle vicieux peut être brisé.

Lorsqu'elle rétablit son taux de sérotonine, une femme devient automatiquement plus encline à se tourner vers les personnes en position de mieux l'épauler. Lorsque cela se produit, elle prend enfin conscience du formidable soutien dont elle bénéficie déjà au quotidien.

5. La « grippe du ressentiment »

Donner à l'excès conduit toujours au ressentiment. En effet, une femme qui donne trop en vient inévitablement à attendre, exiger et demander plus en retour. Et quand elle n'obtient aucun retour sur investissement, le ressentiment envahit son cœur. La technologie moderne permet d'observer que la douleur et le ressentiment se traduisent au niveau cérébral par une activité accrue du système limbique. Lorsqu'un homme se rappelle avoir été blessé, le sang afflue vers cette partie du cerveau, qui gouverne les émotions. Mais lorsqu'une femme se remémore une blessure, l'afflux de sang dans cette zone du cerveau est *huit fois* plus important. Il s'agit là d'une spécificité féminine normale.

> **Les femmes sont naturellement plus vulnérables et sensibles sur le plan émotionnel.**

Dans un cerveau équilibré, si le système limbique est suractivé, la sécrétion de sérotonine se trouve stimulée. Ce neurotransmetteur envahit alors ce système et lui permet de se détendre. Quand on la blesse, une femme parvient sans difficulté à reprendre le dessus et à dispenser pardon, acceptation, compréhension et confiance. Lorsqu'elle ne produit pas suffisamment de sérotonine, son système reste en sur-régime. Sa douleur se fait chronique avant de virer au ressentiment, à la confusion, et à la défiance vis-à-vis des autres.

Cette partie du cerveau agit comme un filtre au travers duquel nous interprétons les événements de la journée. C'est lui qui détermine la propension à voir le verre à moitié plein ou à moitié vide. Les recherches réalisées sur le cerveau de femmes présentant des manifestations de syndrome prémenstruel indiquent que le système limbique profond s'emballe quelques jours avant le début des règles.

Parmi les signes d'un système limbique hyperactif, figurent :

– humeur changeante, irritabilité et dépression ;
– pensées négatives accrues ;
– anticipation négative des événements ;
– envie de donner en baisse ;
– émotions négatives puissantes ;
– hyperphagie ;
– troubles du sommeil ;
– appétit sexuel fluctuant.

Quand une femme ne produit pas suffisamment de sérotonine, non seulement son ressentiment ne s'apaise pas, mais il s'accroît peu à peu, jusqu'à devenir une véritable obsession. Quand on attrape la grippe, il n'y a pas grand-chose à faire, hormis attendre que cela passe en restant au chaud et en se reposant. De la même manière, lorsqu'une femme contracte la « grippe du ressentiment » parce qu'elle a trop donné, il lui faut cesser de se consacrer aux autres pour s'occuper d'elle-même. Un revirement délicat si l'on se trouve en déficit de sérotonine.

Le ressentiment chronique est une maladie au même titre que la grippe.

Le traitement comportemental du ressentiment chronique consiste à cesser de se consacrer à des relations qui n'apportent rien et à oublier pour un temps ses attentes. Concentrez-vous sur les activités qui procurent quelque chose en retour. Occupez-vous de vous.

Lorsqu'elles vivent en couple, quantité de femmes éprouvent de la culpabilité si elles choisissent de s'occuper un peu d'elles-mêmes. Elles croient en effet que leurs besoins ne peuvent être comblés que si elles satisfont d'abord ceux des autres. Alors, si elles ne reçoivent pas ce qu'elles espèrent, la dernière chose qu'elles feront d'instinct sera de fermer les écoutilles. Au lieu de se préoccuper de leurs propres aspirations, ces femmes continueront à donner d'elles-mêmes et à se plaindre de n'être pas payées de retour.

Dans le cadre d'une relation amoureuse, la pire chose qu'une femme puisse faire, pour elle comme pour son compagnon, consiste à donner à contrecœur. Agir ainsi stimule sa production de dopamine : si elle ne donne pas sans arrière-pensée, elle inhibe ce faisant sa sécrétion de sérotonine, si bien que son ressentiment s'aggrave encore.

Quand une femme agit comme il le faut, mais que cela ne vient pas droit du cœur, cela ne fait qu'aggraver son ressentiment.

Paradoxalement, lorsqu'un homme éprouve du ressentiment, la meilleure chose qu'il puisse faire pour se sortir de ce mauvais pas est de se mettre activement au service d'autrui.

Une femme souffrant de la « grippe du ressentiment », tout comme une personne ayant mal aux dents, éprouve des difficultés à puiser en elle des pensées tendres ou des élans de gentillesse. Même si elle aime toujours son partenaire et continue à s'occuper de lui, elle ne parvient plus à l'apprécier réellement. Au lieu de s'émerveiller de tout ce qu'il lui apporte, elle se concentre – quand cela ne vire pas carrément à l'obsession – sur le peu que *lui* fait.

Et quand son cœur se referme ainsi, elle se met à compter les points. À ce jeu-là Monsieur est toujours perdant... Si par exemple elle s'accorde 64 points pour ses bonnes actions et en décerne 20 à son partenaire, elle déduira 20 de 60 pour aboutir à un nouveau score de 40 à zéro. En de tels moments, elle pense sincèrement qu'il ne fait jamais rien pour elle. Voici le symptôme le plus caractéristique de cette « grippe du ressentiment ».

Quand on a mal aux dents, on se montre rarement aimable ou amical.

Si cette affection s'installe au fil des ans, elle peut à terme virer à la « pneumonie du ressentiment ». La femme en vient alors à se persuader qu'elle a épousé la mauvaise personne et envisage le divorce. Certes, son mariage ne comble pas ses attentes, mais cela ne signifie pas qu'il ne pourrait pas le faire. Trouver la bonne personne ne garantit pas de voir ses aspirations automatiquement comblées.

Chez les femmes envisageant de divorcer, le reproche le plus courant est le suivant : « Je donne encore et toujours et je ne reçois pas grand-chose en retour. » Comprendre la notion de « grippe du ressentiment » leur permet de s'engager sur la voie d'une solution. Au lieu de quitter leur partenaire pour reproduire le même schéma avec un autre, les femmes apprennent alors une manière différente de donner ; elles prennent l'habitude de s'occuper d'elles-mêmes.

> **Chez les femmes qui envisagent de divorcer, le reproche le plus courant est : « Je donne encore et toujours et je ne reçois pas grand-chose en retour ».**

Au lieu d'attendre que leur partenaire fasse leur bonheur tout en se sentant obligées de répondre à toutes ses attentes, elles se préoccupent désormais de satisfaire leurs propres aspirations.

Il est très malsain de donner tout que vous pouvez à votre conjoint, puis d'espérer qu'il comble ensuite tous vos désirs. La solution réside dans l'accomplissement de ce qu'on a à faire afin d'obtenir l'appui émotionnel requis, après quoi on peut donner librement, sans attendre rien de particulier de son époux ou de ses enfants. Ce type de relation se révèle beaucoup plus satisfaisant.

6. Attentes irréalistes

Certaines femmes pensent que les hommes en savent long sur la marche du monde et la façon dont les choses fonctionnent, et que, par conséquent, ils doivent aussi savoir ce que les femmes pensent et ce qu'elles ressentent. Voilà une attente complètement irréaliste. Les hommes souhaitent sincèrement apporter le bonheur à leur compagne, mais ils ne comprennent tout simplement pas ce qui est essentiel pour les femmes.

La plupart d'entre eux n'en ont même pas la moindre idée. Et lorsqu'ils commencent à débroussailler le sujet, il leur faut encore bien des années avant de parvenir à une approche utile des aspirations spécifiques des femmes. Si une femme ne comprend pas à quel point hommes et femmes sont différents les uns des autres accable inévitablement son partenaire de reproches inutiles. Elle se sent blessée et abandonnée, et se persuade chaque jour peu plus – à tort – qu'elle n'est pas aimée.

Un taux normal de sérotonine permet aussi au cerveau de se relaxer. Lorsque ce taux diminue, on observe en général une hyperactivité du cortex cingulaire. Cette zone nichée au cœur du cerveau parcourt celui-ci d'avant en arrière ; elle commande notre sentiment de sécurité et nous donne la capacité de suivre le mouvement et de nous adapter aux changements. Parmi les symptômes d'un sur-régime, figure ce que les scientifiques appellent l'inflexibilité cognitive, qui rend une personne incapable de changer son fusil d'épaule ou de renoncer à une attente.

Le manque de sérotonine conduit à l'inflexibilité cognitive, qui nous rend incapables de changer notre fusil d'épaule ou de renoncer à une attente.

Lorsque quelqu'un nous déçoit, le cortex nous aide à nous adapter à la nouvelle situation, à l'accepter et à en tirer le meilleur parti possible. L'inflexibilité cognitive, elle, entrave la capacité de suivre le mouvement et d'accepter simplement ce que la vie peut nous offrir. Elle suscite aussi un sentiment d'urgence : les choses doivent être faites maintenant, pas demain !

Ces tendances se trouvent décuplées dans la vie amoureuse d'une femme. Plus elle donne à l'autre dans le cadre d'un duo intime, plus elle devient inflexible si elle ne reçoit pas de lui ce qu'elle attend.

Si un étranger arrive en retard, elle peut faire preuve de compréhension ; s'il s'agit d'une personne à qui elle a beaucoup donné, elle se montre beaucoup moins souple. Sa rengaine : « avec tout ce que j'ai fait pour toi ! »

Au début d'une relation de couple, même lorsqu'elle manque de sérotonine, une femme se montre accommodante vis-à-vis des erreurs et des imperfections de son partenaire. À mesure qu'elle se donne à lui, elle commence à attendre une attention croissante en retour. À cause de l'inflexibilité cognitive, il lui est difficile d'oublier ses aspirations pour se réjouir de ce qu'elle reçoit.

L'inflexibilité cognitive nous empêche de nous satisfaire de ce que la vie nous apporte.

Quand la relation s'épanouit, on pourrait s'attendre à ce que Vénus en vienne à mieux accepter son partenaire tel qu'il est. Au contraire, elle se focalise sur les attentes qu'il n'a pas su combler et se montre de plus en plus amère et incapable de pardonner ses errements. Si son taux de sérotonine augmente, elle se détend et son optimisme renaît. Au lieu de ressasser le passé, elle se montre plus ouverte et disposée à apprécier ce qu'elle reçoit sans plus se laisser obséder par ce qu'elle souhaiterait obtenir sans y parvenir.

Si ce système ne fonctionne pas, nous affichons une nette tendance à rester prisonniers d'une image idéale de la vie. Cela nous conduit à résister au changement. Cela peut se manifester de diverses façons, depuis l'agacement si le programme change à la dernière minute jusqu'à la nécessité de toujours garder un cadre de vie impeccable et bien rangé. Bien entendu, ceci est en partie déterminé par notre tempérament ou notre personnalité ; mais, si ces tendances sont poussées à l'excès, cela résulte en général d'un cortex cingulaire en surchauffe et/ou d'un taux de sérotonine trop bas.

Parmi les autres symptômes associés à un cortex cingulaire hyperactif figurent :

– une inquiétude excessive (elle s'inquiète pour toute la famille) ;

- les blessures passées ressassées (elle se souvient des erreurs de l'autre) ;
- le blocage sur des pensées négatives ;
- la réalisation d'un souhait aussitôt ou d'une façon particulière ;
- la résistance automatique à tout changement ;
- l'incapacité de pardonner ou d'oublier sans délai.

Lorsqu'elle donne trop à son partenaire et attend trop de lui en retour, une femme en vient facilement à saboter sa relation amoureuse. En fait, entre l'épidémie de manque de dopamine chez les hommes et celle de manque de sérotonine chez les femmes, il paraît presque miraculeux que « seulement » un mariage sur deux s'achève par un divorce.

Une femme qui attend trop d'un homme sabote leur relation amoureuse.

Aux yeux d'un homme, la reconnaissance manifestée par une femme constitue la récompense de ses efforts. Quand un homme sait qu'il va obtenir une récompense, son taux de dopamine augmente et il devient plus motivé pour donner. Mais devant une partenaire atteinte de « grippe du ressentiment », il abandonne fréquemment la partie puisque rien de ce qu'il peut dire ou faire ne lui semble pouvoir la rendre heureuse.

7. Sabotage des relations de couple

Les femmes m'objectent souvent qu'elles n'ont pas souffert toute leur vie de cette grippe du ressentiment. Et elles se demandent pourquoi les hommes en font plus lorsqu'elles leur manifestent leur satisfaction. La réponse souligne une autre différence cruciale entre les Martiens et les Vénusiennes : les hommes aiment qu'on leur demande ce dont on a besoin. Si vous ne leur en demandez pas plus, ils tiennent pour acquis que vos besoins sont comblés. Il s'agit d'une question délicate : si vous en demandez trop, Monsieur en déduit que vous n'appréciez pas ce qu'il vous a donné... La solution la plus sage consiste donc à demander plus, mais par petites touches.

Si vous ne lui demandez rien, un homme tient pour acquis que vos besoins sont comblés.

Lorsqu'une femme exprime son amour et sa satisfaction en accroissant à son tour ses efforts, la motivation de son compagnon risque de s'en trouver bloquée parce qu'il en déduira qu'il en a déjà fait assez. Les hommes tendent à se surpasser lorsqu'ils se sentent nécessaires. Du moment que leur compagne ne sollicite pas leur soutien, ils en déduisent à tort qu'ils en font déjà assez. Voilà comment, chaque jour, des millions de femmes sabotent leur relation de couple, en omettant d'exprimer leurs vœux dans des termes propres à motiver leur conjoint.

Lorsqu'une femme donne trop à un homme, cela peut le retenir de lui donner davantage.

Il s'agit d'un processus difficile à comprendre pour les femmes, car, sur Vénus, donner plus à une autre Vénusienne l'incite à donner plus encore en retour. Mais quand on accable inonde un homme d'attentions, il en conclut couramment qu'il a fait quelque chose pour mériter une telle récompense. Il prend un peu cela comme si vous lui disiez : « Tu as fait du bon boulot, maintenant repose-toi, détends-toi. Je vais m'occuper de toi. »

Pour obtenir davantage de son compagnon, une femme doit donc en faire moins. Lorsqu'une femme sollicite d'un homme un appui spécifique, sur un ton laissant entendre combien elle apprécie tout ce qu'il a déjà accompli pour elle, ses souhaits seront comblés. Exprimez cette demande sur un ton amical et montrez-vous précise. Par exemple, ne dites pas : « Nous n'allons jamais nulle part », mais : « Prévoyons quelque chose de spécial pour ce week-end. Tu veux bien réserver une table chez El Franio ou chez Roxanne ? »

Les hommes adorent qu'on leur soumette des problèmes à résoudre. En revanche, les récriminations étouffent dans l'œuf toutes leurs bonnes intentions.

Pour obtenir davantage de son compagnon, une femme doit moins lui donner et mieux apprécier ce qu'il lui apporte.

Il arrive, lorsque j'explique aux femmes le mode de fonctionnement masculin, qu'elles refusent d'admettre que l'amour qu'un homme porte à une femme ne l'incite pas nécessairement à choyer celle-ci. Elles pensent que, elles-mêmes éprouvant le désir de donner, il en va de même pour lui. Elles ne réalisent pas que leur générosité excessive résulte d'un déficit de sérotonine.

Pour l'homme, aimer ne suffit pas. Il a besoin de sentir qu'on a besoin de lui ; alors son cerveau déclenche un flux de dopamine qui lui donne l'énergie nécessaire pour en faire encore plus. Cette différence au niveau de la chimie cérébrale joue un rôle crucial dans la compréhension des réactions différentes de Mars et de Vénus.

Le même homme, prêt à sacrifier sans hésiter sa vie pour sauver celle de sa partenaire, tant il l'aime, oubliera de sortir les poubelles, s'assoupira si elle émaille un récit de trop de détails et laissera son attention faire l'école buissonnière lorsqu'elle lui expose un problème qu'il ne peut résoudre.

8. Le comité d'amélioration du foyer

Les femmes manquant de sérotonine éprouvent l'envie de donner, non seulement parce que cela répond à un besoin de leur part, mais parce que donner stimule la sécrétion du neurotransmetteur qui leur fait défaut. Une femme amoureuse voudra aider son conjoint, même s'il ne lui demande rien, afin de soutenir sa production cérébrale de sérotonine.

Plus le niveau de cette hormone baisse, plus cette tendance est prononcée. Animée des meilleures intentions du monde, Madame crée alors un « comité d'amélioration du foyer » et consacre toute son attention à faire de son compagnon un homme meilleur.

Aïe : lorsqu'un homme se marie, il espère vivement que sa partenaire ne va pas changer une fois passée la bague au doigt ; à l'inverse, les femmes se réjouissent de pouvoir à présent travailler à améliorer leur époux. Ces tentatives sont généralement mal perçues par les hommes. En effet, le fait que sa compagne veuille l'inciter à changer laisse supposer à Monsieur qu'elle ne l'accepte pas tel qu'il est. Or le fait d'être accepté revêt une importance capitale pour les hommes. Et Monsieur interprète les efforts de Madame comme autant de critiques. Une des plus graves erreurs qu'une femme puisse commettre dans le cadre d'une relation de couple est de donner à son mari un avis qu'il n'a pas sollicité.

Une des plus graves erreurs qu'une femme puisse commettre dans le cadre d'une relation de couple est de donner à son mari un avis qu'il n'a pas sollicité.

Plus le niveau de sérotonine d'une femme chute, plus elle se concentre sur les changements à apporter à son époux. Il serait préférable qu'elle s'occupe d'elle-même, cela la rendrait plus heureuse.

Ce malentendu peut étouffer la passion au sein d'un couple. Pour que son amour s'épanouisse, un homme doit avoir la certitude qu'il peut montrer son vrai visage à sa compagne. Ainsi, la passion pourra grandir avec les années au lieu de s'étioler peu à peu.

Pour que son amour s'épanouisse, un homme doit avoir la certitude qu'il peut se montrer tel qu'il est.

Les femmes interprètent à tort la baisse de tonus et la propension croissante de leur conjoint à ne faire que le minimum requis comme un manque de considération, voire tout simplement de la paresse. De son point de vue, l'homme optimise tout simplement son efficacité. Il économise son énergie en vue d'une éventuelle urgence. Comme il manque le plus souvent de dopamine, il ignore qu'il porte en lui le potentiel d'une énergie sans bornes.

D'un point de vue masculin, en faire moins signifie que l'on économise son énergie et que l'on joue la carte de l'efficacité.

Lorsqu'un homme a un niveau plus élevé de dopamine, entretenu par une relation de couple empreinte de tendresse, une alimentation appropriée et un bon programme d'activité physique, il déborde tellement d'énergie qu'il n'a plus besoin de la préserver aussi jalousement. En fait, il dispose désormais de suffisamment de dopamine pour être motivé la plupart du temps.

En apprenant à donner un peu moins à son compagnon et un peu plus à elle-même et à ses amis, une femme vivant en couple verra à sa grande surprise l'intérêt que son époux lui porte s'amplifier. Les hommes sont toujours attirés par les personnes capables d'apprécier ce qu'ils offrent et se montrant prêtes à le faire.

9. Les femmes qui donnent trop

Avec leur tendance au déficit de sérotonine, les femmes sont bien souvent la proie d'un penchant à trop se préoccuper des autres, à se créer des obligations et à se sentir responsables de tout. Ces femmes croient devoir donner plus qu'elles ne reçoivent à leur conjoint. Au début d'une relation, elles se réjouissent de donner, mais par la suite cela change. Donner sans compter leur convient parfaitement jusqu'au jour où elles constatent que les autres ne réagissent pas de la même façon. Alors, fatalement, elles se lassent de donner sans rien recevoir en retour. Une femme qui donne trop obtiendra toujours moins de la vie.

Une femme qui donne trop obtiendra toujours moins de la vie.

Prenez les investissements en bourse : si vous placez toutes vos économies sur une valeur et que celle-ci s'effondre, vous admettrez que vous avez trop investi sur ce titre. En fait, vous avez mis tous vos œufs dans le même panier. Il en va de même en matière de relations amoureuses. En effet, la plupart du temps, une femme reprochera à son partenaire de ne pas lui donner assez en retour au lieu d'admettre qu'elle est responsable de lui avoir trop donné. Un investisseur sage effectue d'abord des placements sûrs ; après seulement, il peut envisager de prendre des risques. Si ses « coups » sont couronnés de succès, il considérera cela comme la « cerise sur le gâteau », mais il se reposera toujours sur un portefeuille équilibré de valeurs moins volatiles.

De la même façon, nous devons apprendre à investir notre temps, notre énergie, notre amour et notre attention dans des valeurs sûres. Ne penser qu'aux autres sans jamais se préoccuper de soi-même est tout aussi irréfléchi et destructeur que de ne penser qu'à soi.

Ne penser qu'aux autres sans jamais se préoccuper de soi-même est tout aussi irréfléchi et destructeur que de ne penser qu'à soi.

Quand elle a compris cela, une femme peut se libérer de son amertume et modifier son comportement pour agir de façon plus sensée. Les investissements à risque représentent un luxe réservé aux personnes possédant un compte bancaire bien garni.

Donner sans rien attendre en retour est un luxe réservé à celles et ceux jouissant déjà d'un taux de sérotonine élevé.

Bien des femmes ont du mal à trouver l'équilibre entre donner et recevoir, car quel que soit le soutien émotionnel que leur partenaire leur apporte, elles ressentent un bienfait immédiat – lié à l'accroissement de la sécrétion de sérotonine – dès qu'elles donnent d'elles-mêmes. Plus leur taux de sérotonine est bas, plus le simple fait de donner leur apporte un soulagement... Peu importe ce qu'elles reçoivent en retour.

10. Sentiment d'être dépassée par les événements

À trop donner, une femme ne tarde pas à manifester le symptôme le plus répandu du syndrome de déficit de sérotonine, c'est-à-dire à se sentir dépassée par les événements. Les femmes n'ont pas toujours éprouvé ce sentiment ; il s'agit d'un phénomène récent. De même que les troubles de l'attention et l'hyperactivité chez les garçons et les hommes ont récemment pris des allures d'épidémie, un équivalent féminin s'est également dégagé. Depuis trente ans que j'aide des couples, j'ai vu l'expression « dépassée par la situation ou les événements » s'immiscer de plus en plus couramment dans les conversations. Au lieu de simplement dire « Je suis malheureuse et insatisfaite », les femmes expriment aujourd'hui le sentiment qu'elles se sentent *dépassées* par les événements.

Les femmes ne se disent pas « Il y a trop à faire, alors tant pis ». Sur le plan biochimique, une femme en manque de sérotonine, qui s'efforce de se montrer aimante, doute de parvenir à atteindre ses objectifs. Elle a l'impression qu'elle ne parvient pas à obtenir l'appui nécessaire pour réaliser tout ce qu'elle souhaiterait accomplir.

L'expression « dépassée par les événements » décrit de manière très juste le quotidien d'une personne manquant de sérotonine.

Trop de choses à faire et pas assez de temps pour les faire : voilà qui est devenu le sujet de conversation quotidien de millions de femmes. Mais c'est faux. Nous ne manquons pas de temps. Une journée a toujours compté vingt-quatre heures, et il en sera toujours ainsi. Et si le stress n'induit pas automatiquement l'impression d'être dépassée par les événements : c'est le cas si vous manquez de sérotonine.

Trop de choses à faire et trop peu de temps pour les faire : voilà le sujet de conversation quotidien de millions de femmes.

En fait, l'impression de se sentir dépassé par les événements n'est qu'une version atténuée des troubles obsessionnels compulsifs (Toc) générés par un cerveau en surchauffe et en déficit de sérotonine. Au lieu de se détendre à l'issue de la journée, Madame passe la soirée à s'inquiéter de ce qu'elle doit faire, de ce qu'elle n'a pas fait, de ce qu'elle ne parviendra pas à faire, de ce qu'elle doit absolument accomplir, de ce qui se produira si elle ne le fait pas, et ainsi de suite... Mais si elle adopte une alimentation propre à soutenir sa production de sérotonine, sa tendance à analyser à l'excès les moindres détails de son existence s'estompera peu à peu. À mesure que son cerveau se détend, elle se défait de son perfectionnisme et de sa compulsion à faire plaisir aux autres. Alors, elle peut mener une vie équilibrée et donner à autrui comme à elle-même.

Une femme jouissant d'un taux de sérotonine normal peut se détendre et déterminer ce qu'elle doit faire en priorité. L'un des symptômes de l'impression d'être dépassé par les événements réside dans la prise de conscience des problèmes réels et potentiels à résoudre qui en vient à paralyser ; on ne sait plus par où commencer.

Quand le taux de sérotonine baisse, il devient très difficile de prendre une décision. L'esprit est envahi par tant d'obligations et de promesses envers les autres que l'on ne sait plus où donner de la tête. Une production adéquate de sérotonine permet à l'esprit de se détendre et de discerner les obligations importantes des autres. On ne croule plus sous les responsabilités.

11. Dépression

Le syndrome du déficit de sérotonine le plus étudié est la dépression clinique. Elle a été diagnostiquée celle-ci chez plusieurs dizaines de millions de femmes occidentales, auxquelles on a prescrit des antidépresseurs. Statistiquement, les femmes sont trois fois plus enclines que les hommes à la dépression clinique et quatre fois plus sujettes aux dépressions saisonnières. Des millions d'autres patientes souffrent sans nul doute de dépression non diagnostiquée et non traitée.

On considère que, aux États-Unis, plus de 70 % des quelque 30 000 suicides annuels résultent d'une dépression non diagnostiquée. Si les femmes sont plus nombreuses à tenter de se suicider, les hommes, poussés par leur production de dopamine, sont trois fois plus nombreux à passer à l'acte et à réussir leur sortie. À ce chiffre, s'ajoutent tous ceux qui envisagent ou ont un jour envisagé de mettre fin à leurs jours, et les innombrables personnes au quotidien assombri par des symptômes dépressifs d'intensité variable. Des recherches récentes suggèrent en outre l'existence d'un lien entre la longévité et la capacité de résister à la dépression.

La sérotonine est le neurotransmetteur le plus utilisé pour lutter contre la dépression. L'administration d'une dose correcte de sérotonine peut apporter un sentiment de stabilité émotionnelle, de bien-être, de sécurité, de relaxation, de calme et de confiance en soi. Un taux de sérotonine trop faible conduit aux nombreux symptômes de la dépression, parmi lesquels :

- détresse et désespoir chroniques ;
- puissants sentiments de culpabilité et de regret ;
- impression d'isolement, d'abandon ;
- indifférence générale à l'égard de l'existence et des relations avec les autres ;
- désir sexuel inhibé ;
- insensibilité ou sensibilité émoussée ;
- insomnie ;

– manque de passion ou d'intérêt pour les choses ;
– rejet des loisirs et activités de détente ;
– réticence à essayer de faire fonctionner une relation ;
– fatigue chronique ;
– appétit en baisse ou excessif.

La plupart de ces symptômes sont directement liés à une hyperactivité du système limbique, laquelle peut être atténuée par l'influence apaisante d'une production adéquate de sérotonine. Il est extrêmement gratifiant pour moi de voir ces symptômes disparaître sans aucune médication chez les milliers de patients ayant déjà entrepris le Régime Mars et Vénus.

Outre le déficit de dopamine observé chez les hommes, une des principales raisons pour lesquelles tant de relations amoureuses échouent provient de ce que les femmes sont incapables de conserver bonheur et espoir au quotidien. Il suffit de considérer la liste des symptômes énumérés ci-dessus pour comprendre pourquoi les hommes expriment souvent un seul reproche lorsque leur couple bat de l'aile : « Quoi que je fasse, cela ne suffit pas à la rendre heureuse. » Si leur compagne ne leur fait pas clairement comprendre que leur attitude apporte quelque chose à leur relation, il devient difficile pour eux de produire suffisamment de dopamine pour rester motivés.

Dans la mesure où il existe un moyen naturel pour chaque femme de produire de la sérotonine, toutes peuvent aujourd'hui se créer une chimie cérébrale génératrice de santé, de bonheur et d'amour durable. Grâce à ce soutien, une femme peut aisément prodiguer à son conjoint des messages positifs de satisfaction qui stimuleront en lui la sécrétion de dopamine, de sorte qu'il pourra continuer à donner le meilleur de lui-même dans leur couple.

12. Obésité et grignotage réconfortant

Nombre de femmes combattent les menaces de dépression grâce à la nourriture. Afin d'apaiser leur cerveau hyperactif et en déficit de sérotonine, elles mangent trop. Les femmes ayant la chance d'être venues au monde avec une quantité supérieure à la moyenne de cellules adipeuses, prendront du poids au lieu de subir les conséquences d'un cerveau en surchauffe quand leur glycémie sanguine s'élève et redescend en raison d'une alimentation malsaine. Une chance ? vous étonnez-vous. Oui, car une femme obèse sait en général que son régime alimentaire risque à terme de la tuer.

Quantité de femmes de poids normal ou en léger surpoids finiront elles aussi par succomber aux conséquences de leur alimentation malsaine, mais de façon plus tardive : un cancer, une maladie cardio-vasculaire ou l'ostéoporose se développent en catimini, parfois pendant près de vingt ans avant l'apparition des premiers symptômes. Le premier signe avant-coureur de la maladie, chez ces femmes minces ou en léger surpoids, passe inaperçu puisqu'il s'agit de leur propension à se faire du souci, à se laisser obséder par leurs problèmes, ainsi que toutes les autres manifestations à caractère plus psychologique d'un déficit de sérotonine.

Au moins, une femme obèse sait que son régime alimentaire risque de la tuer.

Pas besoin d'être en surpoids toutefois pour manger trop. L'un des symptômes du déficit de sérotonine consiste à dévorer pour apaiser ses émotions. On mange pour se réconforter, pour se sentir mieux et plus optimiste. Les recherches ont révélé que *toutes* les femmes obèses manquent de sérotonine.

Les recherches ont révélé que *toutes* les femmes obèses manquent de sérotonine.

Si on a un taux suffisant de sérotonine, on n'éprouve pas le besoin de manger pour se faire du bien. En effet, on se sent *déjà* bien et on se met à table parce qu'on a faim. Quand on a faim, les aliments paraissent meilleurs.

Certaines femmes donnent trop, d'autres pensent trop – c'est-à-dire qu'elles se laissent obséder par tout ce qui cloche dans leur existence –, et d'autres mangent trop. Quelques-unes cumulent ces comportements. On considère que la plupart des femmes se tournent vers des aliments malsains lorsqu'elles se sentent mal. Elles compensent leurs souffrances émotionnelles en mangeant.

Utiliser la nourriture comme un médicament n'est pas condamnable en soi. Le problème vient de ce que les femmes en mauvaise santé choisissent les mauvais aliments. Quand la chimie cérébrale est en déséquilibre, on a immanquablement envie de produits malsains. On est malheureux, on a envie d'ingrédients qui procurent un bonheur fugace... avant de laisser encore plus déprimé et malheureux.

Dès que l'on commence à rééquilibrer la chimie de son cerveau, on est naturellement attiré les aliments favorisant la production de sérotonine. Une fois celle-ci enclenchée, on est en bonne voie se débarrasser des divers symptômes du syndrome de déficit de sérotonine.

Prendre un petit déjeuner sain équilibre le cerveau pour la journée ; quand on a faim, on choisit des mets adéquats en quantité adéquate. En revanche, si on saute le petit déjeuner ou si on prend un premier repas déséquilibré, on reste en porte-à-faux tout au long de la journée, et il faut faire preuve d'une grande force de caractère pour se remettre à manger sainement.

La mise en œuvre de *Mars et Vénus au régime* ne demande aucune volonté particulière. Dès que l'on absorbe un petit déjeuner nourrissant correctement le cerveau, celui-ci s'occupe du reste. Il inspire automatiquement à l'organisme l'envie d'aliments plus sains. Vous n'avez plus qu'à vous régaler !

5
Les endorphines viennent du ciel

L'existence des endorphines a été portée à la connaissance du grand public au début des années 1980 quand des milliers de personnes ont découvert que le jogging quotidien contribuait à se sentir mieux, à perdre du poids et à améliorer sa santé. Nous avons appris que la pratique du jogging déclenchait la sécrétion d'endorphines, grâce auxquelles tous nos ennuis s'envolaient.

Les endorphines apportent joie et allégresse. Un afflux d'endorphines dans le cerveau nous fait nous sentir pleinement vivants, forts et débordants d'énergie. Malheureusement, quantité de joggers ont dû payer le prix de ce bien-être, à l'approche de la cinquantaine : opérations du genou, arthrite, douleurs articulaires et vieillissement accéléré. Dieu merci, il existe d'autres méthodes génératrices d'endorphines.

Le jogging ou toute autre activité physique intense peut faire le plus grand bien pour peu que l'on soit en forme et doté d'un corps conçu pour ce type de sport. Certains experts soutiennent toutefois que seuls 10 % de joggers possèdent un organisme adapté à des courses de plusieurs kilomètres.

Comment savoir si votre corps est fait pour le jogging ? J'aimerais pouvoir vous dire que si vous aimez cette activité, alors elle vous convient, mais ce n'est pas toujours le cas. On recommande en général de suivre la règle de base suivante : si vous souffrez le lendemain, c'est que vous avez trop couru.

Règle de base : si vous souffrez le lendemain d'un jogging, c'est que vous avez trop couru.

Ce que nous aimons n'est pas toujours bon pour nous. Ainsi, on peut aimer jogger parce qu'on apprécie le sursaut d'endorphines que ce sport apporte. Si on court au point d'être courbatu le lendemain, on devient accro au jogging, car les endorphines produises la fois suivante dissipent les raideurs que l'on s'est soi-même infligées. Quand on pratique la course à pied ou toute autre activité intensive, plus on se fait mal, plus cela procure de plaisir, de sensation de puissance, de force et d'allégresse.

Plus on se fait mal, plus cela procure de plaisir, de sensation de puissance, de force et d'allégresse.

Certains jeunes adultes vont aujourd'hui jusqu'à se faire des coupures ou se faire transpercer l'épaule avec un crochet avant de se faire soulever par une grue à cinq mètres du sol. On pourrait croire que la souffrance est insupportable ; en fait, celle-ci ne tarde pas à disparaître sous l'effet des endorphines produites par le cerveau, car ce sont des analgésiques naturels.

De telles dérives nous horrifient, mais les habitants des régions montagneuses de Chine, d'Inde ou d'Amérique du Sud, qui dépassent couramment l'âge de cent ans, considèrent les comportements occidentaux d'un œil guère moins consterné. Ils ne comprennent pas notre acharnement à nous éreinter dans les salles de gym. Pourquoi, se demandent-ils, nous ingénions-nous ainsi à écourter notre vie ?

Les endorphines sont des substances déroutantes. Elles sont sécrétées quand nous nous faisons du bien, mais aussi quand nous nous faisons mal. Les personnes ayant été atteintes par une balle disent souvent ne presque pas avoir souffert. Lorsque notre corps essuie une blessure *sérieuse*, le cerveau produit des endorphines pour chasser la souffrance. On ressent la douleur le *lendemain* de l'accident. De la même manière, une activité physique trop intense traumatise l'organisme au point de l'inciter à produire d'apaisantes endorphines.

Les endorphines viennent du ciel car, tout comme les anges, les bons parents ou les professeurs, elles nous récompensent quand nous nous conduisons bien, savent nous réconforter quand nous nous blessons. Cela peut les rendre dangereuses. Elles sont associées à la victoire, à la réussite, au rire, au sexe, à l'amour, au bonheur, à l'enthousiasme et à l'excitation.

Exercice physique, endorphines et longévité

Quand nous faisons de l'exercice, nous sécrétons des endorphines. Ce sont des neurotransmetteurs produits par le cerveau pour apaiser la douleur et provoquer des sentiments de bonheur, de vitalité et de bien-être. Lorsqu'elles se répandent dans notre flux sanguin, nous nous sentons au mieux de notre forme, pleinement en vie et pleins d'enthousiasme. Nous sommes ivres de vie. Nous nous sentons plus proches de nos objectifs dans l'existence ; il nous semble être en phase avec l'univers et avec notre entourage. Le monde nous semble soudain plus beau. Voilà en quoi les endorphines viennent du ciel.

On devient facilement accro au sport intensif parce que le cerveau produit un surplus d'endorphines, afin de calmer la souffrance des muscles surmenés. Cet afflux d'endorphines se traduit par un état d'exaltation. Un seul problème : outre le fait que nous sommes tout endoloris le lendemain, nous soumettons notre organisme à une usure excessive.

Prenons l'exemple d'un moteur de voiture. En règle générale, il est conçu pour durer un certain nombre de kilomètres. Une voiture de quinze ans d'âge mais n'affichant que 15 000 kilomètres au compteur offre un aspect beaucoup moins reluisant qu'une voiture de location plus récente, mais ayant beaucoup servi et roulé 150 000 kilomètres... Or, le moteur de la seconde demandera grâce beaucoup plus rapidement.

De la même façon, s'entraîner intensivement peut faire paraître plus jeune, mais vous accumulez les kilomètres au compteur. Il existe des méthodes plus efficaces pour demeurer jeune, énergique et en bonne santé. Le corps humain est programmé pour résister cent vingt ans. Dans plusieurs sociétés humaines, on dépasse couramment l'âge de cent ans sans souffrir d'aucune maladie. Parmi les plus célèbres figurent les Hunza, des montagnards du Pakistan. Ils ne mènent pas une existence confortable, ni dépourvue de stress. Chaque jour, ils relèvent les défis posés par une survie dans des conditions climatiques extrêmes sans aucun élément de confort moderne. Ils vivent vieux et en bonne santé sans faire de jogging. Leur longévité résulte d'une alimentation saine et riche en oligo-éléments, d'une vie de dur labeur, d'étirements réguliers et de longues marches.

Endorphines, stress, alimentation et exercice physique

Les endorphines représentent la première ligne de défense de l'organisme contre les stress physiques, émotionnels et mentaux. Quand vous êtes confronté à une épreuve et que votre cerveau a été correctement approvisionné en nutriments, il se montre capable de produire aussitôt un surplus d'endorphines destiné à accroître votre sensation de bien-être. Tout stress déclenche la sécrétion d'endorphines.

Les endorphines représentent la première ligne de défense de l'organisme contre les stress physiques, émotionnels et mentaux.

À dose modérée, le sport est bon. Les chercheurs ont démontré à maintes reprises qu'une activité physique régulière diminue les symptômes d'un déficit de sérotonine comme la dépression ou l'anxiété, ainsi que ceux de déficits de dopamine comme les troubles de l'attention et l'hyperactivité.

Une activité physique régulière diminue les symptômes liés à la dépression et à l'anxiété.

Une étude indique qu'une demi-heure d'exercice trois fois par semaine se révèle sept fois plus efficace que les psychotropes pour soigner la dépression. Selon d'autres, trente minutes quotidiennes de cardio-training accompagnées d'une supplémentation en vitamines suffisent à éliminer les symptômes de troubles de l'attention et d'hyperactivité chez l'enfant. Un traitement médicamenteux se révèle indispensable pour certains sujets, mais des millions de personnes peuvent fort bien s'en passer pour peu qu'elles s'astreignent à une activité physique régulière et absorbent des compléments alimentaires appropriés.

Une demi-heure d'exercice trois fois par semaine se révèle sept fois plus efficace que les psychotropes pour soigner la dépression.

Lorsque les endorphines viennent à manquer, on éprouve souvent de l'anxiété. On ressent également la douleur avec une plus grande acuité. On éprouve des fringales de sucreries, afin d'obtenir un soulagement grâce à une sécrétion accrue de sérotonine, ou d'aliments riches en graisses qui favorisent la production d'endorphines. Un déficit d'endorphines s'accompagne en général d'une appétence marquée pour des mets gras comme les frites, le fromage, les sauces crémeuses, le beurre, la margarine, les fritures, les chips ou le chocolat, pour ne citer que les plus appréciés. Après avoir absorbé ces aliments, on se sent mieux, réconforté.

Une activité physique modérée accroît la production d'endorphines et améliore directement l'humeur. Cette sécrétion d'endorphines aide aussi à contrôler son goût pour les matières grasses mauvaises pour la santé. En apprenant à manger de « bonnes » graisses, vous stimulerez votre production d'endorphines, brûlerez votre masse adipeuse, perdrez du poids et vous sentirez mieux. Nous répertorierons ces « bonnes graisses » dans le chapitre 11.

Certains exercices émotionnels provoquent également une sécrétion d'endorphines. Tous mes livres proposent des exercices permettant de stimuler la sécrétion d'endorphines.

> **Les exercices émotionnels peuvent également provoquer une sécrétion d'endorphines.**

La lettre empreinte de sentiments

Ma technique préférée est celle de « la lettre empreinte de sentiments ». Il s'agit pour l'essentiel d'un exercice très simple. Quand vous vous sentez énervé et souhaitez recouvrer votre sérénité, couchez ce que vous éprouvez sur une feuille de papier.

Rédigez une lettre à l'attention de la personne qui vous agace. En dix à vingt minutes, vous commencerez à sécréter des endorphines. Laissez vos sentiments s'échapper en suivant les quatre étapes des émotions négatives : la colère, la tristesse, la peur et les regrets. Consacrez au moins deux à trois minutes à l'expression de votre colère, puis passez à la tristesse, puis à la peur, et enfin aux regrets. En explorant ainsi votre capacité à ressentir et évacuer ces émotions naturelles qui guérissent, vous éprouverez un soulagement immédiat. Pour achever le processus, efforcez-vous ensuite d'exprimer des sentiments positifs. Notez ce que vous voulez, désirez, aimez, appréciez et comprenez, et ce en quoi vous croyez. À présent, vous pouvez au choix ranger cette lettre ou la jeter, mais ne la donnez surtout pas à la personne qui vous avait mise en colère. Oubliez vos griefs et réconciliez-vous avec elle.

Consacrer vingt minutes à écrire ce que l'on ressent a presque toujours un effet bienfaisant.

Que vous suiviez une thérapie ou que vous progressiez seul, vous sentirez les endorphines se libérer à mesure que les douleurs passées vous reviendront en mémoire et que vous retrouverez votre état normal.

Tout comme certains sont accro au sport, d'autres le sont à ces exercices émotionnels ou au partage de leurs sentiments douloureux avec un thérapeute ou avec leurs amis. Tant qu'on s'y livre avec modération, ces pratiques sont excellentes (à l'instar de l'activité physique), mais leur abus n'est guère recommandé. Cette dépendance disparaît dès que l'on trouve une méthode plus saine pour augmenter sa production d'endorphines.

Endorphines et motivation

Les endorphines constituent la récompense accordée par votre cerveau. Si vous relevez les défis de la vie, votre cerveau vous fait ce cadeau. Si, en revanche, vous stagnez dans l'existence, il s'en abstient et vous prive de ces substances. La plupart des individus voient leurs souffrances mentales, émotionnelles et physiques aller croissant. Mais si l'on continue à développer au mieux ses propres dons, tout en menant une vie saine, le cerveau offre une récompense : un sentiment de bien-être lié à un afflux constant d'endorphines.

En général, les Occidentaux puisent en eux la motivation nécessaire pour bien agir et s'accomplir. Pourtant, ils se trouvent assujettis à diverses dépendances. Le problème ne provient pas tant d'un défaut de volonté que de déficiences nutritionnelles. Si vous ne vous alimentez pas correctement et ne respectez pas une bonne hygiène de vie, vous risquez de vous écarter facilement du chemin de la réussite pour vous égarer dans les voies de la dépendance, du matérialisme exacerbé et de la misère émotionnelle. Nous disposons des connaissances nécessaires pour savoir ce qui est possible, mais nous ne disposons pas de l'appui nutritionnel nous permettant de nous réaliser et de garder notre équilibre.

La quête de l'excellence se perd facilement dans les méandres de la dépendance, du matérialisme exacerbé et de la misère émotionnelle.

Trouver la motivation requise pour nous efforcer de réaliser nos rêves stimule la sécrétion d'endorphines. Sous l'impulsion d'un bon professeur, d'un livre, d'une émission de télévision ou d'un film, on s'enthousiasme pour un temps, mais cela ne dure pas. Nous sirotons l'ambroisie d'un afflux d'endorphines, mais si notre régime alimentaire ne vous apporte pas les nutriments nécessaires, nous ne tardons pas en manquer : après cette phase d'exaltation, nous replongeons.

En Occident, nous connaissons des élans d'enthousiasme plus violents, mais nous nous effondrons aussi plus. Depuis le berceau, on nous a inculqué le sain précepte démocratique selon lequel tous les hommes et toutes les femmes naissent égaux. Nous admettons posséder tous un immense potentiel inexploité et mériter de bénéficier de chances égales de réussir et de trouver le bonheur. Nous croyons venir au monde dotés de ces droits fondamentaux que sont la vie, la liberté et la recherche du bonheur.

En Occident, nous connaissons des élans d'enthousiasme plus violents, mais nous nous effondrons aussi plus.

Ces messages sonnent juste dans notre cœur et nous donnent la force de remplir notre mission sur cette terre. Les jeunes Occidentaux grandissent dans ce contexte d'idéaux ancrés à la vérité, à la justice et à l'intégrité, ainsi que l'aspiration à se montrer aimant et bon tout en faisant évoluer le monde.

Avec ce potentiel et notre désir de créer un paradis sur terre, nous possédons aussi une capacité accrue de vivre en enfer. Comme je l'ai expliqué, nous nous effondrons plus parce que notre enthousiasme nous entraîne plus haut. En nous envolant de la sorte, nous nous brûlons les ailes et nous écrasons au sol. Pour conserver une teneur élevée en endorphines, il nous faut absorber assez de carburant. Si nous ne mangeons pas les aliments appropriés, nous manquons des matériaux de base indispensables à la production des endorphines.

Lorsque nos stocks de cette hormone décroissent, nous recherchons des stimuli nouveaux pour redresser la situation. Les livres et les modèles qui nous inspirent ne suffisent pas. La volonté d'aimer et de laisser son empreinte sur l'univers n'est pas assez forte pour nous faire lever le matin, ni pour nous aider à oublier et à pardonner. Et comme notre régime ne nous apporte pas assez de carburant pour produire plus d'endorphines, bon nombre d'entre nous vivent dans un enfer d'origine alimentaire.

Nombre d'entre nous vivent dans un enfer d'origine alimentaire.

En situation de déficit d'endorphines, nous vivons dans un univers au sein duquel le temps, l'énergie, le plaisir et l'amour font souvent défaut. Les endorphines naturelles induisent un sentiment d'abondance. Leur composition chimique est similaire à celle de stupéfiants comme l'opium ou la morphine. De même que l'on devient dépendant de ces substances, on peut le devenir des comportements stimulant la sécrétion d'endorphines.

Si nous manquons de ces hormones, toute activité favorisant leur production peut susciter une dépendance. C'est le cas de tous les comportements extrêmes. Plus on est en déficit d'endorphines, plus on devient facilement accro à ce type de comportement.

Notre alimentation ne nous apportant pas les nutriments adéquats, nous tendons à manger davantage. Si, par exemple, notre activité professionnelle ne nous fait pas produire suffisamment d'endorphines, nous nous transformons en bourreaux de travail ; si nos séances de sport ne nous font pas sécréter assez d'endorphines, nous les multiplions et augmentons leur intensité. Afin de compenser notre déficit d'endorphines, nous poussons à l'extrême nos comportements normaux.

Endorphines et stress

Quand le cerveau ne produit pas assez d'endorphines, les contraintes quotidiennes deviennent moins supportables. Au lieu de les affronter avec un plaisir, une confiance en nous et un enthousiasme renouvelés, nous traversons divers niveaux de souffrance physique, de détresse ou de désespoir.

Quand on manque d'endorphines, les soucis ordinaires deviennent de plus en plus insupportables.

Voilà pourquoi un déficit d'endorphines incite aux comportements extrêmes. Prenons quelques exemples :

– en augmentant le stress physique imposé à nos muscles (par le biais du sport), nous déclenchons la production d'endorphines supplémentaires, avant de calmer la douleur et de restaurer un bien-être temporaire ;

– en acceptant trop de travail (dates butoir impossibles, journées de travail à rallonge), les hommes augmentent leur stress mental et stimulent leur production d'endorphines, afin d'apaiser pour un temps leur détresse et leurs angoisses ;

– en donnant trop d'elles-mêmes dans leurs relations de couple, les femmes stimulent leur production d'endorphines, afin d'apaiser temporairement leur désespoir et leur dépression ;

– en mangeant plus que leur corps n'en a besoin, les femmes stimulent leur production d'endorphines de manière à faire naître un sentiment de réconfort, de contentement et d'optimisme. La sérotonine leur souffle « Encore un dernier biscuit, un seul » ou « Je commence le régime demain »... et elles continuent à grignoter.

Un déficit d'endorphines nous pousse à nous plonger avec une intensité excessive dans le sport, le travail, le don de soi ou la nourriture. Plus nous manquons de cette hormone, plus il nous faudra des stimuli forts pour recouvrer le bien-être.

Un régime plus équilibré délivre de cette dépendance envers ces sensations fortes. Une activité physique ou professionnelle modérée, une générosité et un apport alimentaire raisonnables nous suffisent pour produire ces divines endorphines.

Endorphines et dépendances

Chez certains, le sport induit une dépendance véritable, de nature à bouleverser tout autant l'existence, la santé et les relations avec autrui que l'alcool, l'excès de travail et la boulimie. Il n'y a rien de mal à pratiquer une activité physique pour se maintenir en forme, à travailler assez pour bien gagner sa vie et à manger suffisamment pour nourrir son organisme, bien au contraire. Cela ne devient un problème que si l'on en fait trop.

Travailler ou boire à l'excès sur Mars et trop donner ou manger sur Vénus constituent les symptômes les plus répandus d'une production insuffisante d'endorphines. Il existe quantité d'autres dépendances, mais l'étude de celles-ci aide à comprendre en quoi les hommes et les femmes les vivent chacun à leur manière.

> **Une tendance à la dépendance constitue un symptôme de déficit d'endorphine.**

Lorsqu'un homme manque de dopamine, travailler plus et relever de nouveaux défis stimule la production de cette hormone qui lui apporte énergie, plaisir et clairvoyance. Cette hausse du taux de dopamine déclenche la sécrétion de testostérone, laquelle induit un afflux d'endorphines. Le cerveau récompense en effet un taux de testostérone en augmentation par un surplus d'endorphines, lequel accroît le bien-être masculin. Qui voudrait se sentir moins bien, en particulier lorsqu'on déborde d'énergie sous l'effet de la dopamine ? Voilà comment on peut devenir accro au travail, par amour des endorphines.

Sur Mars, le cerveau récompense un taux de testostérone en hausse par un surplus d'endorphines.

Un processus similaire se produit chez certains hommes lorsqu'ils boivent de l'alcool. En effet, une particularité génétique fait que certaines personnes convertissent l'alcool en dopamine. Quand c'est le cas et qu'on présente un déficit de dopamine, un verre suffit pour que le taux de cette hormone grimpe et pour bénéficier d'un sursaut d'énergie.

Lorsque le taux de dopamine s'élève, celui de testostérone en fait autant et le cerveau récompense le sujet par un apport supplémentaire d'endorphines. Soudain, il se sent plus vivant qu'il ne l'a jamais été. Il lui en *faut* plus. Malheureusement, l'abus d'alcool attaque le foie, stimule le cerveau à l'excès et produit quantité d'effets secondaires indésirables.

Quand les femmes manquent de sérotonine, donner d'elles-mêmes aux autres intensifie leur sentiment de réconfort, de contentement et d'optimisme lié à la sécrétion de cette hormone. Donner déclenche la production cérébrale d'ocytocine.

Sur Vénus, le cerveau récompense un taux d'ocytocine en hausse par un surplus d'endorphines. Ces endorphines accroissent le sentiment de bien-être de la Vénusienne. Et qui veut cesser de se sentir bien, surtout quand son cœur déborde d'amour sous l'action de la sérotonine ? Voilà comment une femme devient accro au don d'elle-même...

Sur Vénus, le cerveau récompense un taux d'ocytocine en hausse par un surplus d'endorphines.

Quand une femme souffre d'un taux faible de sérotonine, manger plus que nécessaire stimule aussi la sécrétion de cette hormone. Les effets de celle-ci lui donnent envie de prendre soin d'elle-même. Manger la réchauffe et la réconforte. Se choyer de la sorte fait grimper son taux d'endorphines. C'est si bon qu'elle ne parvient pas à s'arrêter. Et elle devient accro à la nourriture.

Que votre cerveau récompense votre bon comportement ou qu'il vous protège des blessures que vous vous infligez en abusant du sport, si votre taux habituel d'endorphines est faible, ce sursaut de bien-être engendre une dépendance. Toute substance ou activité ayant stimulé votre production d'endorphines devient ainsi votre nouvelle drogue.

Endorphines, Prozac et cortisol

Le déficit d'endorphines engendre un stress intolérable qui nous incite parfois à recourir à des comportements extrêmes ou à des substances illicites. Le LSD, le PCP et les autres drogues hallucinogènes stimulent la sécrétion de sérotonine. Les études médicales indiquent que les médicaments stimulant la sérotonine inhibent la capacité de la glande pinéale à produire par elle-même un taux satisfaisant de sérotonine. Ces substances viennent donc s'ajouter à la longue liste des produits qui troublent les fonctions cérébrales.

C'est alors qu'une autre hormone entre en scène : le cortisol, produit par les glandes surrénales en réponse au stress. On l'appelle d'ailleurs l'hormone du stress.

Des événements aussi divers qu'un retard sur un projet, un problème au travail, un embouteillage, une dispute familiale, des soucis d'argent ou un job physiquement exigeant peuvent déclencher un afflux de cortisol. Cela se traduit par une accélération de la dégradation des tissus musculaires ainsi que d'autres conséquences négatives sur l'organisme.

Produire des endorphines détend, rend plus heureux et engendre une sensation de bien-être ; cela fait aussi chuter le niveau de stress. Cette baisse de stress se mesure à la baisse du taux de cortisol. Sans endorphines pour abaisser notre cortisol, notre corps vivrait un perpétuel enfer.

Il existe aussi une corrélation entre taux élevé de cortisol et tension artérielle élevée, prise de poids, incapacité à construire du tissu musculaire, obésité, diabète, fatigue, dépression, sautes d'humeur et baisse de la libido.

Il existe une corrélation entre taux élevé de cortisol et tension artérielle élevée, prise de poids et incapacité de construire du tissu musculaire.

Bien avant d'envisager un traitement à long terme de la dépression, à plus forte raison de se faire prescrire des psychotropes, il me semble judicieux de s'adresser à un entraîneur qui mettra au point à votre intention un programme sportif doux adapté à vos besoins spécifiques. La pratique régulière d'une activité physique modérée permet bien souvent d'éviter un traitement potentiellement nocif pour le cerveau et l'organisme.

Si vous prenez en ce moment des antidépresseurs, ne vous inquiétez pas. Il existe des solutions naturelles pour aider votre organisme à guérir des éventuels dommages provoqués par ces substances. Cela dit, pas question d'interrompre la prise de vos médicaments sans avis médical. Seul un médecin au fait des effets indésirables possibles de ce traitement pourra vous aider à vous en passer. Nous reviendrons en détail sur le processus de sevrage de ces médicaments dans le chapitre 13.

Si vos symptômes sont aigus au point que vous ne pouvez vous passer de médicaments, de drogues ou de comportements extrêmes, il vous faut prendre le problème à la source. Au lieu de traiter ses manifestations, penchez-vous sur ses causes profondes. Votre cerveau renferme naturellement une unité de production d'hormones, qui peut juguler le stress grâce à la sécrétion d'endorphines. Quelques changements minimes mais significatifs dans votre alimentation et votre hygiène de vie suffiront à libérer ces précieuses hormones.

6
La testostérone et l'ocytocine : les hormones du bien-être

La dopamine nous éclaircit l'esprit, nous donne énergie et motivation. La sérotonine nous procure réconfort, contentement et optimisme. Les endorphines, elles, accroissent notre sentiment de bien-être, nous aident à gérer plus efficacement notre stress. La production de ces neurotransmetteurs dépend directement de la qualité de l'alimentation et de l'hygiène de vie. Pourtant bien manger et mener une vie saine ne suffit pas : la qualité des relations avec les autres, l'équilibre professionnel et le mode de vie favorisent aussi la production de sérotonine.

La possibilité de changer les choses, les réactions positives de vos interlocuteurs, la reconnaissance de ce que vous avez accompli, les incitations à vous dépasser, les récompenses, l'amusement, les compétitions amicales, les défis à relever, les possibilités d'innover et les occasions exaltantes d'améliorer son éducation : tous ces facteurs stimulent la sécrétion de dopamine.

La qualité de nos relations avec les autres et de notre travail agit directement sur notre production de sérotonine et de dopamine à partir des nutriments bruts fournis par notre alimentation. Si vous absorbez lesdits nutriments, mais que vos rapports avec les autres et votre mode de vie ne stimulent pas la sécrétion de ces hormones, ce système ne fonctionnera pas.

Le soutien que nous apportent nos relations avec les autres stimule notre production de neurotransmetteurs à partir des nutriments bruts fournis par notre alimentation.

Il est indispensable de recevoir l'appui de l'autre au sein de son couple pour accroître sa production de dopamine et de sérotonine, mais cela ne suffit pas à assurer le bien-être. Pour produire des endorphines, il nous faut aussi apporter notre soutien aux autres. En somme, un bon équilibre cérébral implique d'apprendre à donner et à recevoir en proportions équilibrées, à agir et à réussir dans son existence. En donnant de nous-mêmes et en faisant de notre mieux, nous déclenchons une sécrétion de deux hormones appelées ocytocine et testostérone. Combinées avec un taux de dopamine et de sérotonine, ces hormones permettent la création des endorphines si convoitées..

Personne ne peut stimuler à notre place notre production d'ocytocine ou de testostérone. En revanche, notre production de dopamine et de sérotonine dépend beaucoup plus des autres et de facteurs extérieurs. Ce que nous faisons et ce que nous donnons au quotidien détermine nos taux hormonaux. Quand une femme donne et que cette action vient du cœur, elle peut stimuler sa production d'ocytocine. Quand un homme agit pour aider les autres, afin de changer les choses, il stimule sa production de testostérone. Un taux d'ocytocine en hausse aide à augmenter et à maintenir le taux de sérotonine ; avec plus de testostérone, on parvient plus facilement à accroître et à maintenir son taux de dopamine. Ajuster son comportement et/ou ses réactions à une situation donnée donne la capacité de sécréter les bonnes hormones, donc d'atteindre un équilibre chimique cérébral optimal.

Augmenter nos niveaux hormonaux

Quand vos hormones atteignent un taux correct, votre cerveau récompense vos efforts en produisant des endorphines. L'afflux de testostérone est récompensé sur Mars, tandis que celui d'ocytocine l'est sur Vénus. Connaître ces différences biochimiques nous aide à comprendre pourquoi les hommes et les femmes se comportent et réagissent de manière si différente.

Lorsque le niveau de testostérone ou d'ocytocine baisse, le cerveau produit des endorphines.

Lorsqu'un homme agit dans le but de protéger et de servir les autres, cela stimule son taux de testostérone. « Protéger et servir », telle est la devise des Martiens, inscrite dans l'ADN masculin. C'est aussi le comportement qui stimule le mieux la sécrétion de testostérone.

La testostérone est l'hormone du désir, tandis que l'ocytocine est celle de l'amour. Quand un homme ne se sent pas très tourné vers les autres, s'il s'efforce de bien agir et de veiller au bien-être des autres, son taux de testostérone remonte, ainsi que son niveau de dopamine. Une réponse positive à ces actions fait aussi grimper son taux d'ocytocine, si bien qu'il se sent d'humeur plus tendre.

La réciproque n'est pas vraie sur Vénus. Quand son taux d'ocytocine est bas et qu'elle accroît son taux de testostérone en agissant correctement, une femme se sent sans nul doute plus énergique, grâce à la dopamine, mais pas nécessairement plus aimante. Le problème vient de ce qu'une augmentation de la sécrétion de testostérone et de dopamine tend à faire chuter son taux de sérotonine et d'ocytocine. Si bien qu'au lieu de se sentir mieux, elle se sent encore plus déprimée, désespérée et seule au monde.

Le sentiment de bien-être chez l'homme

Dès qu'un homme peut résoudre un problème, il se sent aussitôt mieux. Cela suffit à faire grimper son taux de testostérone, ce qui libère des endorphines dans son cerveau. Et, comme nous le savons, un surcroît d'endorphines implique un bien-être accru.

Dès qu'un homme agit dans le but d'atteindre un objectif, il se sent mieux.

Le bien-être masculin est donc directement lié au taux de testostérone. Les Martiens gagnent automatiquement en énergie dès qu'un problème se pose et qu'ils lui trouvent une solution. Pour peu qu'ils disposent d'un tuyau d'arrosage bien alimenté en eau, un feu qui se déclare fera d'eux des hommes heureux. Le feu stimule leur production de dopamine ; éteindre celui-ci stimule la testostérone. C'est quand un homme a des tâches à accomplir et des défis à relever que son niveau de testostérone monte le plus et qu'il se sent le plus heureux. Lorsqu'un homme est sexuellement excité et raisonnablement certain d'arriver à ses fins, son énergie et sa vitalité en plein essor se combinent pour accroître son bonheur et son plaisir. À mesure que le taux de testostérone augmente, le cerveau produit des endorphines et l'homme se sent de mieux en mieux.

Les garçons se battent puis deviennent amis, pas les filles

Les chercheurs qui se penchent sur les différences entre les sexes s'étonnent toujours de ce que les garçons fraternisent après une bagarre, tandis que les filles restent parfois fâchées à vie. Les études des différences biochimiques entre les hommes et femmes expliquent ce phénomène.

Quand un garçon se bat ou se montre agressif, c'est pour protéger quelqu'un (lui-même ou autrui) et/ou dans un but précis : son cerveau récompensera l'afflux de testostérone par la libération d'endorphines. Chez les filles, les choses ne se passent pas ainsi. Lorsqu'une fille se bat, son taux de dopamine et son niveau de testostérone augmentent, mais ceux de sérotonine et d'ocytocine chutent, et cela trouble son bien-être.

Quand deux filles se disputent, la chute de sérotonine et d'ocytocine qui s'ensuit fera d'elles des ennemies jurées.

La double journée de travail des femmes

Dans un contexte professionnel empreint de compétition, une femme a plus besoin de retrouver une relation tendre et aimante à son retour à la maison, afin d'équilibrer la compétition, l'agression, les risques et les défis qu'elle rencontre au travail. Elle attend avec impatience de pouvoir partager ce qu'elle a éprouvé pendant la journée ; son conjoint, lui, aspire plutôt à se plonger dans quelque activité solitaire comme la lecture d'un journal, faire un peu de bricolage ou s'installer devant la télévision. Partager les expériences vécues depuis le matin et les communiquer, cela ne constitue pas pour lui une priorité ni même un besoin pressant.

De ce fait, lorsque sa femme l'interroge sur sa journée, il n'a pas particulièrement envie d'en parler ; il préfère même s'en abstenir, surtout si elle a été épuisante. Dans ce cas, il aspire surtout à un brin de solitude pour se détendre et donner à son organisme la possibilité de reconstituer ses stocks de testostérone et de dopamine. Revenir sur les événements de la journée est vraiment la dernière chose qui le tente.

Une femme attend avec impatience de partager son expérience de journée, tandis qu'un homme n'aspire qu'à oublier celle-ci au plus vite.

Certaines femmes n'éprouvent pas le besoin de communiquer leurs sentiments, en particulier celles dont les époux parlent beaucoup ; mais la plupart d'entre elles rêvent d'une relation empreinte de partage et de coopération. Une femme apprécie de sentir qu'elle peut compter sur l'aide et le soutien de son compagnon, d'une manière ou d'une autre.

Si toutes les femmes ne voient pas leur sécrétion d'ocytocine stimulée par les mêmes choses, toutes ont besoin de cette hormone pour se sentir bien, tout comme la testostérone représente la clé du bonheur chez l'homme. Et même si la plupart des messieurs ne manifestent aucune envie de raconter leur journée, certains dérogent à cette règle : ils se montrent extrêmement volubiles à leur retour à la maison. S'exprimer les aide à reconstituer leur stock de testostérone. Raconter leur journée leur donne l'occasion de se faire du bien en se plaignant d'une personne ou d'un événement. Avoir raison fait toujours grimper le taux de testostérone.

Parler améliore la relation de couple... sauf quand la femme – ou l'homme – parle trop. On remarque souvent que les femmes dotées d'un mari bavard deviennent pour leur part moins loquaces. Elles préféreraient qu'il communique moins et les aide davantage. Si tel est le cas, rien n'empêche Monsieur de se tourner vers ses amis. Ainsi, il se racontera moins à la maison : cela permettra à sa compagne de s'exprimer davantage, ce qui ne peut qu'exercer un effet bénéfique sur son taux de sérotonine.

Testostérone, dopamine et réduction du stress

Chez le garçon ou chez l'homme, lorsque le taux de testostérone monte, le cerveau réagit par une récompense sous forme d'endorphines et son degré de stress, mesuré par son taux de cortisol, baisse. Nombre d'hommes se sentent tellement plus détendus et plus énergiques au plus fort d'une bataille. Attendre le début du combat les stresse infiniment plus.

La testostérone grimpe dès qu'ils pensent agir de manière à protéger ou à servir. En réalité, il se peut qu'ils soient en train de commettre un crime, voire de tuer... Mais s'ils sont persuadés de débarrasser le monde d'un danger, leur taux de testostérone grimpe, ainsi que leur fierté et leur bien-être.

Pourvu qu'un homme soit convaincu de débarrasser le monde d'un danger, il prendra même plaisir à tuer ou à punir.

Lorsque son niveau de testostérone grimpe et que Monsieur ne se trouve pas en mode de combat et soucieux de protéger, mais en mode d'appui, soucieux de servir, il se montre beaucoup plus amical, attentionné et romantique.

La testostérone et la dopamine fonctionnent en parallèle : une hausse du taux de testostérone stimule la production de dopamine et une hausse de dopamine stimule celle de testostérone.

Dès qu'il se lance à la poursuite d'un objectif, un homme sent la brume qui obscurcit souvent le cerveau de ceux manquant de dopamine se dissiper. Un taux élevé de dopamine est associé à une pensée claire et concentrée. Cet afflux de dopamine compense son taux de sérotonine, en général plus élevé.

Dès qu'il se lance à la poursuite d'un objectif, un homme sent son esprit s'éclaircir.

La dopamine accroît la concentration, tandis que la sérotonine accroît la capacité d'absorber et de retenir de nouvelles informations. La dopamine aide à établir des priorités et à déterminer la marche à suivre pour mener à bien une tâche. Ce neurotransmetteur stimule le cortex préfrontal du cerveau, lequel commande l'action du reste de cet organe. Un taux de dopamine normal dans cette partie maîtresse du cerveau nous indique ce que nous devons mener à bien. Aussitôt, la testostérone se réveille pour dire : « Oui, chef. Tout de suite, chef. »

La testostérone joue un rôle primordial dans la chimie cérébrale masculine, dans la mesure où ce sexe affiche fréquemment un déficit de dopamine.

Les femmes disposant généralement de réserves plus importantes, la testostérone tient chez elles une place plus secondaire. Pour elles, il se révèle beaucoup plus important de stimuler la production d'ocytocine, afin de favoriser la sécrétion de sérotonine qui leur fait défaut.

Lorsqu'une femme manque de sérotonine, elle tend à se disperser et à multiplier sa quête d'informations, afin de relancer la production de cette hormone. Cette avalanche d'informations sature son cerveau : cela limite sa capacité à analyser correctement sa situation ou à prendre des décisions. Paradoxalement, plus une femme s'informe, moins elle est sûre de la conduite à tenir. Un comportement réconfortant et stimulateur d'ocytocine l'aidera à se détendre à mesure que son taux de sérotonine remontera. Simultanément, elle se libérera pour un temps de sa tendance à se surcharger de responsabilités.

Le manque de sérotonine conduit à se disperser et à se procurer trop d'informations avant de prendre une décision.

Un homme en déficit de dopamine, lui, tend à se concentrer de manière excessive sur un point précis, afin de stimuler la sécrétion de ce neurotransmetteur. Dès qu'il se livre à une activité productrice de testostérone, comme la résolution d'un problème ou la musculation, son énergie et son bien-être s'accroissent à mesure que la dopamine se répand dans son organisme.

La dopamine favorise la concentration, tandis que la sérotonine favorise la curiosité d'esprit et la recherche d'informations.

Un jeune garçon en déficit de dopamine ne parvenant pas à demeurer éveillé pendant les cours se sentira plein d'ardeur devant un jeu vidéo. L'explication ? À présent, il agit et obtient des réactions en retour. Cette activité génératrice de testostérone stimule sa production de dopamine et, avec elle, son énergie et sa concentration.

Une demoiselle en déficit de sérotonine cherche en permanence à faire plaisir aux autres et se préoccupe beaucoup trop de ce qu'ils pensent d'elle ; elle se détendra si on la chouchoute un tantinet. Voilà pourquoi avoir une meilleure amie est très important pour une fille. Partager ses secrets les plus intimes favorise à merveille la production d'ocytocine. Lorsque le taux de sérotonine est bas, le besoin d'ocytocine se fait plus grand. S'il est poussé à l'extrême, le partage des secrets peut facilement virer à un comportement cruel avec constitution de clans et colportage de ragots.

Si on vous a blessée, je pourrai par exemple vous exprimer mon soutien en formulant mon complet accord avec vous ou en démolissant verbalement la personne qui vous tourmente et me ranger dans votre camp. Cela stimulera ma production d'ocytocine et la vôtre. C'est pourquoi les filles manquant de sérotonine tendent à compenser en constituant des clans dont elles excluent les autres.

Pour les filles, le partage de secrets représente un moyen de produire de l'ocytocine.

Un taux de dopamine normal permet de se sentir prêt à résoudre un problème, à atteindre un but spécifique ou à obtenir un résultat déterminé. Coucher par écrit ses objectifs ou écouter quelqu'un parler de ce qui sera possible dans les mois à venir favorise la production de dopamine. Nous sentons que nous allons pouvoir agir, et notre taux de testostérone grimpe. La dopamine fournit la solution à un problème, et la testostérone nous donne l'énergie et la motivation nécessaires pour mettre en œuvre cette solution. Avec un taux normal de testostérone, on se sent engagé, motivé et plein d'énergie.

Préserver la magie de l'amour

Pour préserver la magie de l'amour, un homme qui avance en âge doit veiller à maintenir son taux de testostérone. Les études l'indiquent : c'est seulement en Occident que ce taux tend à chuter au fil des ans. Dans les communautés non exposées aux méthodes de culture et aux aliments occidentaux, les hommes conservent un taux de testostérone constant tout au long de leur existence, à compter de la puberté. C'est sans doute le déficit de dopamine affectant les hommes occidentaux qui provoque ce manque de testostérone, ainsi que les troubles de la prostate dont souffrent tant d'hommes au-delà de cinquante ans.

Les hommes de l'ethnie Hunza, qui vivent dans les montagnes du Pakistan, ne connaissent pas de problèmes de prostate et continuent couramment à procréer jusqu'à quatre-vingts ou quatre-vingt-dix ans. On ne les considère même pas comme des anciens lorsqu'ils dépassent l'âge de cent ans.

La chute du taux de testostérone chez les hommes qui avancent en âge est une spécificité occidentale.

Quand un homme quitte son travail générateur de stress pour retourner auprès de sa compagne douce et aimante, son taux de dopamine s'effondre. Or, sans un apport suffisant en dopamine, son taux de testostérone baisse à son tour. S'il n'a pas l'impression de pouvoir faire quelque chose pour rendre sa femme heureuse tandis qu'il l'écoute raconter sa journée, sa testostérone baisse encore un peu plus.

Quand le taux de testostérone baisse, le cerveau d'un homme libère une enzyme qui dissout les endorphines. Une fois ces endorphines envolées, sa fatigue, son incapacité de se concentrer et son ennui se muent en résistance. Plus il s'efforce de faire preuve d'empathie, plus il se sent las. Quand il finit par jeter l'éponge, persuadé de ne rien pouvoir faire d'utile, sa testostérone s'effondre sérieusement : il devient têtu, irritable et coléreux. Cette colère et cet entêtement indiquent que son taux d'endorphines est au plus bas et son bien-être aussi.

Quand son taux de testostérone baisse, le cerveau d'un homme libère une enzyme qui dissout les endorphines.

Afin d'éviter d'en arriver à ce point, Monsieur se sent naturellement incité à cesser d'écouter sa compagne pour se livrer à quelques activités stimulant la dopamine – longtemps avant de se laisser envahir par la colère ou la frustration. Il brûle de se plonger dans son journal, dans son émission de télévision favorite ou d'agir. C'est ce besoin de recouvrer son bien-être qui le pousse à interrompre sans cesse sa compagne pour lui proposer des solutions.

Ses interventions ne signifient pas qu'il ne se soucie pas d'elle, bien au contraire. En fait, plus il tient à elle, plus cela le déprime de l'écouter passivement sans rien faire pour l'aider. S'il ne l'aimait pas tant, ne pas être en mesure de l'assister ne le troublerait pas du tout.

Plus un homme tient à sa compagne, plus cela le déprime s'il la sent bouleversée et se sent incapable de la rasséréner.

Dès que les hommes apprennent que les femmes viennent de Vénus et qu'elles ont des besoins différents des leurs, ce schéma évolue rapidement. Au lieu d'essayer de résoudre les problèmes de leur compagne, ils comprennent qu'elle a, avant tout, besoin d'être écoutée. Elle ne recherche pas une solution et n'attend pas de lui qu'il résolve ses problèmes. En l'écoutant, il fait quelque chose.

Écouter sa compagne et ne pas chercher à résoudre ses problèmes représente une autre façon d'agir – une action passive.

En écoutant sa partenaire et en lui offrant l'occasion de parler, il l'aide à reconstituer son stock de sérotonine et à recouvrer son bien-être. Au lieu de se sentir inutile, il comprendra que son attitude fait une différence, et cela l'aidera à se montrer patient. De cette façon, son taux de testostérone et de dopamine augmente au lieu de diminuer. Comprendre cela donne la recette pour stimuler les bonnes productions hormonales et entretenir les sentiments positifs au sein du couple.

Son taux de sérotonine baisse lorsqu'il rentre à la maison parce qu'il aime vraiment sa compagne. Cela accroît son contentement et sa satisfaction, mais ne stimule absolument pas sa production de dopamine. Si son alimentation et son programme sportif ne lui fournissent pas par ailleurs suffisamment de dopamine, son taux de testostérone chute.

Les six stades de la dépression sur Mars

Quatre-vingt-dix pour cent des personnes qui consultent un thérapeute sont de sexe féminin. On pourrait en déduire que les femmes sont plus vulnérables au syndrome dépressif. En réalité, les hommes le sont tout autant, mais ils expriment leur dépression de façon différente.

Dès qu'il pousse la porte du logis, où ne règne pas une atmosphère intense de danger, de compétition et de défi, l'énergie de Monsieur chute en quelques minutes et il se sent fatigué. Cette baisse de tonus constitue en réalité la première étape de la dépression masculine. Un peu comme les enfants atteints de troubles de l'attention ou d'hyperactivité et incapables de se concentrer lorsqu'ils doivent écouter la maîtresse, un homme bâille, s'ennuie ou s'agite, lorsqu'il doit écouter sa femme après une longue journée de travail.

Penchons-nous à présent sur les six principaux changements d'humeur associés à la dépression masculine et sur leurs causes biochimiques probables. Rappelez-vous : tous ces bouleversements peuvent être efficacement corrigés par un régime alimentaire et un programme sportif propres à produire une sécrétion adéquate de dopamine. Et il s'agit de considérations d'ordre général : ces modifications de l'humeur ne sont pas exactement semblables chez tous les hommes et garçons.

Les six étapes de la dépression sont :

1. Épuisement et apathie. La dépression commence par un déficit de dopamine. Un homme manquant de dopamine se sent immédiatement fatigué. Parfois, le simple fait de penser à rentrer à la maison suffit à éveiller sa lassitude. Dès qu'il franchit le seuil, il perd toute envie de faire quoi que ce soit. Il cingle vers un fauteuil pour s'y effondrer et se reposer après un dur labeur. De son point de vue, ayant terminé sa journée de travail, il est trop fatigué pour faire autre chose que se vautrer devant la télévision.

2. Incapacité à se concentrer. Avec un tonus aussi bas, s'il s'efforce de se comporter en bon mari et de parler à sa femme et à sa famille, il aura beaucoup de mal à se concentrer sur ces conversations, à les écouter ou à se rappeler comment se comporter pour que tout se passe bien. S'il essaie de les aider sur le mode amical, cela accroîtra son niveau de sérotonine mais fera baisser celui de testostérone. L'imagerie médicale indique ceci : quand un homme ou un garçon en déficit de dopamine tente de se concentrer, son cortex préfrontal entre soudain en demi-sommeil. Dès qu'il interrompt cet effort, le cerveau retrouve son activité normale.

Quand il manque de dopamine, le Martien doit fournir un énorme effort pour se concentrer... et n'y parvient pas. Mais même s'il ne peut pas se concentrer, il se sent toujours heureux et optimiste. Il éprouve même parfois l'envie de rire lorsqu'il ne parvient pas à décrypter les sentiments de sa partenaire. La sérotonine apporte contentement, réconfort et optimisme.

3. Ennui. Parallèlement à l'accroissement du taux de sérotonine, celui de testostérone baisse. À présent que plus rien de presse, Monsieur commence à s'ennuyer. Si sa testostérone chute encore, il commence à se sentir agité, comme s'il lui semblait qu'il devrait être en train d'accomplir quelque chose sans savoir quoi. Pendant cette phase, les hommes adoptent des comportements de dépendance.

4. Résistance. Lorsque la testostérone descend en deçà d'un certain seuil, cela déclenche la production d'enzymes cérébrales qui dissolvent les endorphines. Cette baisse d'endorphines entame la sensation de bien-être : cela suscite des sentiments d'impatience, d'agacement, d'irritation et de colère. Les disputes éclatent au sein des couples.

Les femmes doivent comprendre que, même quand un homme n'est pas déprimé, son taux de testostérone ne cesse de fluctuer. Tout le monde connaît les cycles menstruels féminins, mais on ignore souvent que les hommes connaissent eux aussi des cycles hormonaux... d'une durée de vingt minutes.

Lorsqu'un homme ergote ou se montre bougon, cela indique en général que son taux de testostérone a chuté. Au lieu de se disputer avec lui, sa compagne bien informée attendra une vingtaine de minutes pour reprendre la discussion. Au terme de ce délai, la testostérone de son interlocuteur sera remontée : il se montrera beaucoup plus coopératif, aimant, amical et prêt à la soutenir. Les cycles de vingt minutes constituent la norme, mais ils peuvent être moins réguliers ou s'intensifier lorsque le taux de dopamine baisse. Il n'empêche : savoir que la mauvaise humeur d'un homme a toutes les chances de se dissiper dans les vingt minutes à venir est une information fort utile pour une femme. Cela lui évite de confondre agacement passager et ressentiment durable.

5. Défiance. À mesure que son taux d'endorphines baisse et que sa colère s'accroît, le taux de testostérone de Monsieur remonte, tandis que celui de sérotonine descend. Privé du sentiment de contentement et d'optimisme procuré par cette hormone, il éprouve un besoin urgent de faire quelque chose – mais quoi ? À ce stade, il ne se montre même plus coléreux. Froid et distant, il semble ne plus rien ressentir. Il ne se préoccupe guère des besoins et des sentiments des autres et ne se montre pas coopératif. À ce moment-là, il défend et sert avant tout sa propre personne.

6. Méchanceté. Son taux de testostérone augmente encore, et cela déclenche la sécrétion d'endorphines. Son taux de sérotonine chute, celui de dopamine remonte. Il recouvre alors son bien-être, mais son comportement reste empreint de brutalité et d'égoïsme : cela peut le conduire à se montrer désagréable, ou même cruel.

On observe rarement cette sixième phase, mais elle explique pourquoi, dans les sociétés modernes, 90 % des crimes sont commis par des hommes. Cela explique aussi la biochimie des tueurs en série. Les études montrent en effet chez ces derniers des taux de sérotonine extrêmement bas.

Revenons rapidement sur ces six étapes.

Variations biochimiques probables	**Variations de l'humeur**
1. Chute du taux de dopamine.	**Épuisement et apathie.** Il se sent épuisé et privé d'énergie
2. Taux de dopamine bas et hausse du taux de sérotonine.	**Incapacité de se concentrer.** Il s'efforce de se montrer un partenaire aimant, mais ne parvient pas à se concentrer. Il a parfois des trous de mémoire ou se montre désorienté, et il se sent heureux et optimiste.
3. À mesure que le taux de sérotonine grimpe, celui de testostérone chute.	**Ennui.** Incapable de se concentrer et de manifester de l'intérêt, il bâille et ne tient plus en place.
4. Le cerveau sécrète une enzyme qui dissout les endorphines.	**Résistance.** Il se sent agacé, irrité, montrant parfois même de la colère.
5. Le taux de dopamine reste bas, celui de sérotonine baisse et celui de testostérone remonte.	**Défiance.** Il ne fait que ce qu'il souhaite faire. Il se montre peu réactif et guère coopératif envers les autorités. Il se soucie peu des conséquences de son comportement sur son entourage.
6. Le taux de dopamine augmente, le niveau de sérotonine est bas, celui de testostérone élevé, et des endorphines sont sécrétées.	**Méchanceté.** Son bien-être s'accroît à mesure qu'il s'attache à faire ce qu'il veut sans se soucier d'autrui. Ce comportement désinvolte peut le conduire à se montrer dur, cruel, voire à commettre des actes criminels (tous justifiés dans son esprit).

À leur retour à la maison, la plupart des hommes se trouvent dans l'une ou l'autre des deux premières phases de la dépression. Au cours de la première, épuisés par leur journée de travail, ils ne se rendent même pas compte qu'ils sont déprimés. Ils croient leur manque d'énergie normal. Ils n'ont absolument pas conscience qu'il résulte de leur alimentation et de leur hygiène de vie. Ce manque de tonus est la conséquence d'un déficit de dopamine.

Au cours de la deuxième phase, la perspective de rentrer à la maison et de retrouver une famille unie, une partenaire chérie, une émission de télévision favorite ou même un chien affectueux fait monter son niveau de sérotonine. Sous l'effet de ce neurotransmetteur, il éprouve une véritable satisfaction et un sentiment général de réconfort. À ce stade, il est déprimé mais ne le sait toujours pas. Il croit normal de ne plus éprouver aucune énergie après une journée de travail et se sent globalement comblé par son existence. En dépit de sa baisse des tonus, il ne songe donc pas à demander d'aide. À ses yeux, il n'y a aucun problème. Certains baptisent cela « état de déni » ; d'autres considèrent que ce que l'on ne voit pas ne fâche pas.

Comprendre les symptômes les plus banals d'un déficit de dopamine accompagné d'un niveau élevé de sérotonine chez l'homme donne un tout nouveau sens à l'expression « ce que l'on ne voit pas ne fâche pas ».

À son retour à la maison, Monsieur manque de concentration et ne fait pas grand-chose. En l'absence des stimuli apportés par son travail, il ne sait que faire de sa peau. S'il est marié, il omet les attentions qu'il avait coutume de prodiguer. S'il est célibataire, il en conclut parfois qu'il n'a pas besoin d'amour dans son existence et peut se contenter de ce qu'il a.

Au cours de la troisième phase de la dépression, Monsieur s'ennuie et ne tient plus en place. Là encore, on devine rarement qu'il s'agit d'un symptôme de dépression dans la mesure où il connaît l'antidote : il sait en effet pouvoir facilement se calmer en regardant la télévision, en lisant un journal ou en se livrant à toute autre activité ne sollicitant pas ses neurones. Il peut aussi simplement boire une bière.

C'est là que les comportements générateurs de dépendance entrent en jeu. En effet, les stimulants l'empêchent de percevoir son ennui et sa bougeotte. Un hobby peut l'aider à surmonter la quatrième étape de la dépression, mais ce n'est pas la solution idéale.

Une manie saine comme un hobby peut même empêcher un homme d'aborder la quatrième phase de la dépression : la colère.

Un homme manquant de dopamine et de testostérone et ayant un taux élevé de sérotonine perd la motivation nécessaire pour participer aux activités familiales. Il se sent bien, détendu et optimiste dès qu'il s'installe devant la télévision. Il peut apprécier ce genre de loisir car son taux de sérotonine reste normal, mais il se prive de tous les plaisirs d'une vie de famille active.

Quand on lui demande son aide, il a l'impression d'être pressé comme un citron et refuse systématiquement. Un homme en manque de dopamine n'a pas l'énergie nécessaire pour réagir. Bien sûr, il souhaite vous épauler, mais il ne s'en sent pas la force. Les femmes ont souvent du mal à comprendre cela, sans doute parce qu'elles-mêmes manquent rarement de dopamine, à moins d'être sévèrement déprimées. Il arrive qu'un homme possède un tonus suffisant mais continue à faire ce qu'il a entrepris parce qu'on ne lui a pas formellement demandé son appui. Cela arrive quand sa compagne est tellement habituée à le voir éreinté qu'elle ne prend même plus la peine de lui demander de l'aide. Il se peut aussi qu'elle n'ait pas encore appris combien il importe de solliciter l'assistance d'un homme.

Lorsqu'un homme n'aide pas à la maison, c'est en général parce qu'il n'en a pas la force.

Une femme déprimée affiche des symptômes inverses au cours des premières étapes. Alors que les hommes ne parviennent pas quitter leur canapé, les femmes se révèlent incapables de s'asseoir ou de se détendre. Le conjoint se demande sincèrement pourquoi sa compagne s'énerve pour un rien et se sent dépassée par les événements. Sa réaction : « Détends-toi, ne t'inquiète pas et sois heureuse. » Celle de Madame : « Je m'en occupe et je m'en occupe maintenant. » Elle juge indispensable de s'y atteler aussitôt, faute de quoi rien ne sera jamais fait.

Alors qu'un homme déprimé ne peut quitter son canapé, une femme déprimée ne parvient ni à s'asseoir ni à se détendre.

Un homme en manque de dopamine manque également de tonus. De ce fait, il ne fera que le strict minimum (de son point de vue) : une attitude extrêmement frustrante pour sa femme et pouvant aussi aggraver son état. Au cours de la troisième phase de la dépression, alors qu'il s'ennuie et ne tient pas en place, l'homme a besoin d'agir pour stimuler sa sécrétion de testostérone, faute de quoi il entrera dans la quatrième phase et se laissera envahir par la colère et l'irritation.

Pour stimuler sa testostérone, il suffit à Monsieur d'allumer son téléviseur et de regarder un match de football, un autre sport excitant ou un film d'action. Les études le prouvent. Cela suffit à l'apaiser et à le ramener à la phase numéro deux : il manque d'énergie mais se sent bien.

S'il ne régresse pas de la phase numéro trois à la phase numéro deux, il franchira nécessairement le seuil de la phase numéro quatre, qui voit les couples se disputer et oublier tendresse, douceur et compassion. Si les deux partenaires ne prennent pas conscience de la nécessité de marquer une pause, la situation peut dégénérer. Monsieur passe alors à la cinquième phase : la dispute pure et dure. S'ils ne parviennent pas à enrayer le processus, Monsieur entrera tôt ou tard dans la sixième phase et deviendra odieux. Alors, les violences conjugales surviennent.

Les six stades de la dépression sur Vénus

La dépression féminine progresse elle aussi par étapes, à mesure que l'équilibre hormonal des patientes évolue. Voyons un peu les principaux changements d'humeur associés à la dépression chez la femme et leurs causes biochimiques probables. Il importe toutefois de le rappeler : chaque femme est unique, nous ne donnons ici que des schémas généraux. Une bonne nouvelle : quels que soient les bouleversements chimiques survenant dans le cerveau d'une femme, une alimentation équilibrée associée à un programme d'exercice approprié la remettront sans tarder en état d'équilibre. Voici les six étapes de la dépression sur Vénus.

1. Inquiétude et mécontentement. La dépression est provoquée par un manque de sérotonine. Dès que sa sécrétion de cette hormone n'est pas stimulée, une femme commence à s'inquiéter. Avec une chimie cérébrale normale, elle conserve son optimisme et se rappelle qu'elle bénéficie des appuis nécessaires pour faire face à toutes les situations susceptibles de se présenter. Mais le déficit de sérotonine suscite en elle un besoin nettement accru de parler de ses soucis. Et si elle ne reçoit pas assez d'attention et d'empathie, son inquiétude grandit.

2. Impression d'être dépassée par les événements. De plus en plus angoissée et persuadée de ne pas être suffisamment épaulée, Madame se sent pressée de résoudre ses problèmes. Il faut agir, et elle seule peut le faire. Ce sentiment d'urgence et de responsabilité accrue stimule sa sécrétion de dopamine. Or, puisqu'elle se croit encore plus que d'ordinaire responsable de la situation, elle ne tarde pas à se sentir dépassée par les événements.

L'imagerie médicale le révèle : ce sentiment s'accompagne en général chez la femme d'un cerveau en surrégime. Rappelons-le : la sérotonine calme et détend le cerveau. Si elle fait défaut, cet organe se trouve privé de son « circuit de refroidissement ». La dopamine apporte énergie et motivation, mais quand elle est présente en trop grande quantité et que la sérotonine vient à manquer, une femme se sent automatiquement dépassée par tout ce qu'elle doit faire : incapable de faire face à la situation, elle est envahie par le désespoir.

3. Culpabilité et sentiment d'obligation. La hausse du taux de dopamine associée à un taux de sérotonine trop bas fait chuter son taux d'ocytocine. Puisqu'elle ne se sent plus soutenue par la communication, la coopération et la collaboration de son mari, la Vénusienne a l'impression de devoir tout faire par elle-même, et son taux d'ocytocine baisse encore. À mesure qu'il diminue, elle continue à penser qu'elle devrait se montrer plus généreuse. Elle culpabilise de ne pas en faire assez et se met sur le dos d'autres responsabilités, négligeant son propre confort. Au lieu de dispenser ses attentions spontanément, elle le fait par obligation. Dans cette situation, les femmes ont tendance à trop manger et à accabler les autres de soins en espérant un résultat bien déterminé en retour : cela ne leur apporte que des déceptions.

4. Grippe du ressentiment. Son taux d'ocytocine en baisse déclenche la production d'enzymes cérébrales qui détruisent ses endorphines. Madame sent alors monter en elle un flot de ressentiment. Cela peut la rendre critique, mesquine ou prompte à porter des jugements. À ce stade, elle contracte la « grippe du ressentiment » et se perçoit comme une victime.

À ce moment-là, une femme doit s'occuper enfin d'elle-même. Il est temps pour elle de cesser de blâmer les autres parce qu'elle n'est pas heureuse et de prendre la responsabilité de construire son propre bonheur. C'est aussi le moment idéal pour solliciter l'appui d'un thérapeute avec lequel partager ses sentiments, de bavarder ou de faire du sport avec des amis, de passer du temps à la campagne, de faire du shopping, de se plonger dans un bon livre, d'aller voir une pièce de théâtre ou écouter un concert.

5. Épuisement et apathie. La grippe du ressentiment l'incite à décider que cela ne vaut pas la peine d'en faire plus. Cette décision entraîne une chute de son taux de dopamine. Elle refuse de tout prendre en charge. Et à mesure que son taux de dopamine chute, la femme s'écroule d'épuisement et sombre dans l'apathie. À ce stade, toute l'attention que son partenaire pourra lui prodiguer ne l'empêchera pas de voir son ressentiment grandir : est-elle supposée se contenter de si peu, alors qu'elle lui a tant donné ? Lorsqu'il s'excuse ou lui propose son aide, elle n'a que cette réponse : « Trop tard ! »

6. Perte de respect de soi. Tandis que son taux de dopamine baisse, ceux de sérotonine et d'ocytocine commencent à remonter. Elle se sent trop fatiguée pour continuer à se préoccuper autant de son entourage. Un sentiment de libération l'envahit alors ; elle respire enfin. Sa nouvelle devise : « Je me moque de ce que pensent les autres. »

La poussée d'ocytocine apporte un mieux-être, mais pour de mauvaises raisons. Cette femme est heureuse pour la simple raison qu'elle ne se sent plus obligée de donner. À présent qu'elle se repose moins sur les autres, son taux de sérotonine remonte.

La conjonction d'une dopamine en baisse et de cet afflux de sérotonine entame son *self-control* et la rend plus impulsive. Le plus souvent, elle se met à souffrir de troubles du comportement alimentaire. Parfois elle commence à se dégoûter et perd tout respect d'elle-même. Elle risque alors de se laisser entraîner dans des relations de couple malsaines. Par exemple, elle ne peut se libérer d'un conjoint qui la maltraite puisqu'elle ne pense pas mériter d'être mieux traitée. Il arrive qu'elle éprouve des pulsions suicidaires et, dans quelques cas rares, se fasse du mal à elle-même ou en fasse à d'autres.

Revenons sur ces principales étapes.

Variations biochimiques probables	Variations de l'humeur
1. Chute du taux de sérotonine.	**Inquiétude.** Elle s'inquiète ; il lui semble manquer de temps, de nourriture ou de soutien.
2. Taux de sérotonine bas et hausse du taux de dopamine.	**Impression d'être dépassée par les événements.** Elle se sent de plus en plus tenue de tout faire elle-même, et cela la stresse.
3. À mesure que le taux de dopamine grimpe, celui d'ocytocine chute.	**Culpabilité et sentiment d'obligation.** Elle se sent coupable de ne pas se montrer plus généreuse et de donner plus par devoir que par plaisir, tout en négligeant ses propres besoins.
4. Le cerveau sécrète une enzyme qui dissout les endorphines.	**Ressentiment.** Elle se montre critique, prompte à juger les autres ou pleine de rancœur parce qu'elle s'occupe de tout et que nul ne l'épaule. Ses efforts ne lui semblent pas appréciés à leur juste valeur, elle en fait moins.
5. Le taux de sérotonine demeure bas, celui de dopamine baisse et celui d'ocytocine remonte.	**Épuisement.** Elle se sent moins tenue de faire preuve de bonté et de générosité ; elle sombre dans l'apathie et l'épuisement.
6. Le taux de sérotonine augmente, le taux de dopamine est bas, celui d'ocytocine élevé et des endorphines sont sécrétées.	**Perte de respect de soi.** Cela peut l'amener à perdre son *self-control*, à trop manger, à adopter des comportements autodestructeurs ou à s'engluer dans une relation de couple néfaste.

La plupart des femmes vivent en permanence dans la première ou la seconde phase de la dépression. Au cours de la première, elles s'inquiètent trop pour elles-mêmes et pour leurs proches. Elles se préoccupent de façon excessive de ce que les autres pensent et affichent en permanence un mélange de mécontentement, d'insatisfaction et d'anxiété. Elles sont parfois si accoutumées à cet état psychologique qu'elles ne savent même pas se détendre et oublier leurs soucis. Elles se croient à tort incapables de se relaxer en raison d'un trop grand nombre de sujets d'inquiétude. Elles accusent le stress, responsable à leurs yeux de leur anxiété, sans comprendre que chacun de nous possède en lui la capacité à se détendre comme si tout allait bien, même quand nous rencontrons des problèmes. On ne peut certes éviter les problèmes... l'anxiété, si.

Quels que soient les stress apportés par le quotidien, vous pouvez parvenir à vous détendre comme si tout devait s'arranger.

Au stade numéro deux de la dépression, Madame se sent dépassée par tout ce qu'elle doit faire en si peu de temps et avec si peu d'aide. Elle éprouve un sentiment d'urgence et de motivation lié à son taux élevé de dopamine, mais il lui manque l'optimisme, le contentement et le réconfort que la sérotonine apporte. Il s'agit sans doute du déséquilibre hormonal le plus répandu au sein de la gent féminine. Dans ce cas de figure, les femmes ont une conscience aiguë des problèmes jalonnant leur existence et une envie d'agir pour les régler : voilà pourquoi elles sont beaucoup plus nombreuses à consulter des thérapeutes que leurs compagnons.

Presque toutes les femmes ne prenant pas d'antidépresseurs se sentent dépassées par la situation, avec trop de choses à faire en trop peu de temps.

La deuxième phase de la dépression conduit presque inévitablement à la troisième. À mesure que le niveau de dopamine chute, celui d'ocytocine commence à baisser. Au lieu de donner librement, de bon cœur, la femme se sacrifie désormais et donne par obligation, ou du moins dans l'espoir d'obtenir plus en retour. On retrouve couramment ce schéma chez les couples mariés de longue date. Madame donne, donne, donne et donne encore jusqu'à ce qu'elle glisse dans la phase numéro quatre et attrape la « grippe du ressentiment ».

Si une femme constate qu'elle agit par obligation, elle commence à tenir la comptabilité de ce qu'elle donne et de ce qu'elle reçoit. Considérez cela comme un signe avant-coureur de la grippe du ressentiment. Arrêtez tout et occupez-vous de vous.

> **Avoir l'impression d'agir par obligation doit être perçu comme un signal d'alerte. Occupez-vous, pour un temps, plus de vous et moins des autres.**

Suivant l'importance du déficit nutritionnel, ces étapes pourront se révéler plus ou moins spectaculaires, et la progression de l'une à l'autre plus lente ou au contraire plus rapide. Sachez-le pour comprendre votre humeur puis en reprendre le contrôle en vous procurant le soutien dont vous avez besoin. Les solutions apportées par le Régime Mars et Vénus évitent d'atteindre l'ultime phase de la dépression.

Une fois leur fonctionnement décrypté, les variations de l'humeur sont plus prévisibles et plus compréhensibles. Cela donne une motivation accrue pour modifier son alimentation et son hygiène de vie. Lorsqu'il pleut sur votre couple, que la tempête se déchaîne, vous le saurez désormais : ce n'est pas de la faute de votre partenaire, et vous détenez la capacité de changer la situation. Et lorsque les effets bénéfiques du Régime Mars et Vénus se feront sentir, vous comprendrez pourquoi ils se produisent. Il est primordial pour entretenir votre motivation de vous en tenir chaque matin au Régime Mars et Vénus.

7
Comprendre nos réactions différentes face au stress

Dans les cultures occidentales, notre réaction de base face à un stress tient en deux mots : fuir ou combattre. En situation de stress, une personne en bonne santé réagit par un afflux de testostérone : cela la conforte dans sa décision de combattre ou de s'enfuir. Le cerveau la récompense ensuite de cette activité par un afflux d'endorphines, et son niveau de stress baisse. C'est vrai pour les hommes, moins pour les femmes.

Les chercheurs commencent en effet à comprendre que femmes et hommes gèrent différemment leur stress. Une étude récente de l'Université de Californie a démontré que les femmes sont beaucoup plus enclines que les hommes à se faire des amis en cas de stress, c'est-à-dire à rechercher des contacts sociaux, à téléphoner, à passer du temps avec leur famille ou leurs amis. Cela va jusqu'à une réaction aussi simple que de demander son chemin quand on se perd.

Lorsqu'elles se perdent, les femmes demandent leur chemin, afin de faire remonter leur niveau d'ocytocine et de calmer leur stress.

Cette équipe de recherche a notamment mis en évidence le rôle de l'ocytocine dans cette réaction grégaire. Jusqu'alors, on avait principalement étudié l'action de cette hormone dans le processus de l'accouchement, mais on sait qu'hommes et femmes en sécrètent en situation de stress. L'action calmante de l'ocytocine est limitée chez l'homme par celle de la testostérone.

Cette étude révèle que l'ocytocine joue un rôle clé dans l'apaisement des stress féminins, en émoussant chez les patientes la pulsion de fuir ou combattre et en les poussant à plutôt s'occuper de leurs enfants ou se réunir avec d'autres femmes. On a d'ailleurs pu constater qu'une femme produit plus d'ocytocine lorsqu'elle se livre à ce type d'activité aux effets apaisants.

Prendre soin des autres et partager

Il est bien évident qu'une femme est capable de se défendre et le fera en cas de besoin. Mais cette attitude lui permettant de protéger sa sécurité, voire sa vie, ne fait pas nécessairement baisser son niveau de stress. En revanche, les soins, la tendresse et le partage agissent dans ce sens. Les comportements empreints d'affection et de partage accroissent en effet la sécrétion d'ocytocine.

> **L'affection et le partage que l'amitié lui apporte incitent une femme à sécréter de l'ocytocine et réduisent son stress.**

L'étude de l'Université de Californie confirme l'existence d'un lien entre l'ocytocine et le stress chez les femmes, mais pas chez les hommes. On a évoqué l'expression « réponse et amitié » pour décrire la réaction d'une femme au stress. En prenant soin des autres, en s'occupant d'eux, en partageant leurs soucis, en les écoutant, en les aidant, en les choyant, en les guidant, en les soignant, en les nourrissant, en les habillant ou en faisant le ménage, une femme voit son taux d'ocytocine croître et son stress diminuer.

Établir des relations amicales stimule aussi la sécrétion de cette hormone. La première réaction de Vénus en situation de stress consiste à chercher à faire la paix. La nécessité de protéger les siens, de se défendre et de combattre fait monter le niveau de stress d'une Vénusienne. En cas de danger, sa première réaction sera : « Tâchons de voir comment arranger les choses. » Dès qu'elle prend conscience de son intention d'établir une connexion avec son interlocuteur, son stress commence à diminuer. Pour elle, tout passe par la communication, la coopération et la collaboration.

Communiquer, coopérer et collaborer, cela fait grimper le taux d'ocytocine d'une femme.

Protéger et servir

Quand sa chimie cérébrale est équilibrée, une femme n'opte en aucun cas pour la confrontation en situation de stress. Cette solution ne constitue pas non plus forcément le choix premier d'un homme. Fuir ou combattre, cela n'en fait qu'une des nombreuses manières par lesquelles il cherche à accomplir sa mission de protection.

Une femme, elle, réagira en s'occupant des autres et en partageant ce stress. En dernier ressort, elle choisira souvent la solution opposée à la dualité fuir/combattre : tromper ou capituler. Reines du maquillage et du déguisement, les femmes savent si bien cacher leurs sentiments aux autres qu'elles en viennent parfois à se tromper elles-mêmes !

Tromper ou capituler constitue une des mille façons pour une femme de prendre soin des autres et de partager son stress.

Les femmes sont également passées maîtresses dans l'art du sacrifice et de la capitulation par souci d'harmonie. Les hommes sont, eux aussi, capables de faire des sacrifices, mais dans un but bien défini. Ils choisissent leurs combats et leurs sacrifices en fonction de leur véritable rapport. Les femmes, elles, se sacrifient souvent sans même en avoir conscience.

Les femmes en font trop, et par la suite éprouvent du ressentiment.

Lorsque le taux de sérotonine d'une femme revient à la normale grâce à une alimentation appropriée et à un programme sportif adéquat, elle se montre plus à même de détecter les multiples appuis dont elle bénéficie au quotidien, et compte donc moins sur son cher et tendre.

Ocytocine, soin de soi, stress et amour

Cette sécrétion d'ocytocine se produit aussi quand une femme s'occupe d'elle-même : c'est là une des leçons les plus importantes qu'il lui incombe d'apprendre. Il se révèle en effet souvent plus facile d'aimer les autres et de prendre soin d'eux que d'en faire autant pour soi-même. De ce fait, bien des femmes ne prennent pas le temps de s'occuper d'elles. Or, c'est tout aussi important pour son bien-être que se montrer généreuse et présente pour les autres.

Faire du shopping à son propre rythme constitue un autre exemple d'activité agréable et génératrice d'ocytocine. Tout ce qu'une femme accomplit par plaisir produira un effet similaire. En revanche, dès qu'une femme agit par devoir, cela renforce sa conviction de manquer de temps et d'appuis.

Toute activité qu'une femme accomplit par plaisir et non par devoir lui fait du bien et l'incite à sécréter de l'ocytocine.

Les femmes contrôlent leur stress en cherchant à établir des relations avec leur entourage. La plus grande source de stress pour elles serait la perte de ces liens (ou un taux d'ocytocine bas). Sans amour, une femme n'est pas heureuse.

Aimer, c'est se vouer totalement à la connexion établie avec une personne ou une activité. Quand nous aimons une personne, nous admettons qu'elle revêt à nos yeux une importance particulière.

Aimer un natif de Mars

Quand une femme aime un homme, elle commet couramment l'erreur de lui donner ce qu'elle-même souhaiterait recevoir. Certes, les hommes apprécient sans conteste qu'on prenne soin d'eux et qu'on les chouchoute. Gouvernés par leur testostérone, les Messieurs ont besoin aussi que leur compagne leur exprime son amour d'une manière qui stimule leur sécrétion de testostérone et de dopamine. Ce mode d'expression est présent dans le cœur d'une femme amoureuse, mais elle ne réalise pas l'importance que **l'appréciation**, **l'acceptation** et **la confiance** revêtent pour lui.

Un homme a besoin qu'on lui exprime son amour d'une manière qui stimule sa sécrétion de testostérone et de dopamine.

Ces trois manifestations de tendresse favorisent la production de testostérone chez l'homme. Grâce à elles, sa compagne reconnaît qu'il est et sera capable de la protéger et de la servir. Elle admet implicitement qu'avec son appui elle possède, ou possédera ce qu'elle désire le plus au monde. Cette réponse entretient la flamme du désir masculin de servir et de protéger. À mesure que le taux de testostérone de son Martien grimpe, son niveau de stress diminue.

L'appréciation, l'acceptation et la confiance favorisent la production de testostérone chez l'homme.

La sérotonine permet au cerveau de reconnaître ce qu'il a, pourrait avoir et aura. Lorsque son taux s'inscrit dans une zone normale, on éprouve une impression de contentement, de réconfort et de paix. La plupart des états dépressifs relèvent d'une sensation de manque – ce que je n'ai pas, ne peux pas avoir ou n'aurai jamais. Le sentiment positif de posséder quelque chose est indispensable pour qu'une femme ressente l'acceptation, l'appréciation et la confiance qui épauleront au mieux son partenaire. Non seulement elle se sent protégée, aimée et soutenue, mais cela indique un taux de sérotonine en hausse.

La dépression est liée à une impression de manque : « Je n'ai pas, ne peux pas avoir ou n'aurai jamais. »

Avec un taux de sérotonine normal, nous sommes satisfaits de ce que nous avons, réconfortés par la perspective de ce que nous pouvons obtenir, et optimistes quant à ce que nous recevrons en partage. Cela permet aux femmes de donner aux hommes l'amour auquel ils aspirent le plus. Celui-ci s'exprime des façons suivantes :

– être content de ce qu'on *possède* induit un sentiment d'appréciation. Quand une femme apprécie ce qu'elle reçoit, cela incite son compagnon à continuer à le lui donner ;

– se sentir conforté par ce qu'on *peut avoir* induit un sentiment d'acceptation. Lorsqu'une femme accepte ce que son conjoint lui apporte (sans chercher à le changer ou à l'améliorer), l'homme reçoit en abondance ce dont il a le plus besoin. Cette acceptation le pousse à tirer les leçons de ses erreurs et à être plus généreux ;

– être optimiste sur ce que l'on *aura* induit un sentiment de confiance. Quand une femme a confiance dans les intentions de son compagnon et pense qu'il lui apportera son appui, il en tire le soutien émotionnel qui lui est le plus nécessaire.

Les hommes rappellent toujours ce qu'ils ont fait parce qu'ils ont terriblement besoin de vérifier que vous les percevez bien comme quelqu'un sur qui vous pouvez compter et en qui vous pouvez placer votre confiance. Une femme en manque de sérotonine éprouvera des difficultés à accorder sa confiance. Elle aura tendance à être angoissée, et cela donnera à son compagnon l'impression qu'elle ne se fie pas vraiment à lui.

Les hommes rappellent toujours ce qu'ils ont fait parce qu'ils ont terriblement besoin de sentir qu'on leur fait confiance.

Bien souvent, une femme pense qu'elle manifeste sa confiance en ne demandant pas directement à son compagnon ce qu'elle désire. Et si elle espère plus, elle ne le dit pas non plus mais se sent déçue quand ses vœux secrets ne sont pas exaucés. Elle pense en son for intérieur que s'il l'aimait vraiment, il ferait ce qu'elle souhaite sans qu'elle ait besoin de le lui demander... Cela se produirait probablement si lui aussi venait de Vénus, seulement il vient de Mars et son esprit ne fonctionne pas de cette façon.

L'importance que votre conjoint vous accorde ne s'exprime pas par sa capacité à anticiper vos besoins, mais par son souci de faire de son mieux lorsque vous sollicitez son soutien. Bien entendu, il est merveilleux qu'il vous propose son appui sans que vous le lui ayez demandé ; mais s'il ne le fait pas, vous devrez toujours vous le rappeler : cela ne signifie pas qu'il ne vous aime pas ni qu'il tient moins à vous.

Quand votre conjoint ne vous apporte pas le soutien que vous espérez, exprimez clairement votre demande. Cela revient à exprimer votre confiance en lui. Demander l'aide de l'autre, c'est affirmer sa certitude qu'il est disponible pour vous protéger et vous servir d'une manière ou d'une autre.

Demander de l'aide peut être un moyen pour une femme d'exprimer sa confiance.

Si votre demande semble évidente mais qu'il ne vous propose pas son appui, c'est probablement qu'il n'a pas conscience du fait que celui-ci vous est nécessaire. Ainsi, l'autre jour, alors que Bonnie et moi quittions notre ranch, elle est arrivée les bras chargés d'objets qu'elle avait attrapés en se dirigeant vers la voiture. Je n'avais rien dans les mains, mais il ne m'est même pas venu à l'idée de lui proposer de l'aider à transporter ces objets. Les deux amis martiens qui nous accompagnaient ne se sont pas non plus proposés. Ce n'est pas que nous n'avions pas envie d'aider Bonnie : plongés dans notre discussion, nous n'y avions tout simplement pas songé. Quand elle nous a demandé un coup de main, nous lui avons tous prêté main-forte avec le sourire. Il s'agit certes là d'un détail, mais il revêt une importance capitale.

En résumé, amis martiens, dès que vous pouvez offrir une aide quelconque à une femme, faites-le. Et vous, amies vénusiennes, si vous avez envie d'une aide, demandez-la. Et même si vous pouvez vous débrouiller seule, le fait de solliciter son appui fait naître en votre compagnon des sentiments positifs.

Quand on demande de l'aide à un homme, cela stimule sa production de testostérone ; si on propose à une femme de l'aider, cela stimule sa production d'ocytocine.

Les femmes peuvent porter assistance à leur mari de quantité de façons. Mais quand elles lui donnent ce qu'elles-mêmes aimeraient recevoir, ce n'est pas le genre d'amour dont il rêve. Or, Mesdames, vous avez souvent tendance à prodiguer un amour producteur d'ocytocine en omettant celui qui stimule la testostérone. Voyez ces exemples :

– elle exprime un souci ou une inquiétude ; c'est pour elle une façon de lui dire qu'elle tient à lui, mais il en déduit qu'elle ne lui fait pas confiance ;

– elle le submerge de questions pour resserrer leurs liens et pour lui montrer combien elle se préoccupe de lui et le comprend ; pour lui, elle ne lui fait pas confiance et envisage probablement de l'aider à bon ou mauvais escient ;

– elle lui propose son aide alors qu'il ne lui a rien demandé ; il en déduit qu'elle ne le croit pas capable de se débrouiller seul.

Les femmes cherchent souvent des occasions d'aider un homme pour lui montrer combien il compte à leurs yeux. Mais proposer une aide sollicitée est souvent interprété comme un signe qu'elle n'apprécie pas la façon dont son compagnon se débrouille. Elle veut l'aider, lui voit son geste comme une tentative de lui faire la leçon ou de rectifier ses méthodes. C'est l'enfer pavé de bonnes intentions.

Sur Vénus, c'est de l'amour... mais pas sur Mars. Grâce aux conseils prodigués dans les différents ouvrages de la série « Mars et Vénus », une femme peut apprendre à manifester son amour d'une façon plus adaptée aux coutumes martiennes. De ce fait, elle donnera à l'homme ce qu'il désire et accroîtra simultanément sa propre production de sérotonine.

La testostérone est l'hormone du désir. Elle pousse à agir concrètement pour faire ce qui doit l'être. Tandis que l'amour reconnaît ce que nous avons, le désir reconnaît ce que nous avons à faire, à réaliser ou à accomplir. Lorsqu'un homme a l'impression que sa compagne apprécie, accepte et accueille avec confiance ses efforts pour l'aimer, cela lui insuffle l'envie d'être plus, de faire plus et d'obtenir plus. Les femmes suscitent chez les hommes le désir d'en vouloir plus.

Les femmes poussent les hommes à être plus, faire plus et posséder plus.

Pour réussir à aimer un homme, il faut apprendre à ignorer autant que possible ses erreurs et ses faiblesses pour applaudir ses succès. Ne cherchez pas à apprécier, accepter ou vous fier aux faiblesses et aux limites de votre conjoint. Ce ne serait pas honnête. Vous devez en revanche chercher à minimiser leur importance en vous concentrant sur ce que vous appréciez et acceptez, et sur ce qui éveille votre confiance dans ses activités. Une attitude empreinte de confiance, d'acceptation et d'appréciation rend une femme plus attirante aux yeux d'un homme. Cela l'incite à donner le meilleur de lui-même et l'aide à percevoir et à aimer le meilleur d'elle-même.

Les hommes sont comme des élastiques

L'ocytocine fait aussi du bien aux hommes, mais moins qu'aux femmes, surtout si sa sécrétion s'emballe. En effet, un excès d'ocytocine fait chuter le taux de testostérone. Et lorsque celui-ci baisse, le désir, la motivation et l'énergie en font autant. On le constate même de la manière la plus spectaculaire au moment de l'orgasme : les deux partenaires vivent un instant de fusion qui accroît de façon importante la production d'ocytocine. Il s'agit sans conteste d'une expérience vivifiante pour tous les deux. Une seule différence : cette fusion fait chuter le taux de testostérone et de dopamine de Monsieur... et l'étreinte achevée, il s'endort aussitôt.

Sa compagne en revanche se sent pleine d'énergie et rêve de prolonger le câlin. Dopée par l'ocytocine circulant dans son organisme, elle tire en outre avantage de la baisse de ses taux de testostérone et de dopamine. Ne l'oublions pas : les femmes se sentent dépassées par les événements quand leur taux de dopamine dépasse celui de sérotonine. La dopamine nous dit que nous avons quelque chose à faire, et la testostérone qu'il faut agir sans attendre. Une diminution du taux de ces hormones martiennes permet donc à Madame de se détendre pour mieux s'abandonner à son besoin d'amour et de proximité.

> **Après l'orgasme, la femme surfe sur une vague d'ocytocine et de contentement, et l'homme s'endort.**

Si l'homme n'affiche pas auparavant des taux de testostérone et de dopamine élevés, l'afflux d'ocytocine fera chuter sa testostérone et il ressentira brusquement les symptômes d'un déficit de dopamine. Dans le meilleur des cas, il éprouvera le besoin de prendre du champ, le temps de reconstituer ses stocks hormonaux. Cela explique la théorie de l'élastique que j'ai exposée dans mon livre *Les hommes viennent de Mars, les femmes viennent de Vénus*. Après qu'ils ont été très proches de leurs compagnes, les hommes ont besoin de prendre un peu de recul. Lorsqu'ils se sentent à une distance suffisante, le désir de se rapprocher de leur compagne les saisit et les ramène auprès d'elle comme sous l'effet d'un élastique tendu à l'extrême.

Après que les hommes ont été très proches de leurs compagnes, ils éprouvent le besoin de s'éloigner d'elles.

Quand un homme s'écarte, cela signifie qu'il est en quête d'espace et d'autonomie. S'éloigner ainsi stimule sa production de testostérone et de dopamine. Dès qu'un homme est seul et doit faire des choses par lui-même, le taux de ces hormones grimpe, tandis que celui d'ocytocine décroît. Quand la testostérone a atteint un certain niveau, il retrouve l'énergie, le désir et la confiance nécessaires pour protéger et servir l'autre. Il aspire à une relation de couple lui permettant de donner librement de lui-même tout en protégeant et soutenant sa compagne.

À mesure qu'un homme donne de sa personne et se rapproche de sa partenaire, son taux d'ocytocine remonte et celui de testostérone baisse progressivement. Arrivé à ce stade, il éprouve le besoin de s'écarter, de prendre du champ, avant de revenir auprès de celle qu'il aime. Une femme sachant cela ne se sent pas personnellement blessée si son mari se montre soudain plus distant. Quand il lui assure que le problème ne vient pas d'elle, mais de lui, il est sincère. Il a juste besoin de retrouver son équilibre hormonal.

Aimer une native de Vénus

Quand une femme réagit dans le sens du soin et du partage, son taux d'ocytocine grimpe. Prendre soin des autres, les aider au quotidien, pourrait être la devise des Vénusiennes. Voilà pourquoi les femmes en font souvent trop. Une femme stressée n'a pas le réflexe de se détendre et de se préoccuper d'elle-même ; au contraire, elle éprouve un besoin compulsif de donner plus encore. Cela accroît d'autant sa production d'ocytocine, laquelle stimule la production d'endorphines qui apaisent son stress. Mais l'amour à sens unique n'implique pas de partage : si elle a l'impression de ne pas recevoir en retour autant que ce qu'elle donne, son ocytocine chutera. Préserver le taux d'ocytocine de sa compagne est le secret d'une relation amoureuse harmonieuse avec une Vénusienne.

Au lieu de se détendre et de s'occuper d'elle-même, une femme très stressée ressent souvent le besoin compulsif de donner encore plus.

Dès qu'un homme maîtrise l'art de la réciproque et de rendre à sa compagne l'amour qu'elle lui donne, il détient le moyen de la rendre durablement heureuse. La psychologie insiste trop sur la nécessité pour les hommes de faire preuve de davantage de sensibilité et d'ouverture d'esprit dans leur relation de couple. En réalité, point n'est besoin de devenir une femme de substitution pour être en phase avec sa partenaire.

Les femmes n'ont pas besoin que leur compagnon se transforme en leur meilleure amie. Et même si elles croient le vouloir, une telle évolution n'est pas saine : cela ne tarderait pas à éteindre complètement les flammes de la passion. Ce sont nos différences qui nous attirent l'un vers l'autre, et le respect et l'appréciation de ces divergences entretiennent cette attirance.

Une femme n'a pas besoin que son compagnon se transforme en sa meilleure amie.

Comprendre les petites choses importantes aux yeux des femmes peut aider un homme à faire fonctionner son couple sans essayer de bouleverser sa nature profonde. De même, apprendre à répondre aux gestes de son compagnon permettra à Madame d'obtenir ce dont elle a besoin sans pour autant attendre de Monsieur qu'il change du tout au tout.

Les aspects purement masculins d'un homme contribuent en fait à l'équilibre hormonal féminin. Chaque fois qu'un homme utilise sa testostérone pour protéger et servir la femme qu'il aime, il stimule en elle la production d'ocytocine *et* de testostérone. C'est ainsi qu'une relation amoureuse empreinte d'amour et de compréhension apporte l'équilibre. Or un bon rapport testostérone-ocytocine porte notre sentiment de contentement à son comble. Toujours cette notion d'équilibre... Comprendre les spécificités féminines en termes d'hormones et de centres d'intérêt aide donc les hommes à réussir leur vie amoureuse.

Le bien-être d'une femme est étroitement lié à son niveau d'ocytocine, et ce à plusieurs égards. Sans doute avez-vous déjà vu le visage d'une amie s'illuminer tandis qu'elle jouait avec un bébé ou un enfant. Cela ne la dérange pas de donner sans rien attendre en retour à ce nourrisson : elle le sait trop jeune pour lui rendre la pareille. Un bébé incarne la vulnérabilité et la dépendance. L'éclat qui adoucit le regard de votre amie résulte de la montée de son taux d'ocytocine. Vous observerez un phénomène semblable lorsqu'elle déguste du chocolat, reçoit un compliment ou encore se fait masser. Qu'ont en commun ces activités ? Toutes stimulent la production d'ocytocine dans l'organisme. Le chocolat apporte de la sérotonine, mais la sécrétion accrue de cette hormone entraîne celle d'un surplus d'ocytocine. Un câlin ou un massage stimule directement la production d'ocytocine en agissant sur la peau de la patiente et sur la couche adipeuse sous-cutanée. Nous parlons ici de massages et de gestes affectueux mais dépourvus de connotation sexuelle. Une femme a besoin d'avoir des contacts physiques plusieurs fois par jour.

Un câlin ou un massage stimule directement la production d'ocytocine.

Recevoir un compliment augmente le taux de sérotonine et, par conséquent, celui d'ocytocine. Dès que quelqu'un se montre tendre ou amical envers une femme, elle éprouve le désir de lui rendre la pareille. Ces petits gestes d'affection la libèrent : la perspective de recevoir en retour un appui chaleureux et amical lui permet de donner libre cours à ses pulsions de tendresse. La production grandissante d'ocytocine fait affluer dans son cerveau les endorphines du bien-être, qui permettent de minimiser les conséquences du stress.

L'ocytocine joue un rôle important dans la physiologie masculine, mais beaucoup moins que dans celle des femmes. Voici quelques exemples d'activités stimulant la production d'ocytocine et auxquelles les hommes sont en général peu enclins :

– le visage des hommes ne s'illumine généralement pas à la vue d'un bébé ;

– les hommes ne s'enlacent habituellement pas après une réunion de travail ; ils préfèrent plaisanter et se congratuler mutuellement ;

– les hommes se complimentent rarement l'un l'autre sur leur tenue de sport. Un homme ne remarque pas que son coéquipier a fait l'acquisition d'un short assorti à ses chaussures neuves...

– les hommes ne remarquent généralement pas qu'un de leurs amis s'est fait couper les cheveux. Ces dames, elles, le voient aussitôt ; elles ont tendance à se vexer si vous ne les complimentez pas sur leur nouvelle coiffure ;

– les hommes ne s'enthousiasment habituellement pas à la perspective d'acheter des cadeaux à l'avance, de les emballer, de dénicher des cartes de vœux ; ils ne verraient, pour la plupart, guère d'inconvénient à ce que la Saint-Valentin ne se produise pas tous les ans !

– les hommes ne s'intéressent en général pas trop à l'organisation d'un mariage, surtout pas aux détails ;

– les hommes proposent rarement de préparer des gâteaux pour la fête de l'école des enfants ;

– en général, les hommes ne se montrent pas blessés si un vieil ami n'ayant pas donné signe de vie depuis dix ans se manifeste sans crier gare ;

– les hommes ne proposent pas d'aider leurs amis à transporter leurs paquets, excepté si ceux-ci le leur demandent.

On pourrait prolonger cette liste à l'infini. L'ocytocine tendant à faire baisser le taux de testostérone, les hommes attachent moins d'importance à de telles activités. Et s'ils ne se montrent pas aussi prompts à chouchouter l'autre ou à partager ses soucis, cela ne signifie pas qu'ils ne tiennent pas à leur partenaire, mais simplement qu'ils font appel à d'autres stimuli pour gérer au mieux leur stress.

Un mâle gagne en énergie dès qu'il résout des problèmes, gagne de l'argent, réussit, prend des risques, affronte un danger, se voit féliciter, a raison, fournit la bonne réponse, connaît le chemin à suivre, fait des choses par lui-même, possède un talent ou un savoir spécifique, prend ses propres décisions, apporte la preuve de son efficacité, va au fond des choses, agit pour sauver les autres ou changer le cours des choses, regarde un film d'action ou une rencontre sportive, compte les points, participe à une compétition ou regarde des images érotiques du sexe opposé.

Toutes ces activités ont pour dénominateur commun de favoriser la sécrétion de testostérone. Il arrive aussi aux femmes de les pratiquer, mais pour elles cela se révèle plutôt générateur de stress, notamment parce que cela fait chuter leur taux d'ocytocine. Chez les hommes dotés d'un taux de dopamine normal, ces activités apaisent le stress. Tout comportement augmentant la sécrétion de testostérone se traduit en effet par un surcroît d'énergie et la libération d'endorphines dans le cerveau.

Équilibre des hormones

Il faut un effort délibéré pour que notre comportement permette de maintenir à la fois nos taux d'ocytocine et de testostérone. Faire l'amour constitue le meilleur exemple d'équilibrage de ces hormones complémentaires. Si un homme suit son instinct fondamental, gouverné par la testostérone, l'acte tout entier ne prendra guère plus de cinq minutes. Il équilibrera ses sécrétions hormonales en consacrant plus de temps aux préliminaires – vingt à trente minutes au lieu de trois à cinq minutes. En bridant délibérément sa fougue pour satisfaire les besoins de sa compagne, il fait preuve de considération (ocytocine) tout en restant concentré sur son objectif ultime (testostérone).

Dans le monde du travail, il se révèle beaucoup plus délicat de trouver une attitude préservant l'équilibre hormonal. Quelques exemples :

– il est difficile de se montrer coopératif (ocytocine) tout en conservant son esprit de compétition (testostérone) ;

– il est difficile de travailler en équipe (ocytocine) quand on éprouve le besoin de faire quelque chose seul (testostérone) ;

– il se révèle presque impossible d'être à l'écoute d'une personne et de ses sentiments (ocytocine) quand on a un délai à tenir et qu'il faut trouver une solution immédiate (testostérone).

Malgré toutes ces difficultés, mieux nous maintenons l'équilibre dans les divers secteurs de notre existence, plus nous gagnons en santé et en bonheur. J'ai étudié ces défis plus en détail dans mon livre *Mars et Vénus au bureau*. Il est plus facile de trouver son équilibre dans le cadre d'une relation de couple. En effet, si l'on ne choisit pas toujours soi-même les personnes avec lesquelles on travaille, on choisit celle avec qui on passe sa vie.

Il s'agit là d'un équilibre essentiel puisque la testostérone et l'ocytocine agissent de manière complémentaire ; quand l'une augmente, l'autre chute. Une femme bénéficiant d'un taux normal de sérotonine éprouve plus de facilité à préserver cet équilibre. Si elle se sent confortée, satisfaite et optimiste (sérotonine en hausse), les comportements générateurs de testostérone ne suffiront pas à neutraliser ses sentiments et comportements affectueux commandés par l'ocytocine.

La testostérone et l'ocytocine sont complémentaires : quand l'une augmente, l'autre baisse.

Le même raisonnement s'applique aux hommes. Avec un taux de dopamine normal, un comportement générateur d'ocytocine ne suffit pas à contrecarrer l'effet de ceux favorisant la production de testostérone. L'homme se révèle capable de faire preuve de patience et de considération sans pour autant renoncer à en venir au fait. Il peut donner de lui-même librement tout en pensant à ce qu'il souhaite obtenir en guise de récompense.

Quand un homme fait l'amour avec une femme qu'il aime profondément (beaucoup de sérotonine et d'ocytocine), on observe une chute de testostérone plus forte et susceptible de durer plusieurs jours. Moins il tient à elle, moins cette hormone baisse ; en l'absence de tout sentiment, elle peut même augmenter. On observe cela clairement chez les athlètes. Faire l'amour avec une personne aimée réduit nettement leur combativité le lendemain. Voilà pourquoi les entraîneurs demandent à leurs poulains d'éviter les relations sexuelles juste avant un match. En revanche, les athlètes célibataires assurent que les galipettes la veille d'une rencontre les rendent encore plus énergiques et agressifs sur le terrain. Tout dépend en somme de la nature de la relation entretenue avec la partenaire – ou, en termes biochimiques, de l'importance de l'afflux d'ocytocine et de sérotonine. Quand l'ocytocine reste basse, la dopamine et la testostérone peuvent demeurer élevés.

Les athlètes célibataires affirment que les galipettes la veille d'un match stimulent leur testostérone.

Toute la difficulté d'une relation de couple réside dans la nécessité de conserver un équilibre des neurotransmetteurs, afin que les taux hormonaux ne chutent pas. Une alimentation appropriée, favorisant la production de dopamine pour les hommes et celle de sérotonine pour les femmes, facilite grandement les choses. Apprendre à donner et à recevoir l'appui émotionnel nécessaire pour stimuler la production de ces hormones se révèle également essentiel.

J'organisais autrefois des séminaires de trois jours, et même d'une semaine, pour créer une atmosphère sécurisante et chaleureuse propre à permettre aux patientes et aux patients de régler leurs problèmes émotionnels le plus profondément ancrés. Leurs larmes séchées, les participants éprouvaient une soudaine exaltation : toutes ces explorations, et tout ce partage se traduisaient par un afflux d'ocytocine et d'endorphines.

Les patients de sexe masculin produisaient tout autant d'endorphines que les femmes. En effet, le cerveau d'un homme le récompense aussi lorsqu'il sécrète plus d'ocytocine. Mais, si rien ne vient soutenir sa production de testostérone, il ne tarde pas à voir son sentiment de bien-être se dissiper. Comme une hausse du taux d'ocytocine tend à faire chuter le taux de testostérone chez l'homme, si son quotidien ne stimule pas suffisamment sa production de cette hormone, le niveau de celle-ci chute et son cerveau libère des enzymes capables de dissoudre les endorphines.

Si le sujet manque de dopamine, comme la plupart de ses congénères, il est encore plus vulnérable à cette chute de testostérones et l'exaltation liée à un afflux d'ocytocine laisse rapidement place à un état d'abattement. Dans mes séminaires, j'ai appris que pour aider les hommes à préserver leur bien-être, il me fallait contrebalancer les exercices favorisant la production d'ocytocine par d'autres favorisant celle de testostérone.

Accroître le taux d'ocytocine tend à faire chuter celui de testostérone ; or, le bien-être d'un homme décroît avec sa testostérone.

Le même raisonnement s'applique aux femmes, mais à rebours. Nos compagnes peuvent apprécier le rush d'endorphines résultant d'une activité professionnelle fortement génératrice de testostérone ou d'un programme d'exercice physique intensif ; mais si elles n'équilibrent pas ces activités par d'autres stimulant la production d'ocytocine, elles s'exposent à un atterrissage brutal. Qu'elles travaillent sur un chantier de construction ou s'occupent de leurs enfants dans le cadre de leur foyer, le simple fait d'être responsables du bien-être d'autres personnes stimule fortement leur production de testostérone et fait baisser celle d'ocytocine. Cette tendance s'accentue tout particulièrement chez celles occupant des postes à responsabilité ou ni suffisamment aidées. L'autonomie et le fait d'agir par soi-même stimule la dopamine et la testostérone, mais minimise la sécrétion d'ocytocine.

L'afflux de testostérone suscite une récompense cérébrale sous forme d'endorphines ; elle fait aussi baisser le taux d'ocytocine. Si une femme néglige les activités stimulant la production de cette hormone, le bien-être apporté par cet afflux de testostérone ne dure pas. Autant dire que la quête de l'équilibre hormonal est aussi cruciale pour les femmes que pour les hommes désireux de mener une existence saine et exempte de stress.

Une hausse de testostérone tend à faire baisser le taux d'ocytocine ; or, cette hormone commande le bien-être féminin.

En matière d'équilibre hormonal, voici la grande différence entre les femmes et les hommes : quand ces derniers manquent d'ocytocine, leur cerveau ne réduit pas leur production d'endorphines. La baisse de testostérone est la principale source de stress au sein de la gent masculine, tandis que celle de l'ocytocine représente la cause de stress numéro un chez les femmes. Cette différence incite les hommes à se réfugier dans leur travail et les femmes à accorder plus d'importance aux relations interpersonnelles.

La recherche moderne n'a pas encore pleinement exploré ce domaine ; mais dès que l'on apprend à reconnaître les symptômes mentaux et émotionnels de la sécrétion des différentes hormones et neurotransmetteurs, tout devient évident.

Mon illustration favorite de la baisse d'endorphines se produisant chez un homme, mais pas chez une femme, quand son taux de testostérone s'effondre est extraite d'un film célèbre.

Emprunter *la Route de Madison*

Un dimanche après-midi, j'ai emmené ma femme voir le film *La Route de Madison*. Sans conteste un film « pour filles ». En ma qualité d'expert en différences entre les sexes, je pensais que, dans la mesure où ce film était adapté d'un livre lu et apprécié par des millions de femmes, je me devais pour le moins d'aller le voir. Cela ferait en outre plaisir à mon épouse. Le cinéma était comble, mais je n'ai dénombré que trois mâles dans l'assistance. Quelques minutes après le générique de début, la salle a retenti du cliquetis des sacs que les spectatrices fouillaient à la recherche de Kleenex. Certaines essuyaient déjà des larmes à la seule perspective de scènes qui les feraient pleurer...

Je fondais moi aussi de grands espoirs sur le film. Après tout, Clint Eastwood incarne l'archétype du Martien. Ce héros de films d'action n'allait sûrement pas trahir ses frères mâles. Cinq minutes à peine après le début de la projection, j'ai commencé à bâiller. Je n'éprouvais pourtant aucune lassitude avant d'entrer dans la salle. Mais ce film basé sur les dialogues et presque dépourvu d'action m'épuisait. Mes paupières s'alourdissaient de minute en minute. En regardant autour de moi, j'ai pu constater que mes voisines ne partageaient pas mon ennui. Toutes semblaient parfaitement attentives. En fait, elles ressemblaient à des hommes en train de regarder un film d'action.

Le simple fait de regarder un film dépourvu d'action peut épuiser un homme.

Ces dames ne partageaient manifestement pas mon opinion. À leurs yeux, il se passait mille choses à l'écran. Elles se demandaient certainement ce que Clint Eastwood allait dire, comment sa partenaire Meryl Streep allait réagir, ce qu'elle pensait, ce que lui pensait, ce que le mari de Meryl pensait, ce qu'elle éprouvait pour son mari, si elle quitterait son mari, si Clint resterait auprès d'elle, s'il finirait par se ranger, quelles étaient les peurs de l'héroïne, si le héros redoutait l'intimité, si elle pouvait vivre avec son cœur brisé, à quoi sa vie avait ressemblé jusqu'à cet instant, à quoi elle ressemblerait s'il repartait, ce qu'il adviendrait de son mariage si elle embrassait Clint, s'il avait envie de l'embrasser, s'il prendrait l'initiative ou si elle ferait le premier pas... Que de suspense, d'excitation, dans le développement de l'intrigue ! J'ai ensuite cherché dans la salle les deux seuls autres spectateurs de sexe masculin ; eux aussi s'endormaient.

Les Vénusiennes adoraient le spectacle, mais aux yeux des Martiens il ne se passait rien ! Plus tard, alors que je luttais pour garder les yeux ouverts, j'ai soudain trouvé mon second souffle, comme si je venais de manger une glace ou d'avaler une tasse de café. Mon énergie renaissait. Par quel miracle ? Eh bien, parce qu'il s'était enfin passé quelque chose dans le film ! Clint était monté dans son camion et avait pris la route du fameux pont de Madison. Mais quand j'ai vu qu'il ne se produisait rien de particulier là-bas, ma fatigue n'a pas tardé à ressurgir.

Lorsque j'ai évoqué cette anecdote dans le cadre d'un de mes séminaires, un participant m'a confié avoir vécu une expérience similaire. Lui aussi avait retrouvé un peu d'énergie quand Clint avait pris le volant. « Seulement, a-t-il ajouté, quand il est arrivé devant le pont, il ne l'a même pas fait sauter ! Et je me suis remis à bâiller. »

Nous avons éclaté de rire : j'étais d'accord à cent pour cent.

À la fin du film, Clint Eastwood remonte dans son camion et s'éloigne en direction du couchant. Tandis que je m'efforçais tant bien que mal de me réveiller, mes voisines échangeaient des mouchoirs en papier. Le visage de ma femme resplendissait sous l'action de l'ocytocine. De mon côté, je le savais : dès que je quitterais le cinéma, ma testostérone remonterait. Entre l'éclat illuminant les traits de Bonnie et la montée de testostérone dans mon organisme, nous nous préparions une très agréable soirée...

Dormir devant *La Route de Madison* offre un excellent exemple de la perte de vitalité qu'un homme, mais pas une femme, ressent lorsque ses taux d'ocytocine et de sérotonine montent et que celui de testostérone baisse. Les films d'action stimulent notre production de dopamine et de testostérone, tandis que le fait de parler, de prendre soin d'autrui et de partager une émotion cinématographique commune stimule celle de sérotonine et d'ocytocine chez les femmes. Les films cumulant ces deux types d'éléments drainent les spectateurs des deux sexes.

Un homme affichant un taux de testostérone plus élevé peut suivre jusqu'au bout *La Route de Madison*. Aujourd'hui, j'ai retrouvé des niveaux de dopamine et de testostérone plus stables : je puis sans peine emprunter cette route et en apprécier chaque instant.

Besoin de s'asseoir pendant un après-midi de shopping

Un autre exemple de l'énergie que les femmes retirent d'un afflux d'ocytocine avec un taux relativement bas de testostérone – sur les hommes, l'effet produit est tout autre – me vient de ma propre expérience du shopping. Quand un homme va faire des achats, c'est dans un but précis : s'il cherche un pantalon, il s'efforce d'en trouver un qui convienne le plus rapidement possible. Et quand il part acheter un pantalon, il n'envisage même pas de prendre aussi une chemise assortie ou des chaussures. Cette approche empreinte de concentration stimule efficacement la production de testostérone. Nos compagnes en revanche, même quand elles partent faire les magasins avec un objectif prédéfini, ne dédaignent nullement les autres articles rencontrés en chemin. Elles explorent les boutiques, y découvrent des modes et idées nouvelles, et en profitent pour faire des emplettes pour leurs proches.

Sauf circonstances exceptionnelles, ma femme se détend en faisant du shopping. Les pensées empreintes de tendresse et de partage que cette activité suscite en elle déclenchent un sain afflux d'ocytocine, lequel accroît son degré de relaxation. Si je l'accompagne, je n'en peux plus au bout de vingt minutes, tandis qu'elle reste en pleine forme. Je me sens éreinté. Et je m'écroule sur un siège pendant qu'elle essaie des robes.

Au terme d'une vingtaine minutes de shopping avec une femme, l'homme frôle l'épuisement... et la femme a les yeux brillants d'excitation.

On remarque d'ailleurs que les magasins pour femmes disposent en général de fauteuils destinés aux maris, tandis que les magasins pour hommes n'en prévoient pas pour leurs accompagnatrices. Les femmes n'éprouvent pas le besoin de s'asseoir pendant que leur mari essaie des vêtements. Le simple fait d'imaginer que Monsieur va porter quelque chose de nouveau stimule leur énergie et accroît leur bien-être.

En clair, acheter, en particulier pour les autres, fait sécréter de l'ocytocine. Un homme accompagnant sa femme s'épuise rapidement, car la baisse de testostérone qui s'ensuit se traduit chez lui par une baisse d'endorphines. Mais une femme accompagnant son partenaire pour faire les boutiques ne se fatigue pas. Son taux d'ocytocine en hausse est en effet « récompensé » par une sécrétion d'endorphines, tandis que la baisse de son taux de testostérone n'entame pas son exaltation.

Ocytocine et amour durable

Une atmosphère romantique favorise sans conteste le rééquilibrage des hormones, car l'ocytocine recèle la clé d'un amour durable au sein de la gent féminine. Chez les femmes, stress et humeur folâtre font en effet mauvais ménage. Là encore, Martiens et Vénusiennes affichent des réactions opposées : les hommes peuvent recourir à une intimité physique pour réduire leur stress, tandis que les femmes n'éprouvent de désir qu'une fois leur stress apaisé. De même, un homme n'a pas nécessairement besoin d'éprouver de l'amour pour se sentir attiré par une femme et pour la désirer. Ce « plus » rend certainement l'expérience plus mémorable, mais il n'est pas indispensable. Chez les femmes en revanche, l'ocytocine, hormone de l'amour, constitue la base de toute relation sérieuse.

Pour que la romance perdure, une femme a besoin de se sentir unique. Il ne lui suffit pas de savoir que, dans un contexte de véritable urgence, son compagnon risquerait sa vie pour la sauver. Il doit lui faire sentir chaque jour, dans les circonstances les plus ordinaires de leur existence, à quel point elle compte pour lui. Pour aider un homme à se concentrer sur les mesures à prendre pour combler ce besoin vénusien primordial, j'invite mes lecteurs à se replonger dans mon livre *Les hommes viennent de Mars, les femmes viennent de Vénus*, qui s'est plus longuement étendu sur la question – même s'ils l'ont déjà lu. Lorsque vous aurez assimilé les idées nouvelles exposées dans ces pages, la moindre phrase de *Les hommes viennent de Mars, les femmes viennent de Vénus* prendra à vos yeux une signification nouvelle. Voici un rapide résumé de ce que j'avais dit sur l'amour dans cet ouvrage.

Une femme a besoin d'avoir l'assurance qu'elle occupe encore et toujours une place particulière dans le cœur de son compagnon. Au début d'une relation, les hommes mettent tout en œuvre pour faire comprendre à leur compagne à quel point elle compte pour eux. Mais une fois ce message efficacement communiqué, ils pensent souvent, à tort, n'avoir plus besoin de la rassurer sur ce point : c'est une grave erreur.

Au fil des ans, à travers les inévitables aléas inhérents à toute relation de couple, Madame a besoin que son partenaire la rassure et lui répète qu'après tout ce temps il l'aime encore. Il ne lui suffit pas de savoir qu'il aime : il lui faut l'entendre exprimer ses sentiments. Le seul fait de lui dire « Je t'aime » déclenche en retour chez elle une sécrétion d'ocytocine. Son bien-être repose sur la répétition de ce processus plusieurs fois par jour. Aussi, Monsieur, il vous faut mettre votre esprit et votre corps à contribution, afin de lui démontrer que vous lui portez ces trois types d'amour :

1. vous tenez à elle ;
2. vous la comprenez ;
3. vous la respectez.

Voilà les trois clés du cœur d'une femme. La quatrième réside dans les petites attentions quotidiennes que vous lui prodiguez. Rappelez-vous : il vaut mieux multiplier les petits gestes que se limiter à une ou deux grandes démonstrations par semaine ou par mois. Pour faire vivre votre amour, montrez à votre compagne par de petits détails combien vous tenez à elle, la comprenez et la respectez.

Montrez-lui par de *petites* attentions combien vous tenez à elle, la comprenez et la respectez.

Dans l'esprit d'une femme, tous les actes d'amour revêtent une valeur égale. Vous lui offrez une douzaine de roses ? Vous récoltez un point. Mais si vous lui en donnez une seule, vous récoltez aussi un point. Pensez donc, au lieu de lui offrir une fois une douzaine de roses, à lui rapporter douze fois une rose. Faites le calcul. Parfaitement : vous obtenez douze points pour le prix d'un seul !

Comme le montre cet exemple, l'art d'entretenir l'amour passe par de petites attentions constantes. Sachez-le : chaque fois que vous pensez à vider la poubelle sans que votre compagne ait besoin de vous le rappeler, elle vous accorde automatiquement un bonus.

Attiser les feux de l'amour

Accomplir des gestes pour entretenir l'amour, c'est un peu comme bâtir un feu : impossible de le faire démarrer directement avec de grosses bûches. Il faut commencer par enflammer du papier et du petit bois ; alors seulement on peut ajouter les bûches. Au début d'une relation, on adopte tout naturellement une approche graduelle, mais après avoir placé dans l'âtre les grosses bûches que représentent l'engagement l'un envers l'autre, la fidélité et le mariage... on omet trop souvent ce rituel.

Quand on allume un feu, il faut d'abord mettre du petit bois. En amour, c'est pareil.

Pour entretenir la passion au sein de son couple, il importe de commencer chaque journée avec du papier et du petit bois. Voici quelques astuces pour maintenir le taux d'ocytocine d'une femme à son niveau optimal.

– Lorsque vous vous levez le matin, serrez-la dans vos bras. Quand vous quittez la maison pour partir au bureau, enlacez-la pour lui dire au revoir. À votre retour, le soir, allez la voir et embrassez-la. Enfin, serrez-la toujours contre votre cœur avant de vous coucher. À vos yeux, il s'agit peut-être de « petit bois », mais pour elle ces rituels sont tout aussi importants que les engagements sérieux.

Pour faire remonter son taux d'ocytocine, une femme peut aussi prendre l'initiative de telles étreintes, si son partenaire les oublie.

– Lui demander comment sa journée s'est passée est une façon de lui manifester votre intérêt pour elle et pour son bien-être. Même si les détails de son récit ne vous fascinent guère – vous êtes un homme après tout –, l'attention que vous lui portez constitue à ses yeux la preuve que vous vous préoccupez d'elle et de son bonheur. Pensez à vous contenter d'écouter quand elle évoque ses problèmes : elle ne vous demande pas de les résoudre.

Si son partenaire ne s'enquiert pas de sa journée, une femme avisée met d'elle-même la conversation sur ce sujet. Au lieu de poser des questions à son compagnon dans l'espoir qu'il lui rende la pareille, elle se lance tout simplement dans son récit.

– Proposez-lui votre aide dès que vous en avez l'occasion. Un homme faisant usage de ses muscles, de son temps et de son énergie devant sa femme afin de la protéger et de combler ses besoins stimule activement sa production de sérotonine et d'ocytocine.

– Quand vous rentrez du bureau, consacrez au moins vingt minutes trois fois par semaine à des moments privilégiés avec la femme de votre vie.

Essayez de vous remémorer deux ou trois détails de votre propre journée, afin de la faire participer à votre quotidien. Une femme souhaite voir son partenaire s'intéresser à ce qu'elle a fait, mais elle a aussi besoin de sentir qu'elle fait partie de sa vie.

Lorsque Monsieur rentre à la maison, veillez, Madame, à ce que votre première intervention ait une connotation positive. Si vous avez une plainte à exprimer, mieux vaut attendre un peu plus tard dans la soirée. Les premières impressions sont les plus marquantes.

– Veillez à la complimenter au moins une fois par jour. Plus souvent vous le ferez, mieux cela sera. Pensez à la complimenter sur sa nouvelle coupe de cheveux ; faites de même si elle porte un vêtement neuf ou juste d'un style inhabituel. Faites-lui comprendre que vous remarquez son allure et la trouvez belle.

– Dès que vous en avez l'occasion, établissez des contacts physiques affectueux dépourvus de connotation sexuelle. Cela maintient le flux d'ocytocine de votre partenaire.

Une femme n'a pas besoin d'attendre que son mari la touche, elle aussi peut se montrer affectueuse ; il appréciera et lui rendra la pareille.

Quand une femme ne reçoit pas suffisamment de stimuli au niveau de la sérotonine, elle rechigne de plus en plus à accomplir des efforts puisqu'elle ne reçoit à son sens pas suffisamment en retour. Si votre compagne a atteint le stade où elle n'a plus envie de donner, tâchez d'éviter les récriminations et essayez plutôt de lui parler dans sa propre langue. Occupez-vous d'elle : cela lui permet de se montrer à son tour généreuse sans se sentir en danger. À mesure que son taux de sérotonine augmente, elle retrouve la joie de donner.

Seuls au fond des bois

Une femme apprécie considérablement de trouver à son retour un homme attentif ; cela l'aide à évacuer le stress de la journée. Quand son taux d'ocytocine baisse par suite d'un excès d'activités génératrices de testostérone, l'apport en sérotonine et en ocytocine induit par une relation de couple empreinte d'amour et de soutien l'aide énormément. L'anti-stress le plus puissant pour une femme est en effet l'amour, au sens large du terme. D'un point de vue féminin, un homme qui débarrasse la table après le dîner agit de façon romantique. Tous ces petits témoignages d'attention constituent le petit bois permettant d'allumer la flambée de l'amour.

Certes, les gestes quotidiens sont indispensables pour que le feu s'embrase ; mais sans grosses bûches, il ne tarderait pas à s'éteindre. Dans l'exemple décrit ci-après, dîners romantiques et week-ends en amoureux figurent ces grosses bûches essentielles à l'entretien de la flamme.

Lors d'un dîner aux chandelles, l'homme protège et sert sa compagne d'une manière qui lui fait comprendre quelle place unique elle occupe dans son cœur et l'incite à penser que ses besoins seront comblés. Cette certitude stimule sa sécrétion de sérotonine. Elle ne craint plus de donner d'elle-même, ce qui fait grimper à son tour son taux d'ocytocine. Cette donne hormonale lui permet de s'embraser de passion.

Son corps répond aux sollicitations de son compagnon avec une confiance grandissante. Même si elle l'apprécie déjà, l'accepte et lui fait confiance intellectuellement, cette stimulation des hormones liées aux sentiments change tout. Pendant ces instants rares, prenez en charge les activités génératrices de dopamine et de testostérone et laissez à votre compagne celles qui favorisent la production de sérotonine et d'ocytocine. L'exemple suivant illustre la marche à suivre.

Imaginez, Madame, que votre amant vous emmène en escapade romantique au cœur des bois. Vous logez dans une cabane en rondins en pleine nature. Lorsque le soleil se couche, les environs sont très sombres, calmes et paisibles. Le feu crépite dans l'âtre et tous les éléments sont en place pour une soirée romantique. C'est alors que vous entendez tous deux un bruit... toujours un peu effrayant quand on se trouve loin de tout. S'agit-il d'un ours en furie ? D'un rôdeur ? Le bruit retentit de nouveau, mais cette fois un peu plus près. Vous prenez conscience du fait que l'un de vous va devoir sortir voir ce qui se passe.

Imaginez que Monsieur dise : « Chérie, j'ai peur. Tu veux bien aller voir ce qui fait ce bruit ? Je reste à côté du téléphone et j'appellerai les secours si tu cries ou si tu ne reviens pas. »

Madame sort donc voir ce qui se passe. Il s'agit juste d'un raton laveur qui fouille les poubelles. Quand elle revient et le rassure, il s'exclame : « Merci beaucoup d'être sortie dans le noir pour regarder. J'ai encore un peu peur. Tu veux bien me prendre dans tes bras pendant un moment ? »

Tandis qu'elle le tient dans ses bras, elle sent monter en elle des sentiments protecteurs (Mars) et maternels (Vénus). Son organisme a libéré une dose conséquente de testostérone et d'ocytocine, mais son taux de sérotonine est bas car elle n'a pas l'impression qu'elle pourra compter sur son partenaire en cas de danger. Prendre le risque de sortir seule a fait grimper son taux de dopamine et baisser celui de sérotonine. Sera-t-elle d'humeur romantique cette nuit ? Je ne le pense pas. Aimante et tendre certainement, mais pas passionnée.

Retournons à présent la situation. Un bruit retentit au-dehors et Madame prend la parole : « Chéri, j'ai peur. Tu veux bien sortir voir ce qui fait ce raffut ? Je reste à côté du téléphone et j'appelle les secours si tu tardes à revenir. » Son mari sort voir ce qui se passe et trouve un inoffensif raton laveur fouillant les poubelles. S'il est malin, il restera à l'extérieur un peu plus longtemps que nécessaire, histoire d'accroître le suspense. Quand il rentrera et expliquera que tout va bien, sa compagne l'accueillera avec gratitude : « Merci d'être allé vérifier. J'ai encore un peu peur. Tu veux bien me prendre dans tes bras ? »

À présent, c'est lui qui la tient entre ses bras. Que pensez-vous qu'il va se passer cette nuit-là ? Eh bien, ce couple s'est assuré une des soirées les plus romantiques de son existence.

Pourquoi cela ? À cause des hormones romantiques produites au cours de cette brève scène. En sortant dans la nuit pour protéger et servir sa compagne, Monsieur a fait grimper en flèche ses taux de testostérone et de dopamine. Risquer ainsi sa vie pour elle stimule la dopamine (énergie, force et plaisir). De son côté, en sécurité entre les bras de son compagnon, assurée de pouvoir s'appuyer sur lui, Madame ressent les effets d'un afflux de sérotonine. La confiance et le confort qui en résultent lui permettent de se donner plus complètement à lui. Son taux d'ocytocine grimpe et son cœur s'ouvre plus encore.

Ajoutons à présent un nouvel élément au scénario. Disons que Monsieur a un pied cassé et ne peut pas sortir. Savoir qu'il le ferait s'il le pouvait suffit à stimuler sa testostérone et la sérotonine de sa compagne (sauf évidemment s'il lui demande de le tenir dans ses bras quand elle revient de sa ronde d'inspection). Si à son retour, elle tremble encore, qu'il l'écoute raconter son aventure et l'enlace, les bonnes hormones seront stimulées. Dans ce cas de figure, elle sent qu'il est là et fait de son mieux pour l'aider. Elle peut compter sur lui

Entretenir le brasier de la passion

Pour entretenir les flammes de la passion à la fois en lui et chez sa partenaire, un homme doit prendre les choses en main et s'assurer que sa partenaire reçoit ce dont elle a besoin. S'il omet pour un temps de se charger de cette tâche, sa compagne ne doit pas attendre que la mémoire lui revienne. Elle doit prendre ses responsabilités, tout comme elle le ferait au travail, mais uniquement le temps de déléguer celles-ci à son compagnon. Cela signifie qu'elle doit lui demander d'accomplir une tâche et de la mener à bien. Lorsqu'elle exprime sa requête, elle doit se montrer précise. Si vous vous contentez de vous plaindre de n'être pas heureuse ou du manque de romantisme de votre chéri, cela ne fonctionnera pas. Au lieu de dire « Fais-moi juste une surprise romantique », précisez votre pensée aussi succinctement que possible. Par exemple, vous pouvez dire : « Partons donc le week-end prochain. Je serai libre comme l'air et j'ai vu sur ton calendrier que tu n'avais pas grand-chose de prévu. J'aimerais bien aller déjeuner à l'Auberge du Soleil. Nous pourrions y passer le week-end, cette fois. Nous y dînerions le premier soir et sortirions en ville le lendemain. Tu veux bien t'occuper des réservations ? »

Formuler ainsi une demande spécifique aide un homme à se motiver. Les messieurs aussi ont besoin de petit bois. En exprimant vos souhaits en termes précis et positifs, vous contribuerez à instaurer un climat de tendresse durable.

Les femmes modernes ont soif de romance, car leurs activités professionnelles génératrices de testostérone font chuter leur taux d'hormones vénusiennes. L'amour et tout ce qui s'y apparente accroît les taux de sérotonine et d'ocytocine. Cela explique que, pour contrebalancer les stress de leur vie professionnelle et personnelle, les femmes recourent couramment à la lecture de romans d'amour, de livres de conseils, de magazines de mode, de revues consacrées aux célébrités, à la consommation d'aliments compensateurs comme les frites, les desserts ou le chocolat, ou encore aux émissions de télévision. Tout ce qui touche à l'amour, aux relations de couple, aux parents, aux enfants, à la maison, au mariage, aux régimes amincissants, à la nourriture, aux restaurants, aux recettes de cuisine, au jardinage, à la communication, au shopping, au maquillage et à la mode stimule la sérotonine et l'ocytocine.

Avant tout, les femmes sont en quête d'amour. Or, il arrive couramment que les hommes pensent à tort que si une femme est capable de s'assumer seule, cela signifie qu'elle n'a pas besoin d'eux. Une fois au fait du besoin de romantisme du beau sexe, ils comprendront qu'ils sont au contraire seuls en mesure de combler ses aspirations. Leur chère et tendre a beaucoup plus besoin d'eux qu'ils ne le pensent. En fait, elle a un gros problème dont ils représentent la solution. Les femmes ont besoin des hommes ; elles désirent leur présence dans leur vie.

Les hommes se montrent moins romantiques parce qu'ils ne savent pas ce que cela signifie. L'amour ne tient pas une place aussi primordiale sur Mars que sur Vénus. Il arrive que nous nous plaignions d'appétits sexuels insatisfaits, mais nous pensons rarement manquer d'amour. Les sentiments constituent le principal facteur de stimulation de la sérotonine et de l'ocytocine. Or, les hommes ne cherchent pas à produire ces hormones. Le sexe est une tout autre affaire. Il préoccupe les hommes, car il leur permet de produire de la testostérone de la dopamine et, par-là, des endorphines.

Si chacun prend le temps de connaître ses besoins émotionnels différents et veille à nourrir et à entretenir son corps de façon adéquate, les femmes comme les hommes pourront voir leurs rêves se réaliser. Mais si nous continuons à vivre dans l'ignorance, rien ne pourra changer. Même si nous avons pris le temps d'étudier et de nous éduquer, il nous faut un programme de régime et d'exercice, afin de mettre en œuvre tout ce que nous avons appris. Le moment est venu d'introduire quelques changements dans notre existence. À présent que nous maîtrisons l'art de gérer notre stress grâce à une amélioration de nos relations avec les autres, nous sommes prêts à nous pencher avec plus d'attention sur l'art de procurer à notre organisme et à notre cerveau les ingrédients de base nécessaire pour sécréter les bonnes hormones et les bons neurotransmetteurs. *Mars et Vénus au régime* vous permettra de commencer dès maintenant à poser les bases d'une chimie cérébrale propre à vous apporter la santé, le bonheur et l'amour.

8
Dites adieu aux régimes

Afin d'apprendre comment complémenter votre alimentation de manière à équilibrer votre chimie cérébrale, il faut tout d'abord comprendre pourquoi les régimes ne fonctionnent pas. En tournant le dos à ces derniers, vous poserez les fondations d'une chimie cérébrale propre à améliorer vos relations de couple et à accroître votre santé et votre bonheur. Bonus supplémentaire : si vous avez des kilos superflus, vous observerez une perte de poids immédiate.

Les régimes amincissants exigent souvent que l'on mange moins, et ils échouent la plupart du temps. Ils ne peuvent fonctionner, car tout dans l'existence est affaire d'équilibre. Ce qui monte redescendra inévitablement, et manger moins conduit inévitablement à manger plus. C'est aussi simple que cela. En outre, non seulement manger plus entraînera une prise de poids chez certains mais, facteur plus important encore, cela inhibera la production des neurotransmetteurs nécessaires à votre bien-être.

À court terme, nous sommes tous capables par un effort de volonté de nous priver des mets que nous aimons, mais plus tard, gare au retour de bâton... Vous éprouverez l'envie irrésistible de trop manger. Même les sujets puissamment motivés par des raisons de santé devront en permanence lutter contre leur appétence pour les aliments qui leur sont déconseillés. Ce n'est pas une vie ! Et pourtant, plusieurs études indiquent que ce combat est le lot quotidien de presque toutes les femmes.

Les protocoles amincissants basés sur la volonté se révèlent extrêmement difficiles à suivre. Faire preuve de volonté dans le cadre d'un régime s'apparente à soulever un poids trop lourd. Tôt ou tard, vous aurez besoin de vous reposer, et votre régime partira à vau l'eau. Un programme alimentaire durable doit être facile à suivre *et* satisfaire vos papilles.

Faire preuve de volonté dans le cadre d'un régime ressemble à porter en permanence un poids trop lourd.

Mars et Vénus au régime vous propose d'oublier privations et efforts de volonté. Il vous suffira de suivre ce protocole pendant une courte période pour retrouver une chimie cérébrale saine, tout en mangeant ce que vous voulez, dans les quantités que vous souhaitez.

Où est le vice caché ? vous demandez-vous sans doute.

Eh bien, il n'y en a pas. Tout repose sur le fait que vos désirs vont évoluer. Avec une alimentation favorisant l'équilibre chimique du cerveau, les mets sains prennent une saveur plus agréable ; et lorsque les cellules sont correctement nourries, on n'éprouve plus le besoin de se suralimenter. En neuf jours seulement, vous verrez votre appétit et vos goûts alimentaires changer.

Vous verrez vos envies alimentaires changer en neuf jours, dès que votre cerveau retrouvera l'équilibre et que vos cellules cesseront de crier famine.

Trois lignes directrices

Le Régime Mars et Vénus fonctionne, car ses trois préceptes de base sont faciles à suivre. Tout le monde peut s'y plier et le faire durablement. Si vous l'essayez deux semaines durant, vous ne voudrez plus jamais l'abandonner. Il repose sur trois lignes directrices essentielles.

1. Absorber au moins trois repas par jour. Les femmes, qui souffrent plus souvent que les hommes de problèmes liés à une chute du taux de sucre sanguin, ont besoin de trois repas et deux en-cas. Dans le Régime Mars et Vénus, manger moins n'équivaut pas à manger mieux, bien au contraire. Mieux vaut manger plus, en particulier de vos mets sains favoris. Lors de chaque repas, vous devrez absorber en proportions presque égales des calories provenant des trois principaux groupe de nutriments, les protéines, les glucides, et les graisses alimentaires. L'équilibre idéal pour votre cas individuel dépend de votre morphologie, de votre poids, de votre activité physique, de votre état mental et, surtout, de votre sexe. Vous trouverez des informations complètes sur ces points dans les chapitres 9, 10 et 11.

2. Suivre le programme Mars et Vénus de respiration et d'exercices pendant au moins dix à vingt minutes à votre réveil.

3. Remplacer votre petit déjeuner par une préparation pauvre en calories mais riche en nutriments. Vous trouverez tous les ingrédients nécessaires dans votre magasin de produits diététiques. Quand vous aurez retrouvé votre poids idéal, vous pourrez, si vous le souhaitez, ajouter occasionnellement un petit déjeuner normal à cette préparation matinale.

Voilà, c'est tout. Dans les cinq chapitres qui suivent, nous étudierons dans les moindres détails ce qu'il faut faire et pourquoi cela marche. Comprendre l'importance de chacune de ces étapes renforcera votre motivation ; lorsque vous saisirez les principes sur lesquels ce protocole se fonde, vous n'aurez qu'une envie, le suivre, car il vous paraîtra logique et vous penserez que manger ainsi *est* une bonne idée !

Trouver son équilibre nutritionnel

Tout dans notre existence et dans notre alimentation est affaire d'équilibre. Si vous limitez votre apport calorique et mangez moins que votre organisme n'en a besoin, vous tomberez tôt ou tard dans l'excès inverse en consommant plus de calories qu'il ne vous est nécessaire. C'est ce qu'on appelle communément le phénomène du yo-yo. On mange moins pour un temps... avant de succomber aux fringales et aux repas trop riches. Chaque fois que vous déséquilibrez ainsi votre alimentation, ce cycle se répète, et à chaque fois les hommes comme les femmes reprennent un peu plus de poids qu'ils n'en ont perdu. Sans le Régime Mars et Vénus, vous éprouverez des difficultés grandissantes pour retrouver votre poids idéal et vous y maintenir

Quand on se prive, on en vient toujours, tôt ou tard, à manger trop.

Même les protocoles nutritionnels sains ne fonctionnent pas en général, car les gens en mauvaise santé ne sont guère attirés par les plats sains. Quand on n'est pas au mieux de sa forme, seuls les plats malsains satisfont les papilles. Or, dès qu'on en absorbe, on a aussitôt envie d'en manger plus. Si, en revanche, vous donnez à votre organisme et à votre cerveau les nutriments dont ils ont besoin, vous verrez vos goûts évoluer. Et vous commencerez à apprécier le goût des « bons » aliments.

Un organisme en déséquilibre est attiré par des mets malsains.

C'est votre cerveau qui détermine ce que vous aimez. Prenons un aliment qui favorise la production de dopamine ; un homme qui manque de ce neurotransmetteur ne mettra que neuf jours pour commencer à l'apprécier davantage. Même chose pour un aliment qui stimule la sérotonine pour les femmes en manque de ce neurotransmetteur.

Les femmes et le chocolat

L'exemple du chocolat illustre à merveille ce processus. Au début de ses règles, le taux de sérotonine d'une femme chute et son humeur reflète cet effondrement hormonal. Elle éprouve alors d'intenses envies de chocolat, aliment magique qui produit un sursaut immédiat, quoique temporaire, de sérotonine !

La plupart des chocolats industriels regorgent de produits chimiques et d'additifs et ne se révèlent guère nutritifs, à l'inverse des variétés plus onéreuses ou de meilleure qualité. Je préfère pour ma part, et les Vénusiennes qui partagent ma maison aussi, un chocolat diététique composé à 100 % d'ingrédients naturels.

Les barres nutritionnelles recouvertes de chocolat en vente dans les magasins de produits bios comptent parmi les moyens les plus faciles pour inciter vos enfants à absorber une supplémentation en vitamines. Ces agréables en-cas présentent en général un bon équilibre protides-lipides-glucides. Ils sont particulièrement indiqués pour les femmes et les jeunes filles.

Il existe de bonnes raisons pour offrir des chocolats à une femme. Cela a toujours été perçu comme un geste romantique et le sera toujours. En quantité modérée, le chocolat fait en effet grimper les taux de sérotonine et d'ocytocine et baisser considérablement le niveau de stress. Voilà pourquoi toutes les femmes devraient conserver chez elles un stock d'urgence de chocolat pour les moments difficiles. Rappelons seulement que, même si le chocolat est riche en nutriments, en manger trop conduit à absorber trop de sucre. La modération est donc le maître mot.

Identifier et soigner ses intolérances alimentaires

Bien souvent, quand on abuse d'un aliment particulier, l'organisme réagit en le rejetant : vous développez une intolérance à son encontre. Les intolérances les plus courantes concernent les laitages, le sucre, le soja, les œufs et le pain. Elles se traduisent par des symptômes tels qu'un excès de mucosités dans les sinus, dans les conduits nasaux et dans la gorge, une glycémie en hausse, un sentiment de fatigue, des maux de tête, des rhumes, une constipation ou de l'aérophagie. Les intolérances alimentaires accroissent en outre votre vulnérabilité au rhume des foins, à l'asthme, ainsi qu'aux allergies liés aux moisissures ou à la poussière.

Le plus gros problème posé par ces intolérances provient de ce que les aliments qui nous rendent malades revêtent pour nous un attrait tout particulier : cela nous incite à en manger quand même, et ne fait qu'intensifier notre problème. Le Régime Mars et Vénus fait disparaître ces pulsions en rééquilibrant la chimie cérébrale. Dès qu'on cesse de manger à tort et à travers, les manifestations gênantes se dissipent.

Pour identifier vos intolérances, repérez les mets tenant la plus grande place dans votre régime alimentaire. Si vous vous bourrez de biscuits, par exemple, vous êtes sûrement allergique à l'un des composants des biscuits, voire à tous – sucre raffiné, farine, beurre, lait...

Quand on est allergique aux biscuits et qu'on a faim, on a surtout envie de biscuits !

Un bon équilibre cérébral calme les pulsions alimentaires et vous donne la liberté d'adopter une alimentation plus variée avec des mets chaque jour différents.

Il suffit parfois d'adopter le bon équilibre entre glucides, protides et lipides pour voir toutes ses intolérances alimentaires s'envoler. Prenons l'exemple d'une intolérance au fromage : elle disparaît chez certains s'ils mangent leur fromage avec du pain complet et une tomate ! Une saine association des aliments les rend beaucoup plus attrayants pour l'organisme. Nous étudierons dans les chapitres 9, 10 et 11 l'importance d'une bonne combinaison des protéines, des graisses et des hydrates de carbone dans le cadre de chaque repas.

Dans le même ordre d'idées, on peut devenir intolérant à son partenaire amoureux si l'on passe trop de temps en tête-à-tête avec elle ou lui sans jamais s'accorder de plages de solitude, de sorties en groupe ou en solo. Les couples trop fusionnels en viennent assez facilement à s'ennuyer et à s'irriter mutuellement. Cet agacement s'estompe d'ailleurs très rapidement dès que le couple s'aère et que chacun se trouve dans un environnement qui lui apporte les nutriments sociaux ou émotionnels dont il a besoin.

Un esprit heureux à des pensées positives

Sans doute avez-vous remarqué que si l'on est de bonne humeur, on a des pensées positives, et quand on est de mauvaise humeur, on a des pensées négatives. La même chose se produit pour le corps. Lorsque celui-ci se sent bien et correctement nourri, il n'aspire qu'à recevoir d'autres aliments sains ; en situation de déséquilibre ou si on l'affame, il vous pousse vers les mets malsains.

Un esprit heureux a automatiquement des pensées positives, et un corps en forme a automatiquement envie d'aliments sains.

Voici un autre moyen de déterminer les aliments pas très bons pour votre organisme : notez ce dont vous avez envie lorsque vous vous sentez mal. Quand on est troublé sur le plan émotionnel, on se tourne presque toujours vers des aliments peu indiqués. À l'inverse, quand on est heureux, détendu et satisfait de son existence, on est plutôt attiré par des aliments sains ou, au moins, on contrôle nettement mieux ce que l'on mange.

Je sais qu'il existe des individus spartiates qui mangent réellement pour vivre plus qu'ils ne vivent pour manger. À mon sens, l'idéal est de combiner ces deux approches de la nourriture. Je mange pour me maintenir en vie, mais je vis aussi pour manger. J'aime savoir que je vais prendre mon repas et que celui-ci me rassasiera. Pour atteindre cet équilibre, il m'a suffi de faire preuve de suffisamment de volonté, quand j'ai entrepris ce programme, pour faire chaque jour trente minutes d'exercice physique et pour m'astreindre à prendre un petit déjeuner sain et équilibré. Vous constaterez rapidement que cela suffit.

Trouver votre étoile Polaire

Pour réussir, il vous faut un point de référence : cela vous aidera à savoir si vous êtes sur le bon chemin ou si vous vous en écartez ; cette source vous indique en retour ce qui fonctionne et ce qui ne fonctionne pas. Les avions et les bateaux utilisent une boussole pour veiller à conserver le bon cap et le rectifier en cas de besoin.

Avant les boussoles, les marins calculaient leur position géographique à partir de l'étoile Polaire. En matière de régime, vous disposez de votre propre étoile polaire : votre organisme vous indique tout ce que vous devez manger et en quelle quantité. À vous d'apprendre à écouter et reconnaître ses signaux.

Votre corps vous indiquera lui-même si vous mangez correctement et suffisamment.

Il se peut toutefois que votre corps dise quelque chose... mais que vous entendiez autre chose. Voici quelques exemples de surdité sélective de cet acabit :

– votre corps vous dit : « Donne-moi de l'eau » ; vous décapsulez un soda sucré ;

– votre corps vous dit : « Je suis abruti, fais quelques exercices stimulants pour me réveiller » ; vous entendez : « J'ai sommeil » et vous vous rendormez ;

– votre corps vous signale que le biscuit bourré de sucre raffiné que vous vous apprêtez à croquer manque de nutriments ; vous entendez : « Un biscuit ne suffira pas à me rassasier, prends-en un autre » ;

– votre corps vous dit : « Ce repas manque de sels minéraux et d'enzymes, donne-moi un complément alimentaire » ; vous entendez : « Ce repas ne me suffit pas, mange plus ».

Mais dès que vous commencerez à rééquilibrer votre alimentation et à lui adjoindre les compléments nécessaires pour assainir votre chimie cérébrale, vous entrerez dans une zone d'énergie sans bornes, de bonheur inconditionnel et d'amour illimité, dans laquelle vous demeurerez la plupart du temps. Considérer cet état d'esprit normal comme votre point de référence, votre étoile Polaire, vous aidera à interpréter correctement les messages de votre corps. Vous apprendrez ce qui convient à votre organisme et à votre cerveau, et ce qui ne leur convient pas.

Se motiver pour manger sainement

Dès que vous savez à quoi ressemble un état d'équilibre, vous devenez capable de déterminer quels aliments vous poussent à sortir de cette zone. Pour ma part, je puise ma motivation à deux sources. En premier lieu, mes goûts ont changé, et la plupart du temps je trouve les aliments sains plus savoureux. En second lieu, j'écoute mon corps : si je ne mange pas correctement, je sors immédiatement de ma zone de bien-être. C'est un peu comme si l'on posait le doigt sur une flamme : on apprend très vite à ne plus recommencer.

Ainsi, quand un repas sape votre énergie au lieu de la reconstituer, cela donne envie changer de menu. Écouter votre corps vous libérera en outre des avis contradictoires des soi-disant experts.

Écouter son corps libère des avis contradictoires des soi-disant experts.

Quand je mange des mets malsains, je veille à compléter mon repas par un supplément d'oligo-éléments, de vitamines et d'enzymes. Cette précaution vise à minimiser les effets négatifs de mon écart de conduite. Le lendemain, je penserai peut-être à entreprendre une session de désintoxication « Mars et Vénus ». En effet, un repas mal choisi ne se contente pas de déséquilibrer votre organisme : il lui donne aussi plus de toxines à éliminer.

Si on lui donne les nutriments appropriés, le corps fonctionne comme un moteur bien huilé ; dans le cas contraire, on introduit des impuretés dans le circuit de combustion. Pour poursuivre avec cette métaphore mécanique, il vaut mieux alors faire une vidange avant de rajouter de l'huile. Avec *Mars et Vénus au régime*, vous commencerez la journée par des exercices propres à stimuler votre métabolisme et à éliminer les toxines présentes dans votre organisme.

Chacun de nous est unique, avec des goûts et des préférences spécifiques, si bien qu'il n'existe pas de régime idéal valable pour tous. Il vous incombe de déterminer les aliments qui vous conviennent le mieux. Quand vous aurez appris à écouter les réactions de votre organisme, cela vous semblera tout naturel et deviendra même un réflexe.

Ce programme vous aidera à trouver votre équilibre optimal et à demeurer suffisamment longtemps dans cet état pour déterminer ce qui fonctionne pour vous et ce qui ne fonctionne pas. En suivant cette règle – prendre votre petit déjeuner après au moins dix à trente minutes d'exercice –, vous commencerez votre journée par une configuration équilibrée du cerveau : cela vous mettra mieux à même de déterminer les aliments les plus appropriés pour votre métabolisme.

Pourquoi tant de gens sautent le petit déjeuner

Nombre de personnes sautent le petit déjeuner. Voilà qui ralentit le métabolisme et conduit presque inévitablement à trop manger plus tard dans la journée. Et quand vous finirez par vous alimenter, vous serez irrésistiblement attiré par les mauvais aliments. Un petit déjeuner équilibré est la clé d'un métabolisme actif capable de brûler efficacement les graisses, de construire de la masse musculaire et, plus important encore, de préserver votre équilibre chimique cérébral.

Sauter le petit déjeuner ralentit le métabolisme et conduit inévitablement à trop manger par la suite.

La cause numéro un d'élimination du petit déjeuner est le manque de temps. Nous trouvons le temps de nous occuper de ceux qui nous entourent, mais pas celui de nous nourrir... Trop à faire.

Quantité de personnes se passent de petit déjeuner parce qu'ainsi elles se sentent mieux. Quand elles en prennent un, elles éprouvent ensuite une chute d'énergie. Alors, elles se contentent d'un café ou d'un thé accompagné ou non d'une viennoiserie. Je me suis dispensé de petit déjeuner pendant la plus grande partie de mon existence. Je n'aimais pas manger le matin parce que cela sapait mon tonus, ma clarté d'esprit et mon énergie. En fait, je choisissais de mauvais ingrédients, insuffisamment nutritifs.

Il arrive aussi fréquemment que l'on « zappe » le petit déjeuner par souci de minceur. Au-delà de quarante ans, lorsque les poignées d'amour commencent à s'accumuler autour de la taille, bien des gens pensent que supprimer un repas ne peut qu'être une bonne idée : cela les aidera à perdre du poids ou, au moins, leur évitera d'en prendre. Erreur : c'est exactement l'inverse qui se produit !

Quand vous sautez le petit déjeuner, votre organisme en déduit qu'il n'y a pas beaucoup de carburant disponible pour lui : cela l'incite à ralentir le métabolisme des nutriments. Non seulement vous aurez moins d'énergie, mais il deviendra aussi plus difficile de brûler votre masse adipeuse excédentaire. Quand le corps craint d'être affamé, il s'accroche énergiquement à ce qu'il détient.

Quand le corps redoute d'être affamé, il s'accroche à ce qu'il détient déjà.

Considérez votre organisme comme une machine à vapeur. Pour que son moteur fonctionne, vous devez entretenir le feu avec du charbon ; quand celui-ci vient à manquer, on ralentit le brasier afin de faire durer les stocks plus longtemps. De même, votre métabolisme freine pour la journée quand vous ne prenez pas de petit déjeuner.

Je me rappelle un soir, je roulais tard sur l'autoroute entre Santa Cruz et San Francisco. Ce parcours comporte un tronçon très sombre et désert d'une quarantaine de kilomètres le long de la côte Pacifique. Au bout d'une quinzaine de kilomètres, j'ai réalisé que mon réservoir d'essence était presque vide. Pour diminuer ma consommation et faire durer le plus possible ces dernières réserves, j'ai considérablement ralenti mon allure. J'ai fini par atteindre une station-service, mais cela m'a pris très longtemps. De la même façon, quand votre corps est longtemps privé de nourriture, il se méfie – et si le carburant faisait défaut ? – et ralentit le métabolisme, afin d'éviter tout risque de panne sèche.

Quand vous prenez un petit déjeuner, votre organisme en déduit qu'il sera régulièrement approvisionné en énergie et votre métabolisme part sur ces bases pour le reste de journée. Un petit déjeuner correct permet donc d'activer la « machine », afin de brûler les calories absorbées et de produire les neurotransmetteurs nécessaires. Dans l'idéal, nous devrions brûler toutes les calories que nous consommons, de sorte que notre organisme ne dispose d'aucun surplus à stocker sous forme de graisse. Les aliments incomplètement métabolisés sont toxiques pour l'organisme.

L'importance des enzymes

Une des raisons pour lesquelles tant de personnes sautent le petit déjeuner vient de ce que les aliments habituellement pris lors de ce repas manquent d'oligo-éléments et d'enzymes. Faire cuire un aliment ou le traiter d'une manière quelconque avec de la chaleur tue toutes ses enzymes qui activent sa digestion et son assimilation par l'organisme. Lorsque vous absorbez un aliment ne contenant pas d'enzymes, votre pancréas doit en produire afin de vous permettre de le digérer. Or, le pancréas ne peut pas produire en même temps ces enzymes et les neurotransmetteurs nécessaires au bon équilibre chimique de votre cerveau. Pendant qu'il digère votre repas pauvre en enzymes, votre chimie cérébrale est donc livrée à elle-même. Précisons qu'outre les enzymes indispensables à la digestion, nous en utilisons des milliers d'autres dans le cadre de nos autres processus métaboliques.

Lorsque nous absorbons un petit déjeuner pauvre en enzymes, cela bloque la production d'enzymes métaboliques et de neurotransmetteurs tels que la dopamine et la sérotonine. De ce fait, après un petit déjeuner mal conçu, on se sent épuisé pour une bonne partie de la journée.

Les personnes dotées d'un métabolisme bas sautent rarement le petit déjeuner, car elles éprouvent le besoin de s'alimenter le matin. Elles ont faim au lever ! Mais il ne suffit pas de manger le matin : encore faut-il manger bien, afin de ne pas entraver la sécrétion de neurotransmetteurs. En cas de surpoids, mieux vaut remplacer le petit déjeuner par une préparation nutritive. Quand vous aurez retrouvé votre poids d'équilibre, vous pourrez de nouveau prendre un petit déjeuner après cette préparation matinale. Je reviendrai dans le chapitre 9 sur les ingrédients spécifiques de ce breuvage idéal pour l'équilibre de la chimie cérébrale.

Les personnes dotées d'un métabolisme élevé apprécient, quant à elles, de ne pas prendre de petit déjeuner, car elles brûlent aisément l'énergie stockée dans leur foie et profitent ce faisant des bienfaits des enzymes métaboliques productrices de dopamine et de sérotonine.

Un petit déjeuner insuffisamment nutritif peut conduire à se sentir fatigué et dépourvu d'énergie.

Pour éviter de se sentir fatiguées le matin, les personnes dotées d'un métabolisme rapide se passent donc de petit déjeuner. Après quoi, elles ne tardent guère à éprouver une baisse d'énergie qui les incite à se nourrir aussitôt. Sauter le petit déjeuner, ou tout autre repas, compte parmi les principales raisons qui poussent à consommer des aliments malsains ou des repas trop copieux. On saute un repas, puis on se goinfre au suivant parce qu'on meurt de faim.

L'effet sérotonine

Ne pas prendre de petit déjeuner se révèle encore plus nocif pour les femmes que pour les hommes, car c'est le matin que l'organisme produit le plus de sérotonine. Nos yeux sont plus sensibles à la lumière du matin, qui stimule la glande pinéale afin d'enclencher la sécrétion de sérotonine. Cependant, l'organisme ne peut produire de sérotonine sans un apport nutritif adéquat en acides aminés.

Nous produisons l'essentiel de notre sérotonine le matin.

Les acides aminés sont des composantes des protéines que nous ingérons. De ce fait, absorber des protéines le matin est essentiel pour la production de sérotonine ; cependant, point trop n'en faut et abuser de ces nutriments inhibe cette sécrétion chez les femmes. Les hommes qui mangent plus de protéines produisent pour leur part plus de dopamine, une réaction directement liée au rapport muscles/masse graisseuse, plus élevé dans le corps masculin. Comprendre en quoi l'apport en protéines et l'activité physique affectent notre chimie cérébrale constitue l'une clés principales de cet équilibre.

La chimie de notre cerveau est directement influencée par le rapport masse musculaire/masse graisseuse.

Nous le disions, les acides aminés proviennent des protéines alimentaires. Parmi eux, le tryptophane est transformé en sérotonine, et la phénylalanine et la tyrosine en dopamine, deux neurotransmetteurs essentiels pour l'équilibre chimique cérébral. Pour que l'organisme produise ces neurotransmetteurs, ces acides aminés doivent d'abord franchir la barrière qui sépare le sang du cerveau, laquelle protège ce dernier contre l'intrusion de toxines ou d'autres agents nocifs susceptibles de migrer dans le flux sanguin à partir de l'estomac. Il s'ensuit une déperdition d'acides aminés. Le tryptophane, par exemple, se trouve en compétition avec tous les autres acides aminés qui s'efforcent d'accéder au cerveau. Et sa petite taille le fait passer en dernière position. De ce fait, si votre apport global en acides aminés est très élevé, le cerveau absorbe moins de tryptophane pour produire sa sérotonine. On appelle cela « l'effet sérotonine ».

Rappelons en outre que les acides aminés ne nourrissent pas seulement le cerveau, mais aussi les muscles. Lorsque nous nous servons de ceux-ci, tous, hormis le tryptophane, sont dirigés vers eux. En effet, les muscles n'utilisent pas de tryptophane. Dès que vous mettez à contribution vos muscles, ils attirent à eux les autres acides aminés, si bien que le tryptophane n'est plus concurrencé au niveau de la membrane cérébrale. En clair, faire de l'exercice dévie les acides aminés concurrents vers les muscles : cela permet au tryptophane d'être mieux absorbé par le cerveau.

Faire de l'exercice dévie les acides aminés concurrents vers les muscles : cela permet au tryptophane d'être plus facilement absorbé par le cerveau.

Voilà pourquoi les hommes affichent un taux plus élevé de sérotonine, lié à leur masse musculaire relativement plus importante. Quand ils mangent des protéines, une plus grande proportion d'acides aminés se dirige vers leurs muscles : cela laisse passer plus de tryptophane à convertir en sérotonine. En revanche, si une femme ne fait pas d'exercice, absorber plus de protéines fait grimper son taux de dopamine, mais baisser son taux de sérotonine, car son corps contient moins de muscles et plus de graisse. Son cerveau est tellement pris d'assaut par les acides aminés concurrents que le tryptophane n'arrive pas à bon port.

Les hommes n'absorbant pas suffisamment de protéines manquent, eux, de dopamine. Et même quand ils en mangent suffisamment, ils souffrent d'un défaut de dopamine, car leur masse musculaire plus conséquente tend à détourner les acides aminés phénylalanine et tyrosine vers les muscles au détriment du cerveau.

Dès qu'un homme ou une femme adopte un régime alimentaire équilibré, il ou elle pourra produire de la dopamine et de la sérotonine en quantité appropriée. Cependant, les femmes devront tout particulièrement veiller à ne pas abuser des protéines le matin et à s'astreindre à une séance d'exercice avant le petit déjeuner. Après celle-ci, en effet, leurs muscles auront besoin de tous les autres acides aminés pour se régénérer : cela permettra un bon apport de tryptophane dans le cerveau.

Comme on l'a vu, le matin représente chez la femme la période cruciale pour la sécrétion de sérotonine. Si elle saute le petit déjeuner, elle tirera parti des enzymes métaboliques, mais leur effet sera limité puisqu'elle n'aura ingéré aucun nutriment. La meilleure solution consiste donc pour elle à absorber une préparation équilibrée favorisant une production optimale de sérotonine. En clair, régime jockey et absence de petit déjeuner sont les pires ennemis de la ligne féminine.

En sus des acides aminés apportés par les protéines, un apport minimum de lipides est indispensable pour déclencher la sécrétion de sérotonine. Voilà pourquoi les régimes hyperprotéinés ou les régimes trop appauvris en graisses sont inefficaces. Les neurotransmetteurs sont en effet régulés par les prostaglandines, dont les acides gras essentiels (AGE) apportés par les lipides alimentaires constituent les précurseurs. Comme leur nom l'indique, ces acides gras – éléments de base des diverses graisses alimentaires – sont essentiels au bon fonctionnement du cerveau. Les deux catégories d'AGE les plus importantes s'appellent oméga-3 et oméga-6. En général, notre alimentation contient trop des seconds et pas assez des premiers. Or les oméga-3 jouent un rôle crucial dans la fabrication de la sérotonine.

Quid des glucides ? Un petit déjeuner riche en glucides stimule la production de sérotonine... sauf si on en abuse, car cela dérègle la glycémie sanguine. Quand trop de sucre se répand dans le flux sanguin, cela provoque la libération d'insuline, laquelle dirige tous les acides aminés vers les muscles, à l'exception du tryptophane, donc aisément absorbé par le cerveau. Dans un premier temps, on obtient donc bien un afflux de sérotonine. Mais lorsque le taux de sucre sanguin chute brutalement, la production de sérotonine en fait autant.

Un petit déjeuner riche en sucres provoque un sursaut temporaire de la production de sérotonine.

Nombre de régimes visant à favoriser la production de sérotonine recommandent d'augmenter la part des glucides le matin. Une excellente stratégie, pourvu que cela ne déclenche pas un apport d'insuline suffisant pour déstabiliser la glycémie sanguine. Tout est donc affaire de mesure. Il existe pour chacune une proportion de lipides, de protides et de glucides idéale pour une production maximale de sérotonine.

Un raisonnement similaire s'applique aux hommes. Ils ont juste besoin de plus de protéines, tandis que les femmes ont besoin de plus de graisses alimentaires riches en oméga-3. Les deux sexes ont besoin de suffisamment de glucides pour apporter au cerveau le sucre nécessaire à son fonctionnement. Le breuvage matinal proposé dans cet ouvrage prend en compte ces différences de sexe.

Déshydratation et famine cellulaire

Certaines personnes n'apprécient guère l'idée de remplacer leur petit déjeuner par une préparation liquide. Attention : il ne s'agit pas du tout de sauter un repas, mais de remplacer le petit déjeuner habituel, peu approprié sur le plan nutritionnel, par un breuvage contenant tous les nutriments nécessaires pour ce premier repas de la journée. S'il ne procure pas le même réconfort qu'un croissant ou une tartine, il se révèle beaucoup plus sain.

Parmi les raisons qui poussent à trop ou mal manger, figurent en bonne place la déshydratation et les déficits en oligoéléments. Notre organisme a besoin d'eau pour convoyer les nutriments jusqu'aux cellules, si bien que si le corps se déshydrate, les cellules sont mises à la portion congrue. Même si vous mangez les bons nutriments en quantité adéquate, ils ne parviendront pas jusqu'aux cellules. L'eau nous aide aussi à éliminer les résidus toxiques du métabolisme, faute de quoi on s'empoisonnerait lentement.

L'organisme a besoin d'eau pour convoyer les nutriments, mais aussi pour éliminer les toxines.

Sans eau, le système lymphatique ne peut nettoyer l'organisme. Si vous n'en buvez pas assez, il ne peut évacuer toutes les toxines ingérées et inspirées en sus des résidus métaboliques. Presque toutes les maladies, et quantités de symptômes indésirables liés à l'âge, sont le produit direct d'une déshydratation chronique. Le corps d'un enfant se compose à 70 % d'eau, tandis que celui du sujet moyen de soixante-dix ans n'en contient plus que 30 %.

La majorité des plus de cinquante ans sont déshydratés. Ils ne boivent tout simplement pas assez. Or, si l'on peut se passer de manger pendant une période assez longue, sans eau on succombe en quelques semaines. La plupart de nos contemporains meurent peu à peu de soif sans le savoir.

Même la rétention d'eau est un symptôme de déshydratation. Paradoxalement, l'organisme emprisonne de l'eau parce que les cellules n'en reçoivent pas assez. Ajoutons qu'un manque de bonnes graisses dans l'alimentation limite la capacité d'assimilation d'eau au niveau cellulaire.

Nombre de personnes hésitent à boire de peur de devoir passer leur vie aux toilettes. Pourtant, les mictions fréquentes constituent un autre signe de déshydratation ! Elles indiquent que l'eau se contente de traverser l'organisme sans atteindre les cellules ni les tissus corporels. Imaginez votre corps comme une éponge : une éponge trop sèche n'absorbe rien ; une fois l'éponge saturée d'eau, il suffit de l'essorer pour qu'elle en absorbe une nouvelle dose.

Des mictions fréquentes constituent un autre signe de déshydratation.

Il faut parfois plusieurs mois d'apport en eau suffisant pour réhydrater complètement l'organisme. Ajouter des oligo-éléments à votre boisson accélère cependant ce processus de manière significative. Vous trouverez au chapitre 9 un breuvage matinal qui hydrate efficacement le corps.

Attention, la caféine du café, du thé et de certains sodas en fait des breuvages diurétiques : ce que vous buvez est immédiatement éliminé.

Les boissons alcoolisées possèdent elles aussi une action diurétique. D'ailleurs, la gueule de bois ne résulte pas tant de l'alcool consommé que de la déshydratation qui s'ensuit.

Les breuvages caféinés n'entrent pas dans le décompte de votre apport quotidien en eau.

Quand on boit trop peu, le système lymphatique ne peut pas fonctionner correctement et le foie prend la relève en urgence pour débarrasser l'organisme de ses toxines. Pendant ce temps, il cesse de transformer les acides aminés en vue de produire de la dopamine et de la sérotonine. Un système lymphatique paresseux inhibe donc la production de neurotransmetteurs.

Un système lymphatique paresseux inhibe la production de dopamine et de sérotonine.

Un foie encombré induit souvent un déséquilibre de la glande thyroïde, laquelle contrôle la combustion ou le stockage des graisses excédentaires, donc le poids. Tout est lié. Augmenter l'apport hydrique et relancer ainsi l'activité du système lymphatique permet à la thyroïde de retrouver une activité normale.

Un système lymphatique plus actif facilite le fonctionnement de la thyroïde.

Pour gérer un excédent de toxines, le foie agit notamment sur la masse adipeuse, afin de neutraliser ces particules nocives en les enrobant de graisse. D'où une accumulation de kilos au niveau abdominal : c'est ainsi que naissent les « poignées d'amour », si répandues quand on avance en âge.

Aucune activité physique ne suffit pour éliminer ce type de bedaine. Seul le système lymphatique peut s'en charger. Dès que vous réactiverez celui-ci grâce à un apport suffisant d'oxygène, d'eau et à des séances matinales d'exercice, votre foie pourra éliminer vos bouées.

Un apport suffisant d'oxygène et en eau associé à une activité physique matinale permet au foie d'attaquer la graisse qui s'accumule au niveau de la taille.

Le matin est un moment clé pour le nettoyage du foie. La médecine chinoise, vieille de cinq milliers d'années, en explique la raison : suivant les heures de la journée (et de la nuit), l'organisme donne successivement la priorité à divers organes. Pendant les deux heures qui précèdent l'aube, vient le tour du foie. C'est donc le meilleur moment pour pratiquer des exercices stimulant le système lymphatique : cela permet au foie de reprendre ses fonctions ordinaires et de produire des neurotransmetteurs. Les études modernes confirment l'importance du petit matin, autour du lever du soleil, pour la production de sérotonine.

Stimuler le système lymphatique libère le foie d'un grand poids : cela lui permet de produire les neurotransmetteurs indispensables au bon équilibre cérébral.

La plupart des nutritionnistes s'accordent pour dire que l'organisme a besoin d'environ deux litres d'eau par jour quand il est en bonne santé, autrement dit de huit grands verres d'eau. Si vous avez des kilos en trop, que vous êtes malade ou fatigué, vous devrez boire plus.

Toute maladie est en effet associée à l'accumulation de toxines dans le corps. Commencer chaque journée avec un verre d'eau afin de stimuler le système lymphatique représente le premier pas, et le plus important, vers un équilibre cérébral garantissant la santé, le bonheur et l'amour durable. Sans eau, rien ne peut fonctionner.

Pour déterminer votre besoin en eau quotidien, il suffit de diviser son poids par trente. Si vous pesez 58 kilos, comptez deux litres d'eau, soit peu ou prou huit grands verres (de 25 cl) ; à 89 kilos, comptez trois litres d'eau, soit douze verres quotidiens. Vous pouvez aussi prendre en compte la part hydrique contenue dans les jus de fruits et les potages.

Rappelez-vous : le café, le thé noir, les sodas et les breuvages alcoolisés déshydratent l'organisme ; adaptez votre apport quotidien en conséquence. Sachez en outre que le café décaféiné possède tout de même la moitié de l'action diurétique du café normal.

Le café, le thé noir, les sodas et les breuvages alcoolisés déshydratent l'organisme.

Si vous faites du sport et/ou transpirez, vous devrez aussi accroître votre apport en eau. Des centaines d'adeptes du Régime Mars et Vénus ont constaté qu'ils n'avaient plus besoin de boire de café pour réveiller leur tonus, ni d'alcool pour se détendre et passer une bonne soirée. Il leur arrive encore d'en absorber par convivialité ou par plaisir, mais cela ne leur est plus indispensable.

Déficits minéraux

Un autre problème peut expliquer les dérives alimentaires : les éléments constitutifs de nos repas eux-mêmes, trop appauvris en sels minéraux. Tout ce que vous achetez au rayon légumes présente un déficit en oligo-éléments. De ce fait, les menus les mieux équilibrés ne rassasient pas...

Les fruits et légumes d'aujourd'hui manquent d'oligo-éléments.

Les produits bio ont une teneur en oligo-éléments plus élevée, mais elle ne peut se comparer à celle naguère observée. Une tomate bio actuelle en contient 50 % moins qu'une tomate ordinaire produite voici un demi-siècle. Quant aux aliments industriels, n'en parlons pas.

Une tomate bio actuelle contient moitié moins d'oligo-éléments qu'une tomate ordinaire vendue voici cinquante ans.

On sait aujourd'hui que les méthodes agricoles modernes ont très nettement appauvri les sols : cela donne des aliments nettement moins minéralisés. D'où l'essor du marché des compléments alimentaires.

Avant même que soit connu le rôle des oligo-éléments dans le bon fonctionnement de la chimie cérébrale, on avait compris leur importance pour la solidité osseuse et la santé en général. Cela n'a pas empêché l'incidence de l'ostéoporose chez les femmes de s'accroître de manière inquiétante. Non seulement nous absorbons des aliments appauvris en sels minéraux, mais le sucre raffiné que nous consommons dévore les faibles quantités d'oligo-éléments que nous parvenons à stocker dans notre squelette.

Un déficit en oligo-éléments a des répercussions beaucoup plus importantes qu'une simple fragilité osseuse ou une propension aux caries dentaires, même s'il s'agit là de problèmes non négligeables. Il affecte tous les aspects de notre santé physique et mentale.

Un déficit en oligo-éléments affecte tous les aspects de notre santé physique et mentale.

Nous connaissons déjà l'importance des vitamines. Nous savons moins – cela a pourtant été étudié en détail –, que ces vitamines ne peuvent être assimilées sans le concours des oligo-éléments. Nos tissus comme nos sécrétions internes contiennent des éléments minéraux en quantité variable. Figure aussi le constituant de base des os, des dents, des tissus mous, des muscles, du sang et des cellules nerveuses.

Ils jouent aussi le rôle de catalyseurs de quantité de nos réactions biologiques et électriques, pour les réponses musculaires, pour la transmission de messages et des influx énergétiques au sein du système nerveux, pour la production d'hormones, pour la digestion et pour l'utilisation des nutriments apportés par la nourriture.

Les oligo-éléments agissent en symbiose avec les enzymes, les hormones, les vitamines, et les substances véhiculant ces dernières. Leur présence agit comme un cofacteur de synthétisation des neurotransmetteurs.

Le docteur Linus Pauling, deux fois prix Nobel, a déclaré : « On retrouve un déficit minéral à l'origine de toutes les affections et de tous les troubles de santé. » La plupart des problèmes qui nous touchent aujourd'hui résultent du déficit minéral de la terre dans laquelle nos légumes poussent et sur laquelle les animaux de boucherie paissent.

À l'origine de toutes les maladies, de toutes les affections et de tous les troubles, se trouve un déficit en oligo-éléments.

Lorsque les fermiers ont découvert les engrais chimiques, au début du xxe siècle, ils ont vu leurs récoltes s'accroître, mais leurs terres ne recevaient plus que trois nutriments au lieu des 77 sels minéraux et oligo-éléments décelés avant l'apparition de ces engrais à base d'azote. La terre s'est appauvrie sur le plan minéral, et cela s'est traduit par des récoltes beaucoup moins minéralisées.

Une supplémentation en nitrates, en phosphates et en potassium produit des bienfaits temporaires. Pendant une dizaine années, les plantes assimilent plus facilement les minéraux du sol. Mais un sol non rechargé en sels minéraux et oligo-éléments qu'il contenait auparavant donne toujours des récoltes mais appauvries en éléments minéraux.

– En 1936, le sénat des États-Unis a publié un texte, intitulé « Document n° 264 », comportant la mise en garde suivante : « Nous avons constaté ce fait alarmant : les aliments, les fruits, les légumes et les céréales croissent sur des terres désormais dépourvues de certains sels minéraux. Nul ne peut aujourd'hui tirer un apport suffisant en oligo-éléments de sa consommation de fruits et de légumes. »

– En 1988, un rapport du ministère de la Santé américain a conclu que 75 % des décès outre-Atlantique étaient pour partie liés à un déficit nutritionnel.

– En 1992, le rapport du Sommet de la Terre a estimé qu'au cours de la dernière décennie l'appauvrissement des sols avait touché 76 % des surfaces cultivées en Europe et plus de 80 % en Amérique du Nord.

– En 1994, le congrès des États-Unis a officiellement déclaré que la prise de nutriments appropriés prévenait certaines maladies chroniques.

Ce problème ne peut se résoudre qu'avec une supplémentation des sols en sels minéraux associée à un retour à des techniques de production plus traditionnelles. Mais il faudra des années pour que les sols retrouvent une valeur acceptable. En attendant, prévoyez des compléments alimentaires.

Au cours des cinq dernières années, Marin County, ma région de Californie, a vu des milliers de ses chênes périr d'une mystérieuse maladie. Nous-mêmes possédons un peu plus d'un hectare d'arbres moribonds, que ma femme Bonnie s'efforce de sauver. L'expérience et l'aide de spécialistes de l'environnement lui ont permis de trouver un remède. Vous l'avez deviné, il s'agit d'une supplémentation en sels minéraux. Si on épand de la cendre riche en sels minéraux au pied des chênes, cela leur donne la force de résister à la maladie.

Aujourd'hui, le marché propose quantité d'oligo-éléments d'origine naturelle que notre corps *est* en mesure d'assimiler. Les meilleures mentionnent en général sur leur emballage la mention « sels minéraux de source végétale », « sels minéraux ioniques végétaux » ou « sels minéraux colloïdaux de source végétale ». Les termes « colloïdal » et « ionique » indiquent la présence d'éléments minéraux suffisamment minuscules pour que les cellules puissent les absorber. Pour ma part, j'ai obtenu les meilleurs résultats avec des compléments ioniques : ils permettent d'améliorer votre santé et celle de vos enfants.

Trois jours de supplémentation suffisent pour que des enfants atteints de troubles de l'attention soient, pour la première fois de leur existence, capables de faire leurs devoirs – et ce grâce à la simple administration de sels minéraux. Combiner celle-ci avec les préceptes exposés dans *Mars et Vénus au régime*, renforcera encore leur efficacité. Et sans une bonne supplémentation en sels minéraux, tous les autres ingrédients de ce protocole ne suffiront pas pour produire les résultats attendus.

Au terme de trois jours de supplémentation, des enfants atteints de troubles de l'attention sont capables de faire leurs devoirs.

J'ai reçu des courriers de patients m'affirmant que le programme ne fonctionnait pas aussi bien pour eux que pour les autres. Il va de soi qu'aucun protocole ne peut produire des effets identiques chez tous les sujets, mais ces personnes ont vu leur situation se transformer du tout au tout simplement en changeant de complément alimentaire. C'est dire que l'apport en oligo-éléments fait toute la différence !

Même si l'on s'intéresse depuis assez peu de temps au rôle des oligo-éléments, les chercheurs en découvrent chaque jour un peu plus sur leurs vertus. Par exemple, on sait désormais que le bore est indispensable pour que l'organisme puisse assimiler correctement le calcium. Or l'alimentation n'apporte en général pas cet oligo-élément en quantité suffisante, parce que le sol sur lequel poussent les légumes ou le fourrage pour le bétail n'en contenait pas assez. Et vous n'assimilez bien ni le calcium de votre alimentation ni celui des compléments. On prend ainsi peu à peu conscience de l'importance de chacun des 77 sels minéraux et oligo-éléments.

9
Les trois étapes de la solution Mars et Vénus

Le Régime Mars et Vénus comporte trois étapes simples, grâce auxquelles vous ne tarderez pas à retrouver un équilibre cérébral générateur de santé, de bonheur et d'amour durable. Dans ce chapitre, nous étudierons les trois phases qui constituent le noyau de ce programme.

Étape 1
Démarrez la journée avec un verre d'eau

Chaque matin à votre réveil, avalez un grand verre d'eau (de 20 à 25 cl) que vous « activerez » en l'enrichissant de nutriments désintoxicants. Dès que vous sautez du lit, préparez ce breuvage et absorbez-le. Pour « activer » un verre d'eau de 25 cl, ajoutez-lui les ingrédients suivants :

1. le jus d'un demi-citron ;
2. une cuillerée à café de miel ou un peu de jus de fruits ;
3. une dose de complément ionique en oligo-éléments de source végétale et de bonne qualité ;
4. une cuillerée à soupe de jus d'aloe vera.

Considérons à présent l'importance de chacun de ces ingrédients.

1. La puissance du citron

Quand vous pensez « citron », pensez « nettoyage ». Le citron et l'eau constituent les agents purifiants les plus efficaces de Mère Nature. Pris ensemble, ils constituent l'un des remèdes traditionnels les plus anciens et les plus répandus. Presque toutes les traditions médicales évoquent ce mélange pour promouvoir une bonne santé et la guérison des blessures. Le jus de citron et même son arôme ont une action antibactérienne, antiseptique et antivirale, qui favorise la formation de globules blancs et améliore la fonction immunitaire.

Aujourd'hui, on utilise communément du jus de citron pour parfumer l'eau ou les détergents à vaisselle, mais nous recourons plus rarement à ses propriétés cicatrisantes. Il n'empêche : si l'on veut détoxiquer son organisme, rien ne vaut le jus d'un demi-citron pressé dans un verre d'eau pris de préférence à jeun au lever.

Le jus de citron abaisse également la glycémie sanguine. En ajouter aux recettes aide donc à stabiliser le taux de sucre sanguin. Cet ingrédient ralentit en effet la libération du sucre dans le flux sanguin et abaisse la glycémie de 30 %.

Outre son pouvoir détoxiquant et hypoglycémiant, le jus de citron alcalinise l'organisme. Or, la plupart des affections s'accompagnent d'un excès d'acidité au niveau cellulaire. L'ajout de citron permet donc de normaliser l'équilibre acidobasique du corps.

Il existe un autre produit aux propriétés acidifiantes reconnues, le vinaigre de cidre, dont l'usage s'est popularisé au XXe siècle sous l'impulsion de Paul Bragg, l'un des fondateurs de l'industrie nord-américaine des produits diététiques. Vous pouvez utiliser ce vinaigre, en version bio bien entendu, en lieu et place du citron pour « activer » votre verre d'eau matinal.

2. Une cuillerée de sucre

L'adjonction d'une cuillerée de sucre pour rendre le traitement plus agréable n'est pas une mauvaise idée. Cela donne au breuvage matinal une saveur plus agréable et nourrit le cerveau, qui tire toute son énergie du glucose (un sucre). L'absorption de sucre lui imprime un sursaut d'énergie immédiat. Cela explique pourquoi tant de nos contemporains sont accros au sucre...

Le sucre, drogue favorite de millions de personnes, stimule la production de dopamine et de sérotonine. S'il n'est pas aussi nocif que les stupéfiants, il induit une dépendance tout aussi puissante. Tout comme l'alcool ou la cocaïne, le sucre déclenche la production d'hormones de bien-être. Il peut donc se révéler un atout naturel et sain pour mettre le cerveau sur la voie chimique du plaisir, de la motivation, de la clarté d'esprit, du bonheur et de la détente.

Le sucre raffiné provoque un bien-être temporaire, mais sa pureté même empêche le corps de soutenir sa production d'hormones bénéfiques. Les glucides complexes comme ceux des céréales complètes et des légumes, en revanche, libèrent progressivement leur glucose. Autrement dit, si le sucre nourrit bien le cerveau, le sucre raffiné provoque un afflux brutal et éphémère de glucose. Une fois celui-ci épuisé, le corps en redemande : cela explique les fringales de sucreries. Nous nous pencherons ultérieurement, dans le chapitre 11, sur les inconvénients du sucre raffiné ou industriel, ainsi que sur les dangers potentiels des édulcorants de synthèse.

Manger du sucre raffiné entrave inévitablement l'alimentation du cerveau en énergie.

Ajouter un soupçon de miel, de fructose ou de jus de fruits au breuvage du matin donne à votre cerveau l'énergie nécessaire pour se mettre en route pour la journée. Car il a besoin d'oxygène et de glucose pour se réveiller, et les recherches montrent qu'un apport de ces éléments améliore les performances cérébrales. Dans ce contexte, une cuillerée de sucre n'est pas une mauvaise idée.

3. Oligo-éléments ioniques d'origine végétale

Il est également essentiel d'apporter dès le matin à l'organisme des oligo-éléments, afin de favoriser sa désintoxication. Si nous ne manquions pas autant de sels minéraux, ceux présents dans le jus de citron suffiraient à activer les processus de purification naturelle. Malheureusement, les citrons en vente de nos jours manquent eux aussi d'éléments minéraux : les citrons ne sont plus ce qu'ils étaient...

Les 70 sels minéraux et oligo-éléments présents dans la nature aideront votre organisme à se purifier, et à déclencher la sécrétion au niveau cérébral des substances chimiques et hormones nécessaires. Un tel départ donne de bonnes bases nutritionnelles pour gérer avec succès les inévitables stress de la journée.

4. Jus d'aloe vera

La sève de l'aloe vera est couramment utilisée pour traiter les coups de soleil, mais l'on connaît moins ses vertus nettoyantes en prise orale. De même qu'elle apaise les blessures superficielles, cette plante apporte ses bienfaits aux tissus intérieurs de l'organisme. L'accumulation de toxines produit un gonflement des tissus corporels ; le jus d'aloe vera réduit ces œdèmes et renforce le système immunitaire, lui permettant de lutter plus efficacement contre les bactéries, les parasites et les virus.

Boire du jus d'aloe vera limite les gonflements tissulaires internes et renforce le système immunitaire.

Il ne manque pas d'études sur les bienfaits de l'aloe vera en usage interne. Et les résultats ne peuvent qu'impressionner. On découvre notamment qu'il protège la paroi de l'estomac, la digestion et la croissance cellulaire, et qu'il agit comme un tonique global. Il est d'ailleurs fort apprécié des athlètes et de toute personne se préoccupant d'entretenir son énergie.

On a aussi pu déterminer que l'aloe vera contenait des antibiotiques naturels, des substances astringentes, un analgésique et un stimulateur de croissance cellulaire qui favorise la cicatrisation des plaies. On connaît ses propriétés depuis des siècles puisque les Égyptiens, les Chinois d'antan aussi bien qu'Alexandre le Grand en vantaient déjà les vertus. En apportant un surplus d'oxygène aux cellules, cette plante procure à l'organisme le surplus d'énergie nécessaire pour accomplir son œuvre régénératrice.

En apportant un surplus d'oxygène aux cellules, l'aloe vera procure à l'organisme le surplus d'énergie nécessaire pour accomplir son œuvre régénératrice.

La sève de cette plante contribue donc à la reconstruction des tissus organiques en stimulant la croissance des cellules. Cela pourrait expliquer pourquoi on n'observe guère ou pas de tissus cicatriciels à la suite d'une brûlure ou d'une blessure traitée au jus d'aloe vera. Cette substance se révèle en outre hypoallergénique et on ne lui connaît aucun effet secondaire, même absorbée en très grande quantité.

Le jus d'aloe vera contribue aussi à la désintoxication de l'intestin, neutralise l'acide gastrique ; il soulage la constipation comme les ulcères de l'estomac et équilibre efficacement le taux de sucre dans le sang. Les patients atteints de diabète à qui l'on prescrit du jus d'aloe vera éprouvent une amélioration notable de leur état.

L'aloe vera réduit l'inflammation des tissus corporels qui accompagne toutes les affections organiques, les troubles du système immunitaire tels que le cancer, le sida ou les allergies alimentaires. Son action purifiante aide le corps à se débarrasser des toxines et limite aussi la croissance désordonnée des bactéries dans l'intestin.

En règle générale, boire du jus d'aloe vera chaque matin accroît l'énergie et le bien-être. En apaisant les inflammations, l'aloe vera favorise l'action du système lymphatique, si bien que le foie peut se consacrer à la digestion des acides aminés afin de produire des hormones et des neurotransmetteurs.

Ajoutez donc une cuillerée à soupe de jus d'aloe vera pur pour « activer » votre verre d'eau matinal. Veillez à choisir du jus extrait à froid (la chaleur tue les enzymes de la plante) et fabriqué à partir de feuilles entières. Vérifiez aussi que le jus acheté n'a pas été dilué. En effet certaines variétés vendues sous l'appellation de « jus d'aloe vera pur » ne contiennent en réalité que 10 % de jus pour 90 % d'eau.

Préparez votre breuvage dépuratif du matin

La combinaison de ces quatre ingrédients active l'eau que vous buvez au lever, afin d'aider votre organisme à se nettoyer efficacement et à enclencher la production des neurotransmetteurs nécessaires à votre bien-être. Vous pouvez préparer cette mixture la veille au soir de manière à pouvoir la boire dès votre lever ; pour gagner encore en énergie, préparez-en assez pour toute la journée. Dans l'idéal, secouez la bouteille qui contient la mixture entre dix et quinze fois avant de la boire. Mélanger les ingrédients à la cuillère convient, mais les agiter dans un shaker est encore mieux.

Secouez la mixture cinq à dix fois avant de la boire.

Certaines marques de produits diététiques proposent des breuvages à base de jus d'aloe vera enrichi en oligo-éléments. Ce breuvage actif miraculeux convient parfaitement le matin et peut aussi être absorbé tout au long de la journée. Il vous donnera un sursaut d'énergie. Prenez, par exemple, une gorgée de jus d'aloe vera aux oligo-éléments avec chaque verre d'eau de la journée.

Étape 2
Sautez, bougez, respirez et assouplissez-vous : le volet « exercice »

La deuxième étape du Régime Mars et Vénus vous conduira à sauter et rebondir, vous secouer, respirer et vous assouplir. Vos séances d'exercice commenceront par une série de « rebondir et secouer » et se termineront de même. Entre les deux, vous accomplirez vos exercices préférés. En effet, pour promouvoir un bon équilibre cérébral, il importe de choisir des exercices faciles à accomplir. La philosophie « pas de succès sans douleur » n'a pas sa place dans le cadre de *Mars et Vénus au régime*. Un programme sportif exigeant une activité métabolique trop élevée entrave la capacité du cerveau à atteindre l'équilibre chimique.

> **Une activité physique trop intensive peut entraver la capacité du cerveau à atteindre l'équilibre chimique.**

Quand on se livre à des exercices trop intensifs, le taux de sucre sanguin nécessaire au bon fonctionnement du cerveau peut chuter de façon excessive, si bien que des acides aminés importants pour la chimie cérébrale se trouvent déviés vers les muscles, au lieu d'aller alimenter le cerveau et les glandes. En outre, l'activité métabolique accrue qui s'ensuit consomme un supplément de sels minéraux et d'oligo-éléments, lesquels sont souvent directement puisés dans le squelette : cela peut induire des déficits minéraux et un vieillissement prématuré, sans même parler des risques d'ostéoporose.

Il faut de l'exercice intensif pour fabriquer du muscle. Pratiqué avec modération, c'est bon pour la forme ; quand on en fait trop, cela se mue en menace pour la santé. Peut-être votre reflet dans le miroir vous satisfera-t-il, mais votre organisme et vos relations avec les autres vont en souffrir. Pour qui se préoccupe avant tout du contrôle de son poids, de son tonus musculaire, et de l'équilibre de sa chimie cérébrale, point n'est besoin de pratiquer une activité physique trop intensive. Si vous avez des kilos en trop, mieux vaut éviter ce type de sport tant que vous n'aurez pas retrouvé votre poids de forme. Vous serez alors mieux à même d'évaluer l'intensité qui vous convient.

Si vous souffrez d'un excédent pondéral, mieux vaut éviter le sport intensif tant que vous n'aurez pas retrouvé votre poids de forme.

Les personnes ayant un corps naturellement musclé ont plus besoin d'activités intenses que les autres. Quoiqu'elles ne soient pas indispensables à leur santé, au maintien de leur poids ou à la gestion de leur stress, elles peuvent représenter un vrai plaisir. En général, si les séances de sports intenses vous amusent, elles sont bonnes pour vous. Cependant, celles durant plus de quarante minutes accélèrent probablement votre processus de vieillissement.

On connaît de mieux en mieux les symptômes de l'abus de sport. Ainsi, on considère habituellement qu'une baisse de performance indique qu'on en fait trop ; parfois, des sautes d'humeur *précèdent* l'apparition de ce symptôme. Chez certains, une séance de sport non aérobic, comme la musculation, suscite de l'anxiété ou de l'agitation. D'autres se sentent déprimés quand ils abusent des exercices aérobic.

Une activité physique intensive améliorera peut-être votre silhouette, mais votre santé et vos relations avec les autres en souffriront.

Chez les hommes obèses, les séances intensives de musculation avec des poids favorisent l'accroissement de la masse musculaire et la combustion des graisses. Il est plus facile pour les hommes de brûler leur masse adipeuse excédentaire par le biais du sport, parce qu'ils possèdent naturellement une masse musculaire plus importante. En augmentant celle-ci, un homme obèse stimule de façon significative son métabolisme : cela lui permet de brûler les graisses plus efficacement.

Les femmes obèses, en revanche, doivent éviter tout sport intensif. Les activités modérées sont amplement suffisantes pour elles. Les activités intensives poussent en effet les cellules mitochondriales brûleuses de graisses à brûler les glucides en lieu et place de lipides. Si bien que, non contentes de s'épuiser et de transpirer, elles inhibent à leur insu la capacité de leur corps à brûler les graisses ! En clair, le sport ne produit pas les mêmes effets métaboliques chez les Vénusiennes que chez les Martiens. Une femme qui fait du sport régulièrement et modérément brûle plus de graisses qu'avec un programme plus intense.

Les femmes obèses doivent éviter toute activité physique intense.

L'exercice « sauter et bouger » accompagné de quelques étirements simples de yoga pour débutants, de Pilates, de tai-chi-chuan, de qi-gong ou de gymnastique classique suffiront amplement pour activer votre métabolisme et stimuler votre chimie cérébrale.

La technique du « rebondir-secouer »

Dès que vous avez fini de boire votre eau « activée », lancez-vous dans la technique du « rebondir-secouer », à laquelle vous allez vous livrer pendant une à trois minutes. Pour brûler plus de calories, vous pouvez la prolonger jusqu'à cinq minutes.

Cette technique constitue un outil efficace de combustion des graisses, car elle stimule le système lymphatique – donc l'élimination des toxines – et avive le flux énergétique dans le corps. Après, vous sentirez d'ailleurs l'énergie vibrer dans vos membres même lorsque vous resterez immobile.

Ces picotements viennent de ce que vos cellules vibrent plus rapidement. Ces mouvements minuscules génèrent une forme d'électricité, laquelle se propage à travers le corps, pourvu qu'il affiche une teneur adéquate en eau, en oxygène et en éléments minéraux. C'est ce que les Chinois appellent le *chi* et les Indiens le *prana*. On retrouve d'ailleurs une version de la technique du « rebondir-secouer » dans la plupart des traditions médicales.

Quand on s'y livre juste après avoir bu de l'eau activée mais avec l'estomac vide, ces mouvements simples vivifient le métabolisme pour la journée. Même lorsque vous serez assis devant votre ordinateur ou au volant de votre voiture, votre métabolisme suractivé continuera à brûler plus efficacement vos réserves adipeuses.

La technique du « rebondir-secouer » stimule le métabolisme de sorte que l'organisme brûle plus de calories tout au long de la journée.

Inutile de perdre votre temps et votre énergie en sport intensif dans l'espoir de brûler des calories : la deuxième étape du Régime Mars et Vénus repose sur des exercices faciles visant avant tout à activer le métabolisme, afin que votre organisme continue à brûler davantage de calories tout au long de la journée et de la nuit qui suivent. La technique du « rebondir-secouer » apporte des bienfaits à quatre égards :

1. la vibration cellulaire intensifiée brûle les réserves adipeuses, tonifie les muscles et développe la masse corporelle maigre ;
2. vous respirez plus profondément et les mouvements imprimés à votre colonne vertébrale accroissent votre vitalité ; ils stimulent une saine production de neurotransmetteurs en intensifiant les va-et-vient du liquide spinal vers le cerveau ;
3. l'apport accru d'oxygène résultant d'une respiration en rythme stimule aussi votre métabolisme : ainsi, la combustion des graisses reste plus efficace tout au long de la journée ;
4. le doux mouvement global du « rebondir-secouer » stimule le système lymphatique, favorisant la purification et la désintoxication de l'organisme.

Détaillons à présent les six étapes de la technique du « rebondir-secouer ».

1. Tenez-vous debout, les pieds légèrement écartés et les genoux un peu fléchis. Laissez votre corps rebondir sans soulever vos talons du sol.

2. Lorsque vous effectuez ces rebonds, laissez vos bras pendre, souples et détendus. Secouez les mains latéralement tandis que vous sautez.

3. Penchez doucement la tête en arrière, puis inclinez-la vers l'avant (de 5 à 10 centimètres au maximum).

4. Lorsque vous penchez la tête en arrière, inspirez pendant 5 secondes, puis expirez pendant 5 secondes, tout en baissant de nouveau le menton.

5. Pendant la première minute d'exercice, respirez par le nez. La minute suivante, continuez, mais en émettant un bruit depuis de la base de votre gorge. Ce son n'émane pas de vos cordes vocales ; il résulte du passage de l'air dans la gorge et évoque un ronflement. Pendant les 2 à 3 minutes restantes, inspirez par le nez et expirez par la bouche. Lorsque vous expirez, soufflez comme si vous essayiez d'éteindre une bougie placée à 50 centimètres devant vous.

6. Cessez de sauter. Toujours debout, en position détendue, consacrez une minute à simplement ressentir les picotements parcourant votre corps. La meilleure position consiste à se tenir les bras relâchés le long du corps et les genoux légèrement fléchis. Vous venez d'activer votre système lymphatique et les milliards de cellules de votre organisme : c'est excellent pour la santé.

De tous les exercices proposés dans cet ouvrage, celui-ci est le plus important. Notre mode de vie sédentaire incite en effet notre système lymphatique à la paresse : cela fait largement reposer le poids du nettoyage de l'organisme sur le foie. Quand vous vous sentez dépassé par les événements ou épuisé, votre foie est logé à la même enseigne. Un système lymphatique languissant surmène le foie. Il n'a plus le temps d'accomplir son travail normal de digestion des protéines, afin de transformer celles-ci en neurotransmetteurs.

Ce programme vous donnera les bases pour rééquilibrer votre chimie cérébrale et gagner en santé, en bonheur et en amour. Tous les exercices aérobic stimulent le système lymphatique, mais aucun ne le fait autant que notre simple technique du « rebondir-secouer ».

Le foie ne peut accomplir sa tâche de transformation des protéines en neurotransmetteurs s'il est intoxiqué et surmené.

Respirez et fléchissez votre colonne vertébrale

Une fois terminée la séance de « rebondir-secouer », vous voilà prêt à vous livrer à 10 à 20 minutes d'exercice. La plupart des activités, qu'il s'agisse de gymnastique douce ou d'étirements, vous aideront à respirer plus profondément tout en courbant votre épine dorsale, afin d'améliorer mécaniquement la circulation des neurotransmetteurs dans votre cerveau. En effet, une chimie cérébrale optimale passe par une bonne circulation du liquide spinal dans le cerveau, laquelle est entravée par la station assise dans une chaise ou en voiture. En prenant le temps de fléchir l'échine le matin, vous aiderez votre cerveau à retrouver peu à peu son équilibre. Lorsque vous vous penchez en avant, le liquide spinal coule telle une rivière pure et claire, au lieu de stagner comme dans une mare.

La plupart des programmes d'exercices ou d'étirements proposés suffisent amplement pour le bien-être du cerveau, à condition de les associer à des techniques de respiration. N'oublions pas que l'oxygène constitue le nutriment numéro un du cerveau. Vingt pour cent de celui que nous aspirons est utilisé par cet organe. Un cerveau humain pèse environ 1,5 kilo : cela représente moins de 2 % de notre masse corporelle ; pourtant, il consomme pour fonctionner 20 % de notre oxygène. Il va donc de soi qu'accroître son apport en oxygène favorise la santé du cerveau.

L'oxygène constitue l'aliment numéro un du cerveau.

Pendant que vous effectuez vos exercices, veillez à maintenir un flux respiratoire constant en aspirant pendant 5 secondes puis en expirant pendant 5 secondes, sans jamais vous essouffler. Pratiquez tour à tour ces trois types de respiration : par la tête, par la poitrine et par l'abdomen.

1. La respiration par la tête implique d'inspirer et d'expirer par le nez en essayant de remplir d'air au maximum sa tête et ses conduits nasaux. À chaque inspiration, levez doucement la tête comme pour regarder le plafond ; lorsque vous expirez, laissez votre tête retomber comme pour regarder un peu en deçà de l'horizon. Il doit s'agir de mouvements de balancier très ténus – pas plus de 5 à 10 centimètres. Utilisez cette technique de respiration pendant vos exercices d'étirements doux (comptez 5 secondes pour l'inspiration et 5 secondes pour l'expiration).

2. La respiration par la poitrine : inspirez et expirez par le nez, mais concentrez-vous sur le remplissage de vos poumons en laissant votre cage thoracique se dilater au maximum. Pendant que vous pratiquez cette respiration, laissez de nouveau un léger son s'échapper de votre gorge au passage de l'air. Tâchez de maintenir un volume d'air constant tout au long de cette série d'exercices respiratoires. Utilisez cette technique pendant les exercices d'intensité modérée. Là encore, comptez 5 secondes d'inspiration et 5 secondes d'expiration.

3. La respiration abdominale. Respirez par l'abdomen pendant les exercices d'intensité modérée. Inspirez par le nez et soufflez par la bouche pour expirer. Cette respiration plus intensive est souvent enseignée dans les hôpitaux pour aider les patients à convoyer plus d'oxygène jusqu'à leurs cellules. On l'inculque couramment aux patients atteints d'affections pulmonaires chroniques ou aux personnes s'essoufflant rapidement.

Expirer ainsi en soufflant produit une pression négative dans les poumons : cela facilite l'expansion des alvéoles et un meilleur échange. Les alvéoles sont de petits sacs à l'intérieur des poumons, qui retiennent l'air. On constate une amélioration très nette de la saturation en oxygène après une ou deux minutes de respiration de ce type.

Ces trois types de respiration sont efficaces, mais il importe avant tout de conserver un rythme régulier. En effet, c'est la constance qui revêt le plus d'importance pour l'équilibre cérébral. Toutes les tactiques sportives indiquées ci-après stimuleront la production de neurotransmetteurs pourvu qu'elles soient accompagnées des bonnes techniques respiratoires (toujours 5 secondes pour l'inspiration et 5 secondes pour l'expiration).

– Pratiquez des exercices de gymnastique simple ou encore des étirements issus de techniques comme le yoga, le Pilates, le tai-chi-chuan, le qi-gong ou la gymnastique suédoise. Choisissez un programme qui vous plaît suffisamment pour vous donner envie de continuer. Pour une efficacité optimale au niveau de la sécrétion des neurotransmetteurs, vous ne devez jamais vous essouffler, ni éprouver de courbatures par la suite.

– Marchez ou courez à petites foulées, mais veillez à ne jamais vous essouffler. Maintenez en permanence un rythme respiratoire basé sur 5 secondes d'inspiration et 5 secondes d'expiration. En général, 20 minutes d'exercice aérobic suffisent amplement et, sauf pour les personnes en excellente forme physique, en faire plus se révèle souvent trop épuisant : cela risque d'enclencher un processus de vieillissement prématuré.

– Si vous cherchez à accroître votre musculature, faites-le après 20 minutes d'exercices *faciles*. Donnez d'abord à votre cerveau le loisir de retrouver son équilibre, puis prolongez votre programme de 30 minutes par un programme de musculation plus intense.

– Quand vous pratiquez des exercices intensifs, essayez de conserver le rythme 5 secondes d'inspiration/5 secondes d'expiration, et veillez à ne pas en faire trop ; vous ne devez pas éprouver de douleurs musculaires. Si vous souffrez après une séance ou le lendemain, vous vous forgerez peut-être des muscles, mais vous ne stimulez pas utilement votre production de neurotransmetteurs.

– On améliore efficacement sa musculature sans risque de se blesser en intercalant dans un programme d'exercice modéré de brefs passages plus intensifs. Inutile d'épuiser ses muscles pour les renforcer ! Les courbatures indiquent que vos acides aminés servent pour l'essentiel à la réparation des fibres musculaires : cela signifie qu'ils ne sont pas disponibles pour le cerveau. Voilà pourquoi les athlètes se sentent souvent étourdis.

– Vous pouvez vous entraîner dans une salle de gym à condition de ne pas vous épuiser et de garder un rythme de respiration régulier. Ainsi, vous améliorerez votre chimie cérébrale et gagnerez en musculature.

Le point le plus important consiste dans le choix d'un programme d'exercices que vous appréciez. D'après les études, on « tient » rarement plus de six mois avant de jeter l'éponge. Autant dire que si vous ne parvenez pas à entretenir votre motivation, vous ne tarderez pas à vous lasser de votre programme et à vous trouver mille excuses pour « sécher » la gym.

Un programme d'exercices non pratiqué régulièrement ne peut pas être efficace.

Terminez par une nouvelle séance de « rebondir-secouer »

À l'issue de ces 10 à 20 minutes d'exercice, buvez un autre grand verre d'eau activée et refaites une séance de « rebondir-secouer ». Cette fois, au lieu de secouer souplement vos mains d'avant en arrière, tendez fermement vos doigts vers le sol, un peu comme si vous vouliez faire du karaté, et secouez vigoureusement les mains de chaque côté du corps. Quand vous aurez terminé, restez une minute debout en position détendue, la tête droite et la poitrine bombée pour « écouter » l'énergie circuler à travers votre corps.

Si vous concevez mal de consacrer 30 minutes à une activité physique chaque matin dès le lever, contentez-vous tout d'abord de 5 minutes de « rebondir-secouer ». Au bout d'une semaine, vous commencerez à vous réveiller plus tôt : cela vous laissera plus de temps pour pratiquer une activité physique.

En quelques semaines, votre métabolisme gagnera en vigueur. Vous aurez plus d'énergie, verrez votre poids se stabiliser et vos rythmes de sommeil s'améliorer. En effet, lorsque l'organisme et le métabolisme se rééquilibrent, il devient facile de se réveiller plus tôt de manière à pouvoir se livrer à une demi-heure d'exercices de bon matin. Un métabolisme actif tout au long de la journée et une chimie cérébrale plus saine permettent de s'endormir un peu plus tôt et de dormir beaucoup plus profondément.

Avec un métabolisme plus actif, on gagne du temps parce qu'on a besoin de moins de sommeil.

Quand vous aurez terminé vos 20 à 30 minutes d'exercice, passez à vos ablutions habituelles. Le moment de petit déjeuner venu, vous aborderez la troisième étape du Régime Mars et Vénus.

Étape 3
Buvez votre petit déjeuner liquide

Cette troisième étape consiste en la préparation et la dégustation de votre breuvage nutritif « Mars et Vénus ». En mélangeant les ingrédients nécessaires pour promouvoir un bon équilibre chimique cérébral, vous allez remplacer votre petit déjeuner habituel par un repas beaucoup plus nutritif. Le breuvage dont nous allons vous donner la recette peut remplacer le petit déjeuner ou en compléter un léger et sain (nous reviendrons dans le chapitre 11 sur les ingrédients d'un repas sain). Si vous avez des kilos à perdre, contentez-vous du Breuvage Mars et Vénus jusqu'à ce que vous ayez retrouvé votre poids idéal. La composition de cette boisson comble les besoins du corps et rassasie : il ne s'agit donc pas de se priver.

Un régime n'implique pas de se priver.

Les personnes en surpoids n'ont pas besoin de manger beaucoup au petit déjeuner. Un petit déjeuner nutritif mais pauvre en calories incite l'organisme à puiser dans ses réserves adipeuses pour produire plus d'énergie. Plus vous avez accumulé de kilos excédentaires, moins de calories il vous faut le matin. N'oubliez pas : votre masse adipeuse représente une masse de calories attendant d'être brûlées. Nous avons déjà expliqué qu'un petit déjeuner léger et nutritif indique à l'organisme qu'il doit se préoccuper de brûler ses stocks excédentaires. En revanche, avec un petit déjeuner *riche en calories*, l'organisme en déduit qu'il n'a pas besoin de puiser dans ses réserves. Résultat, le métabolisme ralentit. Attention : prendre un petit déjeuner pauvre en calories ne signifie pas se passer de petit déjeuner.

Un petit déjeuner trop calorique incite l'organisme à ralentir son métabolisme et à s'accrocher à ses réserves graisseuses.

Sauter le petit déjeuner ralentit le métabolisme et inhibe la combustion des graisses. L'organisme agit ainsi pour préserver ses stocks d'énergie, au cas où la nourriture viendrait à manquer. Cela ne conduit pas nécessairement à manquer d'énergie le matin, mais vous enclenchez un mécanisme conduisant tôt ou tard à l'épuisement. Privés de stimulants de la sécrétion de dopamine comme le travail ou une relation nouvelle et excitante, les hommes s'écroulent de fatigue à leur retour à la maison. Et une femme qui ne voit pas sa sérotonine stimulée par une relation empreinte de tendresse à son retour à la maison ou du soutien de ses amis pendant la journée se sentira de plus en plus dépassée par les événements.

Sauter le petit déjeuner conduit à la « panne » de neurotransmetteurs avant la fin de la journée.

Ce petit déjeuner Mars et Vénus stimule le métabolisme ; comme il n'est pas très énergétique, il pousse le corps à puiser dans ses réserves adipeuses.

Les mécanismes commandant la combustion des graisses reprennent les principes de base de l'économie. Quand on se retrouve au chômage, on limite au maximum ses dépenses et on s'accroche à ce qu'on a ; quand on saute le petit déjeuner, le métabolisme ralentit afin d'éviter que l'organisme se retrouve à court d'énergie. Si, à l'inverse, vous avez une bonne situation avec des revenus réguliers mais que le niveau de votre compte bancaire baisse pour un temps, vous puiserez sans vous émouvoir dans votre compte épargne. En consommant un petit déjeuner nutritif mais peu calorique (un bon poste doté de revenus réguliers), votre corps sera incité à brûler ses réserves de graisse afin de produire un excédent d'énergie (vous retirez un peu d'argent de votre compte épargne).

Pour les personnes en surpoids, un breuvage nutritif apportant 200 à 300 calories convient à merveille. Si cela ne vous paraît pas suffisant, prévoyez de vous en préparer un autre dans quelques heures ou de vous accorder un en-cas savoureux. Commencer la journée de la sorte permet en effet de s'autoriser un en-cas dans la matinée, un déjeuner plus consistant, un autre en-cas dans l'après-midi et un dîner raisonnable. Si, en revanche, on saute le petit déjeuner sans compenser ce déficit par un déjeuner suffisamment consistant, on éprouve immanquablement l'envie de trop manger au dîner. Un petit déjeuner léger mais riche en nutriments stimule la combustion des graisses et nourrit les cellules de sorte que l'on n'a pas en permanence envie de se gaver.

Plus on a de kilos en trop, moins on a besoin d'absorber de calories au petit déjeuner.

Quand vous aurez retrouvé votre poids de croisière, vous pourrez accroître la quantité de chaque ingrédient pour obtenir un breuvage de 500 calories, ou l'accompagner d'aliments normaux. Mais quel que soit votre point de départ, quand vous aurez retrouvé votre poids idéal, vous n'aurez jamais besoin d'absorber plus de 500 calories au petit déjeuner.

Si vous souhaitez suivre les recommandations du ministère de la Santé (je les juge pour ma part un peu trop exigeantes), comptez 500 calories au petit déjeuner, entre 500 et 1 000 calories à midi, deux en-cas de 150 calories chacun et 500 calories au dîner. Cela permet d'atteindre le total recommandé de 2 000 à 2 500 calories quotidiennes. Rappelez-vous toutefois : quand on avance en âge, on entretient son corps plus qu'on ne le construit. Autant dire que sauf si l'on suit un programme de body-building, on n'a plus besoin d'autant de calories.

Quand on avance en âge, on se contente d'entretenir son corps : cela réduit les besoins caloriques.

Mars et Vénus au régime vous suggère de commencer la journée par un petit déjeuner pauvre en calories et d'accepter la perspective d'en absorber moins au fil de la journée. Efforcez-vous, dans la mesure du possible, d'opter pour des aliments sains et mangez autant que vous le désirez. Prendre un petit déjeuner approprié, à moins de rompre cet équilibre en absorbant des aliments vraiment malsains, donne juste envie de l'apport nutritionnel nécessaire au bon fonctionnement de l'organisme.

Cette quête des aliments sains ne doit pas devenir une obsession, ni vous conduire à éprouver le sentiment de vous priver. Rien de tel en effet pour provoquer des fringales de mets mal choisis et favoriser les déséquilibres psychologiques.

Toutefois, mieux vaut manger mal que ne pas manger du tout ! Sachez en outre que l'aliment le plus malsain peut être nettement amélioré par l'adjonction de quelques enzymes et éléments minéraux. Étant donné que la plupart des aliments à notre disposition aujourd'hui manquent de nutriments, mieux vaut prévoir une supplémentation en enzymes et en oligo-éléments. Si vous ne disposez pas de complément chez vous, commencez le repas par une salade et mâchez très lentement : cela stimulera votre production d'enzymes digestives.

Mieux vaut, en général, manger mal que sauter un repas.

Avec ce programme, vous déborderez tellement d'énergie que vous n'éprouverez plus le besoin de boire du café, de manger des desserts sucrés ou de boire des breuvages sucrés ou autres stimulants. La préparation matinale « Mars et Vénus » apporte bien plus d'énergie qu'une tasse de thé ou de café. De même, votre niveau de stress se normalisera, et vous n'aurez plus besoin de boire d'alcool pour vous détendre ou passer une bonne soirée.

Cela ne signifie nullement que vous devrez plus jamais déguster de thé noir, de café ou d'alcool, ni commander un dessert. En revanche, vous les considérerez dorénavant comme des plaisirs occasionnels. Il se trouve en effet que, même s'ils produisent des effets négatifs sur l'organisme, ils se révèlent souvent bénéfiques pour le moral. Ainsi le café ou le thé noir possèdent-ils pour certains une connotation agréable, car ils sont liés aux bons moments passés entre amis. Idem pour l'alcool. Grâce à une alimentation adéquate et à l'équilibre cérébral qui en résulte, la plupart des individus pourront supporter sans dommage un apport modéré de ces plaisirs *a priori* malsains.

Il arrive que des mets soient malsains pour le corps, mais possèdent pour nous une valeur sentimentale.

Si vous avez du mal à résister aux aliments malsains, vous souffrez clairement d'un problème de dépendance. *Mars et Vénus au régime* vous en libérera. Débarrassé de ces envies pénibles à gérer, vous pourrez faire de meilleurs choix. Et quand vous aurez recouvré la santé, vous pourrez de nouveau vous s'accorder de menus plaisirs de temps à autre. Mais pour soigner un corps malade, en surpoids, ou au contraire trop décharné, il faut absolument éviter ce type d'aliment.

Vous verrez : cela deviendra beaucoup plus facile dès que votre cerveau sécrétera les hormones appropriées.

Pour guérir un corps malade, il faut éviter pour un temps les aliments toxiques.

Dès qu'il ne subit plus l'action déshydratante du café, l'organisme peut absorber plus efficacement les nutriments et les éléments minéraux indispensables à sa désintoxication et à sa guérison. Et quand il n'est plus contraint de gérer le surplus de toxines lié à l'absorption d'alcool, votre foie peut commencer son processus de régénération. Comme les réserves minérales de votre squelette ne sont plus pillées par la consommation de sucre raffiné, vos cellules et vos os vont se reconstituer, d'autant que les sels minéraux et les oligo-éléments apporté en abondance dans votre breuvage matinal vous met en mesure d'atteindre l'équilibre chimique cérébral.

Si vous nourrissez vos cellules et votre cerveau correctement dès le matin, vous verrez vos préférences gustatives évoluer d'elles-mêmes en neuf jours : les aliments sains prendront peu à peu une saveur plus agréable. Au début, afin d'aider votre organisme à se débarrasser de ses (mauvaises) vieilles habitudes, efforcez-vous de remplir votre réfrigérateur d'aliments sains ; évitez de vous approcher de ceux à prohiber, à plus forte raison d'en conserver chez vous.

La simple vue d'un beignet ou d'un hamburger déclenche chez certains une vague de faim émotionnelle, même si leur corps n'a réellement envie ni besoin de rien à cet l'instant. Vous avez si longtemps bondi sur ces aliments pour pallier une chimie cérébrale en déséquilibre ou une humeur instable que le simple fait de les regarder vous remet ces épisodes en mémoire. Cela qui peut déclencher un déséquilibre susceptible de réveiller une dépendance alimentaire ou de déclencher une fringale.

Donc, tant que vous ne serez pas remis d'une vie entière de « malbouffe », vous devrez fuir les tentations. Considérez cela comme un processus de guérison psychologique : il ne vous viendrait pas à l'idée d'accrocher dans votre chambre le portrait d'une personne qui vous a fait souffrir. Agissez de même en matière d'alimentation.

Combien manger ?

Si vos cellules sont correctement nourries dès le matin, la taille de vos portions se stabilise tout naturellement. Et vous pouvez enfin dire adieu aux calculs de calories et aux régimes jockey. Dans le cadre de ce programme, vous devrez prendre au moins trois repas par jour et vous efforcer de caser deux en-cas supplémentaires. Écoutez votre corps et donnez-lui ce qu'il vous demande. Au début, vous devrez peut-être vous restreindre un peu si vous vous savez enclin(e) à trop manger. Mais très vite vous n'aurez plus besoin de faire appel à votre volonté : vous n'aurez plus envie de suralimenter votre corps.

Dans l'idéal, nous devrions prévoir un petit déjeuner et un dîner peu caloriques avec un déjeuner plus important. La production d'enzymes digestives commence aux environs de 7 heures du matin et va croissant jusqu'à midi. Elle diminue à partir de 14 heures pour s'interrompre vers 19 heures. Donc, lorsque vous mangez après cette heure, il faut impérativement accompagner votre repas d'enzymes digestives d'origine végétale. À vrai dire, comme nos aliments ont presque toujours subi un processus de préparation, il semble judicieux d'ajouter à chaque repas des oligo-éléments et des enzymes.

Les ingrédients du Breuvage Mars et Vénus

Je vais vous donner la liste des ingrédients recommandés pour la confection du breuvage matinal « Mars et Vénus » avec la quantité précise de chaque ingrédient. Plus vous vous en tiendrez à ces quantités, plus le programme se révélera efficace. Vous devrez cependant vous accorder la latitude d'adapter cette recette à vos besoins individuels, afin de concocter *votre* petit déjeuner idéal.

Il s'agit d'ingrédients sains, dépourvus d'effets secondaires indésirables s'ils sont consommés avec modération. Si toutefois vous êtes diabétique insulinodépendant, vous devrez surveiller avec une attention toute particulière votre taux de sucre sanguin. Car à mesure que votre organisme commence à produire de lui-même plus d'insuline, vous devrez peut-être, en accord avec votre médecin, réajuster votre traitement.

Basses calories

Vous pouvez préparer votre propre petit déjeuner avec 200 à 400 calories de compléments alimentaires naturels. Tous ceux vendus dans les magasins de produits diététiques indiquent leur teneur en protéines, matières grasses et glucides pour 100 grammes. Pour déterminer les calories apportées par chacun de ces groupes d'aliments, multipliez les grammes de lipides par neuf, et ceux de protéines et de glucides par quatre.

1. Glucides. Les glucides devraient représenter 50 % du total, soit 25 à 50 grammes par jour (1 gramme de glucides équivaut en général à 4 calories). Si votre programme sportif comporte des séances de musculation intensive, il vous faudra prévoir encore plus de glucides. L'adjonction d'une banane permet de gagner une centaine de calories. Tâchez d'éviter les mélanges tout préparés, souvent riches en sucre raffiné ; préférez les produits de bonne qualité édulcorés avec du fructose ou des extraits de fruits, et évitez les ingrédients comme le sucre, le dextrose, le glucose, le sirop de malt, le sirop de maïs et tous les édulcorants de synthèse contenant de l'aspartame ou du sucralose. Pour améliorer votre équilibre glucidique, ajoutez dans vos menus des fruits frais ou surgelés Voici une liste de fruits avec leur teneur en calories.

Fruit	Portion	Calories
Jus d'ananas	120 ml	68
Jus de canneberge	120 ml	73
Jus de carotte	120 ml	50
Jus d'orange	120 ml	55
Jus de pomme	120 ml	58
Jus de raisin	120 ml	78
Nectar de papaye	120 ml	71
Nectar de poire	120 ml	73

Abricot	3	51
Ananas	1 petit bol	77
Ananas (conserve)	1 petit bol	200
Banane	1 moyenne	100
Dattes	2	44
Figue	1 moyenne	37
Fraises	2 poignées	45
Framboises	2 poignées	61
Melon	1/2	57
Mûres	2 poignées	72
Orange	1 moyenne	65
Papaye	1 moyenne	58
Pastèque	1 petit bol	50
Pêche	1 moyenne	37
Poire	1 moyenne	98
Pomme	1 moyenne	81
Raisins	2 poignées	58
Raisins secs	2 poignées	450

Ce tableau permet de déterminer facilement le degré d'adoucissement glucidique nécessaire pour votre Breuvage Mars et Vénus matinal. Vous stimulerez un peu plus votre chimie cérébrale si vous ajoutez de la poudre de cassave et/ou de maca, deux féculents exotiques très intéressants. La cassave, aussi appelé yucca, est couramment consommée dans les régions tropicales où on la mélange souvent au tapioca. Comptant parmi les aliments stimulant le plus la sécrétion de sérotonine, elle convient donc à merveille aux femmes comme aux hommes. La maca, elle, vient du Pérou : cet aliment énergisant ne contient pas de caféine, mais accroît, entre autres symptômes d'afflux de dopamine, le tonus et la clarté mentale. Si vous en versez dans votre boisson matinale, vous n'aurez jamais plus besoin de boire du café. La maca possède en outre des vertus aphrodisiaques réputées chez la femme comme chez l'homme.

2. Protéines en poudre. Choisissez une poudre de protéines de bonne qualité pour votre mélange. Les protéines doivent représenter au moins 30 % de la valeur calorique totale du breuvage pour les hommes et 20 % pour les femmes. Rappelons-le : un excédent de protéines peut inhiber la production de sérotonine chez la femme. En revanche, si les hommes n'en absorbent pas assez, cela inhibe leur sécrétion de dopamine.

Au quotidien, les hommes ont en général besoin de 13 à 30 grammes de protéines (en moyenne 23 grammes). Les plus musclés – plus de 100 kilos sans surpoids – peuvent en consommer sans dommage jusqu'à 30 grammes. Des accès de somnolence au cours de la journée indiquent un apport trop élevé. On compte d'ordinaire pour les femmes 10 à 20 grammes de protéines par jour.

L'utilisation d'une poudre de protéines garantit un apport adéquat en tous les acides aminés essentiels tout en contrôlant la teneur en graisses et en glucides de votre repas. Le breuvage proposé ici apporte les nutriments que vous devriez souhaiter réunir au sein d'un repas, sans les calories excédentaires.

3. Graines de lin moulues pour apporter des oméga-3. Comptez au moins 20 % de bonnes graisses pour les hommes et 30 % pour les femmes. À ceux qui jugeront ce pourcentage trop élevé, je répliquerai que 30 % de 200 à 400 calories ne représentent pas grand-chose. La meilleure méthode pour apporter à votre organisme les bonnes graisses nécessaires à son bien-être consiste à mélanger à vitesse élevée avec votre breuvage une ou deux cuillerées à soupe de graines de lin pour les femmes, et une environ pour les hommes. Les graines ainsi broyées donnent des acides gras essentiels oméga-3 de bonne qualité. Une cuillerée à soupe représente 15 grammes de graines de lin ; cela équivaut à 5,7 grammes de matières grasses.

Vous pouvez aussi opter pour des graines de chanvre – pour votre information, le chanvre n'est pas de la marijuana et son utilisation est légale. Ces graines se révèlent plus faciles à broyer.

Abruti ou somnolent ? Vous avez sans doute un peu abusé de ces bonnes graisses : diminuez votre apport. Pour varier la saveur de votre petit déjeuner, vous pouvez aussi opter pour une poignée de noix, elles aussi riches en acides gras oméga-3.

Si vous ne broyez pas de graines de lin le matin, remplacez-les par deux cuillerées à soupe de farine de lin : non seulement elles contiennent des oméga-3, mais elles apportent de bonnes fibres alimentaires.

4. Enzymes. Les magasins de produits diététiques vendent des enzymes végétales à large spectre. Vous devez en effet vous assurer que votre complément alimentaire contient un large éventail d'enzymes digestives.

5. Vitamines. Ajoutez un complément multivitaminé de bonne qualité. Il doit contenir toutes les vitamines du groupe B, indispensables, comme la vitamine C, à la transformation des acides aminés en dopamine et en sérotonine. Afin d'éliminer vos envies de sucre raffiné, envisagez un apport de chrome (150 μg par jour ou 25 à 50 μg par repas).

6. Oligo-éléments. Plus important encore, prévoyez une bonne dose d'oligo-éléments ainsi que de calcium et de magnésium. Veillez à choisir un complément qui se dissout bien dans l'eau ; sinon, il ne le fera pas mieux dans votre organisme : il doit, bien sûr, être de bonne qualité.

7. Eau et glaçons. Ajoutez cinq à six glaçons dans 25 centilitres d'eau et mixez le tout. Si vous utilisez du jus en lieu et place d'eau, n'oubliez pas de le comptabiliser dans votre apport en glucides. Les glaçons améliorent la saveur du breuvage. Et si vous essayez de perdre du poids, cela aidera votre métabolisme à passer à la vitesse supérieure.

Pourquoi les mets glacés favorisent-ils la perte de poids ? Parce qu'ils incitent le corps à se réchauffer. Quand on mange glacé, l'organisme doit compenser afin de maintenir la température corporelle, et cela brûle des calories. En Inde, où il fait chaud, manger de la glace aurait conduit à une surchauffe corporelle (cette médecine traditionnelle ne tient pas compte d'inventions modernes comme la climatisation) !

Pour les mêmes raisons, il vaut mieux éviter les breuvages glacés après deux heures de sport, lesquelles stimulent puissamment le métabolisme. Quand on a eu très chaud, il n'est pas bon d'absorber un mets glacé. En revanche, l'eau fraîche ou froide convient à merveille à toute personne faisant moins de deux heures d'exercice par jour. L'eau des torrents de l'Himalaya est toujours glacée : les yogi indiens qui la boivent se portent comme un charme.

Après votre Breuvage Mars et Vénus, buvez un verre d'eau fraîche, afin d'aider votre corps à en assimiler les nutriments.

Peut-être songez-vous que sept ingrédients font une recette bien compliquée : en fait, une fois ces éléments rassemblés, la préparation ne prend que quelques minutes. Non content d'avoir plus d'énergie tout au long de la journée, vous gagnerez du temps le matin ! Le breuvage crée une chimie cérébrale plus équilibrée, propre à vous apporter une meilleure santé, plus de bonheur et l'amour durable.

En cas de fringale dans la journée, n'hésitez pas à préparer un autre verre de cette mixture. Rappelez-vous : une fois préparé, ce breuvage doit être consommé dans les 15 minutes. Il n'est pas question d'en préparer à l'avance dans une bouteille isotherme en vue d'un en-cas ou d'un repas ultérieur. Dès que les protéines et les enzymes sont mélangées à l'eau, les secondes s'activent et commencent la digestion des protéines.

Une fois préparé, votre breuvage matinal doit être consommé dans les quinze minutes.

Ce processus de digestion doit se produire dans votre estomac, et non dans une bouteille thermos. Les protéines prédigérées n'ont pas très bon goût et n'auront pas le même effet bénéfique sur votre organisme. C'est un peu comme si vous aviez oublié un plat à l'extérieur : il commence à se décomposer, à sentir mauvais, puis devient toxique.

Pas question, donc, d'emporter ce breuvage avec vous ; mais vous pouvez emporter les ingrédients nécessaires à sa préparation. C'est ce que fais quand je voyage. Si je n'ai pas le temps de prendre une pause déjeuner, je me prépare un Breuvage Mars et Vénus, au lieu de supprimer le repas.

Les magasins diététiques vendent des produits contenant déjà plusieurs de ces ingrédients. À vous de choisir...

Contrôle pondéral accéléré

Le contrôle du poids comporte la perte de la masse adipeuse excédentaire, le maintien de la masse musculaire maigre, et la stabilisation du poids et du taux de graisse corporelle à un niveau idéal. *Mars et Vénus au régime* permet d'atteindre ces trois objectifs. Les maigrelets commenceront par prendre du poids en renforçant leur musculature ; les personnes en surpoids brûleront d'abord leur masse adipeuse excédentaire, afin d'éliminer leurs kilos superflus. Arrivé à votre poids idéal, ce programme vous aidera à vous y maintenir sans vous priver d'aucune façon.

Étant donné la proportion de personnes en surpoids au sein des populations occidentales, nous allons voir comment brûler sa masse adipeuse excédentaire pour mincir, puis comment stabiliser son poids, avant de nous attacher à la construction d'une masse musculaire plus importante. Pour perdre du poids en brûlant ses réserves de graisse, il faut combiner quatre facteurs :

1. purification,
2. activation du métabolisme,
3. un régime hypocalorique mais nutritif,
4. une alimentation propre à rééquilibrer la chimie cérébrale.

Le Régime Mars et Vénus accomplit tout cela. En conséquence, votre organisme brûle ses réserves adipeuses plus efficacement et plus rapidement qu'avec n'importe lequel des programmes amincissants à la mode. Il est possible de perdre entre 1,5 et 1 kilo par semaine. Votre foie désintoxiqué et votre métabolisme normalisé vous permettront de perdre quelque cinq kilos en quatre semaines. En l'espace de deux mois, les dix kilos superflus que vous traînez auront disparu.

Il suffit alors de continuer à suivre ces préceptes pour ne pas reprendre les kilos perdus.

Les personnes souhaitant accélérer leur amincissement peuvent le faire efficacement et sans danger, sans recourir à des pilules nocives qui accélèrent le métabolisme au détriment du cœur et dont les méfaits ne sont que trop connus. Si vous donnez à votre organisme la possibilité de se désintoxiquer plus rapidement, vos kilos s'envoleront beaucoup plus vite.

Les pilules amincissantes qui accélèrent le métabolisme sont nocives.

L'obésité est une maladie, mais votre organisme dispose des moyens de la combattre, comme toute autre affection. Il a simplement besoin d'un peu d'aide. Pour activer les capacités autorégénératrices de votre corps et sa capacité à brûler les graisses excédentaires, vous devez tout d'abord libérer votre foie de la nécessité d'éliminer les toxines issues de votre alimentation. Depuis des années, vous mangez trop et mal, et votre corps est plein de toxines, stockées dans votre masse adipeuse. Un jeûne liquide de deux jours dispense le foie de la tâche de métaboliser de nouveaux aliments : cela lui permet d'entreprendre un processus de nettoyage de l'organisme et d'élimination des toxines emmagasinées.

Attention ! il ne s'agit pas de se priver de manger : cela inhibe la combustion des graisses et ralentit le métabolisme. Il s'agit seulement de s'abstenir d'absorber des aliments solides. Même si vous ne prenez pas de véritable repas, vous apporterez néanmoins à votre organisme la plupart des nutriments nécessaires. Si, en plus, vous buvez beaucoup d'eau activée, multipliez les séances d'étirements et les exercices respiratoires, votre corps profitera de l'occasion pour se désintoxiquer.

Au lieu de brûler ses graisses pour produire de l'énergie, il les brûle pour se purifier. Ce processus s'enclenche dès le remplacement des repas par de l'eau, du citron, des sels minéraux et des oligo-éléments et du jus d'aloe vera accompagnés d'un peu de fruit ou de miel. Ces ingrédients donnent au foie le feu vert pour lancer un grand nettoyage de printemps et éliminer les vieilles toxines. Les jeûnes liquides au jus de citron et au miel comptent parmi les tactiques curatives les plus anciennes de l'histoire. On retrouve ce type de mélange dans toutes les traditions médicales et spirituelles de la planète.

Un jeûne liquide avec beaucoup d'eau et une activité physique modérée déclenche une combustion accélérée des graisses : cela élimine les toxines stockées dans l'organisme.

Deux jours de jeûne accélèrent de manière spectaculaire l'amincissement. Cela fonctionne incroyablement mieux qu'un simple régime, car ce n'est pas seulement basé sur la combustion de graisses en vue de produire de l'énergie. Les chercheurs ont démontré qu'un régime hypocalorique assorti d'une activité physique régulière ne brûlait au maximum que 1,1 à 1,2 kilo de graisse par semaine. Quand on jeûne, on désintoxique son organisme ; en plus, on perd facilement entre 250 et 500 g par jour !

Si vous jeûnez au lieu de simplement faire un régime, votre organisme pourra brûler jusqu'à 500 grammes de graisses par jour.

En général, les hommes perdent un peu plus d'une livre de graisse par jour, et les femmes un peu moins. Oui, vous avez bien lu, environ 500 grammes par jour : cinq fois plus qu'avec un régime jockey de longue durée ou avec une activité physique intensive. Penchons-nous sur deux personnes parmi les milliers ayant commencé leur régime par ce programme de désintoxication.

Jim a réussi à perdre 15 kilos en 33 jours. Chez lui, ce surpoids était essentiellement concentré autour de la taille. Mieux encore, il a réussi à stabiliser son poids et a perdu 18 centimètres de tour de taille.

À soixante-sept ans, Jim avait réalisé qu'il accumulait peu à peu les kilos. La perspective de se mettre au régime ne lui souriait guère, mais il se savait obligé de réagir. Quand il a entendu parler de ce programme désintoxicant, il s'est dit qu'il se sentait la force de souffrir pendant neuf jours pour une bonne cause. Et, comme la plupart des personnes ayant suivi ce programme, il a découvert avec plaisir qu'il n'aurait même pas à souffrir ! Il débordait d'énergie, n'avait pas faim, ne se sentait ni nerveux ni agité, pas plus que somnolent. En fait, il se sentait extrêmement bien, très alerte et vif.

Le meilleur restait cependant à venir : imaginez sa joie lorsqu'il a pu de nouveau enfiler le smoking qu'il s'était fait confectionner vingt ans plus tôt.

Je comprends son excitation : ce programme m'a moi-même permis de perdre 7 kilos en 18 jours et de remettre des vêtements remisés depuis belle lurette. Même le smoking que je portais le jour de mon mariage, voici dix-huit ans, me va de nouveau.

Marge est consultante en nutrition. Cela fait plus de vingt ans qu'elle recommande des programmes diététiques à ses clients. Elle est perpétuellement en quête de nouvelles idées et de nouveaux produits pour aider ses patients à retrouver la ligne. Quand elle vit l'amincissement spectaculaire de son ami Peter, elle décida de tester elle-même notre programme de désintoxication de neuf jours.

Au terme de ces neuf jours, elle avait perdu plus de 6 kilos. Tout le monde le remarqua et la complimenta sur son visage qui s'affinait en même temps que son tour de taille. Pendant les trente jours qui suivirent, elle prit chaque matin un verre d'eau activée à l'aloe vera avec un Breuvage Mars et Vénus en guise de petit déjeuner. Suivaient un déjeuner et un dîner basses calories avec deux en-cas, le premier au milieu de la matinée et le second vers 17 heures. L'équilibre cérébral apporté par ce breuvage matinal lui permettait de se contenter sans difficulté de 1 500 calories quotidiennes. Trente jours plus tard, elle avait perdu 6 autres kilos et 38 centimètres supplémentaires : elle n'en revenait pas. En 37 jours, elle a perdu au total 12 kilos.

Comme les milliers de personnes ayant testé le Régime Mars et Vénus, Marge a réussi à éliminer rapidement et sans douleur les kilos et centimètres qui la gênaient. « Voilà longtemps que je ne m'étais pas sentie aussi en forme, m'a-t-elle confié. Je ne souffre plus de fringales de glucides, ni de sautes d'humeur. Il me semble que mon corps a atteint l'équilibre, je dors moins longtemps, plus profondément (et sans suées nocturnes). Je suis sidérée d'avoir réussi à recouvrer le bien-être et la santé, et de pouvoir désormais proposer à mes clients une méthode alternative efficace. Je suis folle de joie, je me sens en pleine forme et je me trouve superbe. » Depuis, elle continue à boire chaque jour au lever un breuvage purifiant et à remplacer son petit déjeuner par un mélange liquide nutritif.

Neuf livres en neuf jours

Comment Jim et Marge ont-ils fait ? Eh bien, ils ont suivi les trois étapes de ce programme simple de désintoxication.

1. **Deux jours de jeûne.** Pendant les deux premiers jours, pratiquez un jeûne dépuratif.

2. **Cinq jours de régime hypocalorique.** Pendant les cinq jours suivants, adoptez une alimentation pauvre en calories et riche en nutriments. Le petit déjeuner et le dîner sont remplacés par un Breuvage Mars et Vénus pauvre en calories (environ 250 calories) et riche en nutriments utiles. À midi, prenez un repas normal en évitant toutefois le pain blanc, les sucres raffinés et les laitages.

3. **Deux jours de jeûne.** Terminez ce cycle de neuf jours par deux journées supplémentaires de jeûne désintoxicant. Ces deux derniers jours stabiliseront les résultats des sept premiers et vous vous sentirez tellement mieux que vous n'aurez qu'une envie : maintenir cet état de grâce. Galvanisé par les sept jours « santé » que vous venez de lui accorder, votre corps recommencera à se purifier. Il s'agit d'un élément essentiel pour consolider les bienfaits du programme. Pen-

dant ces neuf jours, vous perdrez environ 500 grammes par jour. À noter : les femmes perdent moins de kilos et plus de centimètres ; les hommes perdent en moyenne 7 kilos.

Ce fut le cas de Jim. Après une interruption de quelques semaines, il commença un second cycle de neuf jours et perdit encore plus de 7 kilos. En 33 jours, il se délesta donc de 14 kilos. Vous pouvez vous contenter d'un seul cycle, ou de plusieurs afin d'accélérer votre perte de poids. Jim, lui, a choisi d'en accomplir deux. Certains patients perdent plus de 30 kilos en quelques mois en répétant régulièrement ces cycles de neuf jours au fil des mois.

Des milliers de personnes ont déjà eu recours à ce programme purifiant, afin de se débarrasser de 500 grammes par jour sans les reprendre par la suite. Pendant mes séminaires du week-end, les participants et moi observons un jeûne de deux jours. Le dimanche soir, une bonne partie des femmes avait déjà perdu deux tailles de vêtements.

Pendant ce séminaire, les participants apprennent à se remplir d'amour au lieu de nourriture ; ils éliminent les toxines et voient leurs symptômes d'hypertension, de diabète, d'obésité ou d'arthrite, leurs troubles cutanés, leurs insomnies, migraines et autres affections chroniques diminuer de manière stupéfiante. Tout le monde se sent beaucoup mieux après un jeûne. Et jeûner en groupe facilite les choses.

Tout le monde se sent mieux et dort mieux après un jeûne.

Quand on est seul chez soi, le défi se révèle difficile à relever, mais il suffit d'un peu de motivation pour y parvenir. Lorsque les toxines se libèrent dans le flux sanguin avant d'être éliminées, il arrive qu'on se sente de prime abord déprimé, épuisé ou irritable, mais vous aurez achevé vos deux jours de jeûne avant de vous en rendre compte. Vous pourrez alors reprendre une alimentation solide en trouvant une saveur nouvelle aux aliments.

Si vous souffrez trop de la faim, ne renoncez pas à votre jeûne : contentez-vous de prendre quelques petits en-cas pour maintenir votre taux de sucre sanguin. L'en-cas idéal apporte environ 25 calories et se compose de protéines, de graisses et d'un peu de glucides. Je recommande par exemple trois tranches de pomme avec trois amandes ; vous pouvez aussi grignoter un petit morceau de barre nutritive équilibrée. Des en-cas de 25 calories toutes les deux ou trois heures permettent de tirer tous les bénéfices du jeûne sans souffrir de la faim. Buvez toujours un grand verre d'eau après vos en-cas ; cela aide le corps à assimiler les nutriments absorbés et calme la faim.

Si vous redoutez les rigueurs d'un jeûne, prévoyez d'emblée un en-cas toutes les deux heures. Cela stabilise le taux de glycémie sanguin et minimise les fringales. Efforcez-vous de vous occuper de vous et de vous amuser, et évitez de laisser de la nourriture à portée de main.

Afin d'activer et de faciliter la désintoxication de votre organisme, évitez les aliments solides (les très petits en-cas exceptés) et buvez toutes les heures un grand verre d'eau additionnée de citron, de sels minéraux et d'oligo-éléments, de miel et de jus d'aloe vera. À la demie de chaque heure, avalez un grand verre d'eau. Faites suivre l'absorption de votre cocktail purifiant de deux minutes de « rebondir-secouer » et d'exercices respiratoires. Faites une séance sportive « Mars et Vénus » classique deux fois par jour, une le matin et une dans l'après-midi ; cela aide l'organisme à reprendre ses fonctions normales et limite les symptômes liés au processus de désintoxication.

Le jeûne ne convient pas à tout le monde ; il est inutile pour les enfants de moins de treize ans. Jeûner n'est pas affaire de volonté ; c'est un choix. Si une perte de 500 grammes à 1 kilo par semaine vous paraît suffisante, contentez-vous de suivre le Régime Mars et Vénus ordinaire. Certains aiment trop manger pour envisager de jeûner pendant deux jours. Vous pouvez envisager un cycle de cinq jours avec une journée de jeûne au début et une journée à la fin au lieu de deux, ou ne jeûner que jusqu'au coucher du soleil. Une autre option consiste à oublier le jeûne mais à accélérer le Régime Mars et Vénus normal en remplaçant le dîner aussi par un breuvage protéiné. Avec cette formule, on perd environ 2,5 kilos par semaine.

Les personnes atteintes de troubles thyroïdiens ou ayant un métabolisme particulièrement bas ne perdront peut-être que 250 grammes par jour : cela représente encore trois fois plus que ce que les autres programmes minceur proposent. Donc, si vous ne perdez que 250 grammes par jour, ne vous découragez pas.

Les dangers d'une perte de poids rapide

La plupart des experts vous diront que perdre 500 grammes par jour revient à mincir cinq fois plus vite que la faculté le recommande. Rien d'étonnant, de ce fait, si la plupart des régimes amincissants découragent rapidement leurs adeptes. Bon nombre d'entre eux promettent en effet un allègement hebdomadaire de l'ordre de 600 à 700 grammes. Certains attribuent donc les résultats spectaculaires du Régime Mars et Vénus à la prescription de diurétiques ou de stimulants du métabolisme. De fait, de tels produits font eux aussi perdre du poids rapidement ; mais, sans même parler de leurs effets nocifs, l'amincissement ainsi induit ne dure pas.

Voici trente ans, un programme minceur en vogue recommandait d'ingérer des protéines prédigérées. On fondait très rapidement, en perdant principalement de la masse musculaire : c'est très mauvais pour la santé.

De même, la prise de diurétiques peut faire éliminer jusqu'à 3 kilos en deux jours. Mais on évacue presque exclusivement de l'eau et les kilos reviennent en quelques jours. En clair, on déshydrate l'organisme au lieu de puiser dans les stocks de graisse excédentaire. Résultat : les kilos envolés se réinstallent à la vitesse grand V.

La perte de poids spectaculaire associée au Régime Mars et Vénus provient de la combustion de la masse adipeuse et non d'une élimination d'eau.

Quand on a recourt à des substances accélérant le métabolisme, peu importe ce que l'on mange. En effet, l'organisme devient soudain capable de brûler tout ce qui lui est donné. Cela permet de perdre facilement du poids tout en conservant une alimentation aussi malsaine que possible. Ces produits se révèlent en outre extrêmement fatigants pour le cœur ; voilà pourquoi ils sont aujourd'hui déconseillés, souvent même interdits.

Les médecins ont surveillé l'évolution du poids et du tour de taille de patients suivant le Régime Mars et Vénus ; ils ont pu constater que la perte de poids induite par ce programme était sans aucun danger et qu'elle provenait bien de la combustion de la masse adipeuse excédentaire. *Mars et Vénus au régime* ne fait d'ailleurs mincir rapidement que les personnes en surpoids. Les personnes qui sont trop maigres prendront au contraire de salutaires kilos avec la même alimentation. Il ne s'agit donc pas tant d'un programme amincissant que d'un programme de santé : il aide le corps à retrouver la forme, quel que soit le problème d'origine.

Pour se remplumer, il faut appliquer exactement le même programme désintoxicant que pour s'affiner. Au terme du cycle purificateur de neuf jours, on passe au Régime Mars et Vénus, en lui ajoutant une heure quotidienne de musculation. Cette combinaison allège la tâche du foie : cela aide l'organisme à retrouver son poids idéal.

Une fois cet objectif atteint, il suffit, pour y maintenir, de suivre le Régime Mars et Vénus normal.

10
Établir des rapports sains avec la nourriture

Les régimes ne fonctionnent pas parce qu'ils reposent sur la volonté. Et la volonté seule peut vous rendre capable de transporter un poids très lourd... mais pour un temps seulement, après quoi il vous faudra le poser. De même, nous pouvons trouver en nous la motivation d'éliminer temporairement les aliments malsains chers à nos papilles. Tôt ou tard cependant, nous abandonnons notre régime et nous jetons à nouveau sur les sucres raffinés, les aliments industriels et les huiles hydrogénées. Quelle que soit la volonté, il arrive toujours un moment où suivre un régime idéal devient un poids insupportable.

De plus, avec un corps en relative bonne santé, on n'a pas besoin de s'astreindre en permanence à une alimentation parfaite. Votre organisme peut supporter quelques écarts ; cela le renforce même. Tout comme vous vous efforcez d'entretenir une relation saine avec l'existence, vous devez chercher à instaurer des rapports sains avec la nourriture. La vie nous pousse à toujours nous surpasser, et nous progressons en franchissant les obstacles qui se dressent devant nous. Si tout était facile, nous stagnerions. On ne peut espérer se forger une musculature sans faire travailler ses muscles. Si, à la gym, vous vous bornez à soulever des poids très légers et ne sollicitez guère vos muscles, ils ne se renforceront pas. En revanche, quand vous avez fait travailler un muscle, il faut lui laisser le temps de se reposer, de se reconstituer et de gagner en vigueur.

Si votre âme s'épanouit entourée d'amour, vous n'aurez jamais à relever le défi que représente l'acte d'aimer autrui dans des circonstances délicates, et votre développement émotionnel s'en trouvera entravé. En effet, c'est quand nous parvenons à percevoir l'amour dans les moments où nous avons l'impression que nul ne nous aime que nous gagnons en capacité d'aimer.

Quand notre cœur a été blessé et que nous sommes capables de répondre par l'amour et le pardon sans une once d'amertume, nous mesurons vraiment le pouvoir de l'amour. C'est la possibilité de recevoir de l'amour qui nous donne la capacité de donner parfois plus d'amour que nous n'en recevons. Les plus chanceux ont reçu dans leur enfance tout l'amour dont ils avaient besoin, si bien que durant le reste de leur vie, leur plus grand bonheur sera d'en donner. Nous avons toujours besoin d'en recevoir, mais il est plus important encore pour nous d'en donner.

De même, prendre chaque matin un petit déjeuner sain apportant les nutriments nécessaires pour équilibrer notre chimie cérébrale, nous rend capable de gérer correctement les stress de la vie quotidienne. Certains de ces stress pourront venir de mauvais choix ou d'imperfections dans notre alimentation. Sans *prévoir* de commettre des erreurs, on peut tirer les leçons de celles-ci. Quand on va mal, on est plus motivé pour manger sainement. Quand vous aurez retrouvé votre poids normal et une meilleure santé, vous deviendrez plus libre de manger ce que vous voulez.

Dans la vie, il ne faut pas *prévoir* que l'on fera des erreurs ; mais si c'est le cas, on peut en tirer les leçons.

Sur le plan amoureux, nous ne devrions évidemment pas nous attacher à qui ne nous aime pas. Mais si cela se produit et que nous nous voyons rejeté, incompris ou tout simplement pas apprécié à notre juste valeur, nous pouvons répondre par le pardon, la générosité et la compassion.

En somme, quand on s'aime soi-même et que l'on se pardonne ses erreurs, on acquiert la liberté d'aimer les autres. De même, dès que l'on tolère les limites des autres en essayant de voir ce qu'il y a de meilleur en chacun d'eux, on parvient à s'aimer plus soi-même. Quand nous exigeons des autres la perfection, nous en attendons autant de nous-mêmes.

Écouter son corps

De même, avec un corps en bonne santé, on est naturellement attiré par des aliments sains. Et si l'on mange mal de façon occasionnelle, le corps peut gérer cet écart sans risque de surpoids ou de sautes d'humeur. En revanche, il vous indique quand vous vous écartez du droit chemin et comme vous avez appris à l'écouter, vous serez moins attiré par ces aliments. Mais pour écouter votre corps et tirer les leçons de vos expériences, vous devez avant tout savoir ce que vous cherchez.

Consacrez quelques minutes à vous fixer des attentes saines dans le cadre des méditations guidées qui suivent. Laissez chaque idée s'ancrer dans votre subconscient pour y chasser les attentes irréelles dépassées. À la fin de chaque paragraphe, fermez les yeux. Éprouvez l'expérience dans votre esprit, dans votre cœur et dans votre corps. Le Régime Mars et Vénus aidant, vos objectifs se feront plus clairs et plus tangibles chaque fois que vous vous livrerez à cet exercice.

Méditations guidées pour un corps en forme

Apprenez à stimuler vos émotions, vos sentiments et vos attitudes positives grâce aux techniques méditatives suivantes.

1. Confiance et détente. Imaginez que vous entretenez des rapports faciles avec la nourriture et que vous vous sentez confiant et certain de pouvoir manger ce que vous voulez parce que ce que vous voulez est généralement excellent pour votre corps et pour votre chimie cérébrale. Songer à votre alimentation vous détend, car celle-ci vous convient. Chaque jour, vous gagnez en santé et en joie de vivre. Votre corps et votre cerveau reçoivent ce dont ils ont besoin. Faites une pause, fermez les yeux un instant, et abandonnez-vous à cette expérience. Quand vous relèverez les paupières, passez à l'exercice suivant.

2. Joie et motivation. Imaginez que vous avez la motivation nécessaire pour faire chaque matin 30 minutes d'exercice et que cela vous donne du tonus. En fait, vous appréciez tellement cette activité que vous cherchez l'occasion de la pratiquer plus souvent. Au lieu de vous sentir endolori ou fatigué, vous éprouvez les bienfaits immédiats du sursaut d'énergie et de l'afflux d'endorphines engendrés par le sport. Vous vous sentez bien dans votre corps et avec lui. À mesure que votre niveau de dopamine et de sérotonine s'équilibreront, ce rêve deviendra une réalité. Faites une pause, fermez les yeux un instant, et abandonnez-vous à cette expérience. Quand vous relèverez les paupières, passez à l'exercice suivant.

3. Liberté et abondance. Imaginez que vous êtes délivré de vos fringales et que vous mangez tout simplement ce dont vous avez envie ; que vos envies sont en harmonie avec ce que savez être bon pour vous. Sentez que vous pouvez manger ce que vous voulez quand vous le souhaitez. Seul un déséquilibre de notre chimie cérébrale nous pousse vers les aliments malsains ; un corps sain aspire à une alimentation saine. Écoutez le soulagement apporté par la capacité à apprécier les bons aliments. Imaginez un repas bon pour la santé, que vous dégustez en savourant chaque bouchée ; vous êtes comblé. Faites une pause, fermez les yeux un instant et abandonnez-vous à cette expérience. Quand vous rouvrirez les yeux, passez à l'exercice suivant.

4. Excitation et enthousiasme. Imaginez que vous êtes privé de vos mets sains favoris et rêvez d'en sentir le goût. Écoutez l'excitation qui vous envahit à la perspective d'un repas sain et délicieux. Quels sont les aliments que vous savez bons pour vous ? Imaginez que vous en mangez régulièrement : que non seulement vous les adorez, mais vous adorez la façon dont vous vous sentez après. Faites une pause, fermez les yeux un instant, et abandonnez-vous à cette expérience. Quand vous rouvrirez les yeux, passez à l'exercice suivant.

5. Satiété et contentement. Imaginez que vous avez devant vous une grande assiette de mets délicieux et que cela vous satisfait d'en manger seulement la moitié. Il reste de la nourriture dans votre assiette, mais ce que vous avez mangé suffit à vous combler. Prenez le temps d'apprécier votre satisfaction et la certitude que, si vous avez faim par la suite, vous pourrez manger de nouveau. Donnez à votre organisme l'occasion de digérer ce que vous avez mangé et de se sentir totalement comblé. Imaginez que vous émettez le son « ummm » et vous sentez parfaitement béat. Faites une pause, fermez les yeux un instant et abandonnez-vous à cette expérience. Quand vous rouvrirez les yeux, passez à l'exercice suivant.

6. Flexibilité et maîtrise de la situation. Imaginez que vous vous sentez débordant de santé et avez la souplesse nécessaire pour manger de temps à autre des mets malsains si on ne vous propose que cela ou simplement parce que cela vous amuse. Si vous sortez de la zone de l'énergie sans bornes, apprenez à vous pardonner ce faux-pas, parce que vous savez que vous allez vite recouvrer votre équilibre. Si vous avez pris 1 ou 2 kilos, vous savez que vous retrouverez votre poids idéal en quelques jours. Vous contrôlez parfaitement votre poids. Il vous suffira de réajuster votre alimentation pour regagner la zone de pleine santé, ou pour brûler les calories excédentaires absorbées. Faites une pause, fermez les yeux et abandonnez-vous à la confiance et à l'aisance apportées par ce nouveau rapport à la nourriture. Quand vous rouvrez les yeux, passez à l'expérience suivante.

7. Amabilité et attirance. Imaginez que vous vous regardez dans la glace et appréciez ce que vous voyez. Rappelez-vous une époque où cela vous arrivait régulièrement et l'effet que cela vous faisait. Si vous n'avez jamais aimé votre reflet jusqu'à présent, imaginez l'effet que cela vous ferait... Vous avez atteint votre poids idéal, vous vous sentez bien. Songez à l'effet que cela vous ferait d'aimer votre corps, d'ignorer ses imperfections et d'apprécier ses forces. Faites une pause, fermez les yeux, abandonnez-vous au plaisir de vous aimer vous-même et à l'assurance que votre partenaire ou votre futur partenaire est ou sera attiré(e) par vous.

8. Santé et bonheur. Imaginez que vous vous levez chaque matin sans effort pour effectuer vos exercices matinaux et appréciez la facilité que représente la préparation d'un petit déjeuner Mars et Vénus nutritif. Chaque jour, votre corps gagne en santé et vous vous sentez de mieux en mieux. Votre énergie, votre bonheur et votre capacité d'aimer vont croissant. Faites une pause, fermez les yeux et abandonnez-vous à la confiance et à l'aisance procurés par vos nouveaux rapports avec la nourriture et avec votre corps. Quand vous rouvrez les yeux, prenez une profonde aspiration. Lorsque vous expirerez, vous vous sentirez plein de confiance en vous et empli d'une sensation de plénitude.

Livrez-vous régulièrement à ces méditations ou enregistrez-les sur une bande magnétique pour les écouter avant de vous coucher ou au réveil. En ajustant automatiquement vos attentes, vous trouverez plus facilement le chemin menant à l'alimentation idéale et à l'équilibre cérébral. Vous retirerez mille bienfaits de la simple lecture répétée de ces thèmes de méditation.

C'est en pratiquant qu'on se perfectionne

Vous avez sans doute souvent entendu dire que c'est en pratiquant une activité qu'on s'améliore. C'est peut-être vrai dans certains domaines, mais pas si on considère la vie dans son ensemble. Quantité de personnes atteignent la perfection dans un secteur précis, tandis que le reste de leur existence relève du chaos. Pour mettre en œuvre ce programme, ne recherchez pas la perfection ; efforcez-vous plutôt de retrouver votre équilibre quand, inévitablement, vous vous écarterez du droit chemin.

La plupart d'entre nous savent fort bien en quoi consiste une bonne alimentation ; nous éprouvons juste beaucoup de difficulté à nous y tenir. Il existe quantité de protocoles amincissants aidant à perdre du poids, mais ils n'aident pas à rester mince. Le simple fait d'entreprendre un nouveau programme, l'attrait de la nouveauté aidant, induit une sécrétion de dopamine.

Chez les hommes en déficit de dopamine, ce mécanisme suffit à assurer le succès du régime. En effet, dès qu'un homme se lance dans une activité nouvelle, quelle qu'elle soit, il gagne automatiquement en énergie et en motivation. Mais si ce régime ne le stimule pas suffisamment pour maintenir cette sécrétion accrue de dopamine, il ne tarde pas à se désintéresser de son projet minceur. Ce régime l'excite, tout comme une nouvelle relation amoureuse pourrait le faire, mais cela ne garantit nullement que son intérêt va durer.

Les hommes ont beaucoup plus de facilité à aborder un nouveau programme amincissant, si strict soit-il.

Les femmes éprouvent beaucoup plus de difficulté pour entreprendre un nouveau régime et s'y tenir, en particulier s'il s'agit d'un régime restrictif. Quand une femme se prive, son taux de sérotonine chute, tandis que celui de dopamine grimpe. L'afflux de dopamine lui donne certes une énergie accrue au début, mais sans le réconfort apporté par ses mets favoris, son taux de sérotonine continue à chuter et elle se trouve en proie à des fringales. Grâce à leurs stocks naturellement plus élevés de sérotonine, les hommes supportent mieux les régimes restrictifs. Mais même eux finissent par ressentir un manque et abandonner leur régime.

Le corps humain est perpétuellement en quête d'équilibre. De ce fait, si vous vous privez pour un temps, vous connaîtrez toujours un retour de bâton : vous serez poussé à satisfaire vos envies et à vous précipiter sur les aliments que vous vous étiez interdit.

Voilà pourquoi aucun régime ne peut se révéler efficace à long terme s'il n'est pas complété par un apport en nutriments dont le corps a besoin, à la fois pour nourrir ses cellules et pour assurer son bon équilibre cérébral. Car si la volonté vous soutient pendant quelques mois, voire quelques années, votre corps finit inévitablement par crier grâce. Et vous abandonnerez votre régime.

La perfection n'est pas de ce monde.

Le ciel est-il bleu en permanence ?

La température est-elle idéale en permanence ?

Connaissez-vous des personnes affichant en permanence une humeur idéale ?

Donnez-vous toujours la réponse parfaite ?

Connaissez-vous toujours les réponses aux questions posées ?

Avez-vous toujours les mots, l'attitude ou la réaction idéale vis-à-vis de vos enfants ou de votre conjoint ?

Prenez-vous toujours les meilleures décisions au bureau ou dans vos investissements ?

Votre partenaire réagit-il (ou elle) toujours de manière parfaite ?

J'espère qu'à toutes ces questions vous avez répondu non. Rien ni personne en ce bas monde n'est parfait ; l'imperfection fait partie de notre nature et de notre réalité. D'un côté, notre plus grande joie et notre source de plaisir ultime consistent à tendre vers cette perfection ; de l'autre, cette exigence de perfection constitue le pire obstacle auquel nous soyons confrontés.

Ainsi le pire écueil pour un couple réside dans l'attente par l'un ou l'autre d'un comportement parfait de la part de son partenaire. La vie amoureuse devient beaucoup plus aisée si l'on cesse d'attendre de l'autre qu'il vous apporte la plénitude du bonheur. Pour qu'une relation amoureuse fonctionne, il faut apprendre l'art de communiquer ses besoins, ses pensées et ses sentiments. En définitive, tout dépend de notre attitude. Attendons-nous de l'autre qu'il se montre parfait ? Nous montrons-nous capables d'accepter ses imperfections ? Une attitude plus empreinte de pardon et d'acceptation permet de s'ouvrir à l'autre et de partager son cœur avec lui (ou elle).

Notre vie amoureuse devient beaucoup plus aisée si nous cessons d'attendre que l'autre et nous-même soyons parfaits.

De même, s'en tenir à un régime alimentaire sain devient beaucoup plus facile si on ne s'attend pas à la perfection. On peut se maintenir en forme et connaître le bonheur et un amour durables, sans pour autant s'en tenir en permanence à une alimentation sans défaut. Nous pouvons commettre des erreurs et les surmonter rapidement. Nous pouvons de temps à autre satisfaire nos sens, puis nettoyer notre organisme et recouvrer notre équilibre.

La plupart des gens commettent l'erreur de chercher la perfection. Comme ils ne parviennent pas à l'atteindre, ils se découragent et abandonnent la partie ; puis ils recommencent, et le même cycle se reproduit sans fin. Le Régime Mars et Vénus aide à se délivrer de ce cercle vicieux dans tous les domaines de l'existence.

La solution : la motivation

Il ne suffit pas de manger sainement. La clé permettant de s'en tenir à une alimentation saine réside dans la consommation de mets suscitant une motivation durable. Notre chimie cérébrale entretient notre motivation. Une volonté ne reposant pas sur l'énergie et les sentiments positifs ne peut durer qu'un temps. Quand notre alimentation et notre activité physique favorisent une production adéquate d'hormones et de neurotransmetteurs, nous gagnons en motivation. Et quand le cerveau est motivé, les aliments sains prennent une saveur plus tentante, si bien que nous avons réellement envie d'en manger. Comme ces mets se révèlent plus satisfaisants, nous n'avons plus aucun effort à déployer pour les préférer aux autres.

Quand le cerveau est motivé, les aliments sains prennent une saveur plus attrayante.

Au lieu d'essayer de changer ce que nous mangeons, nous devons changer ce que nous avons *envie* de manger. Il existe quantité de facteurs susceptibles de nous motiver, mais un seul peut entretenir cette motivation. L'envie de faire une chose la rend aussitôt plus facile. En prenant soin de notre organisme en le purifiant, en lui apportant des compléments alimentaires et une activité physique appropriée, nous avons la possibilité de stimuler la sécrétion de nos hormones de façon à modifier nos désirs. Avec une chimie cérébrale équilibrée, nous gardons sans effort la motivation nécessaire pour nous bien nourrir.

Au lieu de changer ce que vous mangez, changez ce que vous avez *envie* de manger.

Même avec cette motivation constante et automatique, il est possible de sauter de temps à autre un repas, de manger à l'excès ou de s'offrir un en-cas « interdit ». *Mars et Vénus au régime* met en permanence l'accent sur l'art de corriger son alimentation grâce à des compléments alimentaires. Ajouter des bons compléments au lieu de supprimer des aliments se révèle non seulement plus facile, mais plus sain.

Rester motivé(e)

Première étape sur la voie d'un changement positif : construire sa motivation. Pour la plupart des gens, cela ne constitue pas un problème. Il existe aujourd'hui mille sources de motivation. Jamais auparavant nous n'avions bénéficié de tant d'informations sur l'art et la manière d'améliorer notre quotidien. Seulement, se reposer sur les experts, les entraîneurs et autres professeurs pour entretenir notre motivation ne suffit pas. Même un professeur particulier – solution merveilleuse pour ceux qui ont les moyens de se l'offrir – ne suffit pas. Tôt ou tard, votre corps, votre esprit et votre cerveau se rebelleront.

Si votre programme alimentaire et sportif vise à produire des neurotransmetteurs générateurs de motivation, vous aurez découvert le chaînon manquant pour mener à bien vos choix de vie. Lorsque votre organisme et votre cerveau voient leurs besoins comblés, il n'est plus besoin de se priver et les pulsions rebelles disparaissent.

Lorsque la motivation suit, ce qui est bon et sain cesse d'être une corvée, un poids ou un effort. Or les changements demandant un effort continu ne peuvent, par définition, perdurer. C'est seulement quand un changement se révèle facile et entraîne des résultats rapides qu'il est possible de s'y tenir pour le reste de son existence.

Lorsqu'un changement se révèle facile et produit des résultats rapides, on peut s'y tenir pour le reste de son existence.

Attention : une chimie cérébrale adéquate ne dispense pas de trouver des facteurs de motivation. Ceux-ci constituent un élément important de la solution « Mars et Vénus ». Lire les livres appropriés et écouter ou rencontrer des personnes ayant suivi le chemin que nous aimerions emprunter permet de cultiver son inspiration. Pour rester en bonne santé, il faut entretenir des liens avec d'autres personnes également soucieuses de leur bien-être.

Nous connaissons tous l'influence en termes de motivation de la lecture d'un bon livre, d'une réunion spirituelle, d'une grand-messe, d'un film qui réchauffe le cœur ou d'un discours passionné. Après, on se sent exalté et on trouve en soi toute la motivation et l'enthousiasme nécessaires pour devenir tout ce que l'on souhaite et peut devenir. Malheureusement, cette phase d'exaltation ne tarde pas à se dissiper.

Pourquoi nous perdons notre motivation

Lorsque le comportement d'une autre personne nous inspire ou nous motive, un changement profond intervient : nous considérons soudain notre personne et notre existence sous un angle différent, et nous nous sentons meilleurs. En regardant autour de nous, nous prenons conscience de toutes les possibilités de réaliser nos rêves. Nous nous estimons comme faisant partie d'un tout et prenons une certaine distance avec nos soucis quotidiens. Tout en restant conscient de la présence de problèmes, nous nous sentons aussi de taille à les surmonter pour atteindre notre but. Bref, la vie est merveilleuse !

Quand notre conscience évolue, nous considérons notre personne et notre existence avec plus de recul, et notre motivation s'accroît automatiquement.

Cette évolution de notre conscience entraîne des changements dans notre cerveau et notre corps. Non seulement nous nous sentons inspirés, mais notre corps se sent lui aussi énergisé. C'est dire que le corps et le cerveau entretiennent des liens étroits avec notre état de conscience. Et quand celui-ci évolue, notre corps en fait autant.

Quand notre conscience évolue, notre corps change avec elle.

Cela fonctionne aussi dans l'autre sens. Quand notre corps ou notre cerveau évolue, notre conscience en fait autant. C'est pourquoi certains aliments, certaines plantes ou substances produisent un effet spectaculaire sur notre humeur, sur nos performances intellectuelles et sur notre motivation. Avec notre chimie cérébrale, elles modifient aussi notre mode de pensée.

Voilà pourquoi il est possible d'agir sur l'alimentation pour se maintenir dans un état de conscience spécifique. Si notre régime alimentaire favorise la motivation, nous trouverons celle qui nous est nécessaire pour changer d'existence, notre corps soutiendra cet effort et nous parviendrons à la garder.

Une alimentation adéquate aide à cultiver son inspiration.

En somme, une alimentation saine permet de rester motivé ! Si nous utilisons cette nouvelle conscience pour consommer les bons aliments, lesquels favorisent un bon équilibre chimique cérébral, le problème devrait être résolu. C'est bien cela ? Eh bien, pas tout à fait. S'il s'agissait d'une vérité absolue, il suffirait de s'astreindre à quelques repas équilibrés pour que chacun de nous trouve en lui la motivation nécessaire pour manger les mets qui lui conviennent. En fait, un autre facteur important entre en jeu.

Le principe de la purification

Quand notre conscience évolue, un changement correspondant se produit toujours au niveau du corps et du cerveau. Toutes nos cellules se mettent littéralement à vibrer plus rapidement. Notre corps tout entier se détend, comme s'il se disait : d'accord, voici une meilleure façon de fonctionner ; elle me convient et je veux rester dans cet état.

C'est alors qu'un problème intervient : pour se maintenir dans cet état de prise de conscience et de motivation, le corps doit se purifier. À cette condition seulement, il pourra conserver ce mieux-être et ce bonheur accru. Pour rester dans cette sorte de nirvana, absorber les bons aliments et les bons nutriments ne suffit pas. Il faut aussi se débarrasser des toxines résiduelles accumulées au fil de son « ancienne vie ». Considérons les détails de ce processus de purification : il recèle le secret d'un changement durable.

Lorsque l'inspiration s'empare de nous, nous nous mettons à penser : « J'aime cette nouvelle façon d'aborder les choses », « Je veux me débarrasser de mes mauvaises habitudes », « À compter de ce jour, je m'affranchis de mes vieilles convictions telles que "je n'y arriverai pas" ou "je ne peux pas obtenir cela" ».

Quand on comprend mieux une situation, on devient capable de se libérer de ses sentiments négatifs. Pour parvenir à l'équilibre émotionnel, il faut tirer les leçons des événements passés et abandonner progressivement ses convictions et sentiments négatifs.

Le corps réagit aux changements positifs de manière absolument similaire. Au lieu de se débarrasser des pensées et sentiments négatifs comme des croyances caduques, il se débarrasse des toxines et des virus accumulés en lui. Quand vous vous sentez inspiré et entraîné vers un état de conscience plus élevé, votre corps passe lui aussi à un mode de fonctionnement plus efficace. Pour soutenir votre état de conscience plus aiguisé, il entreprend un processus de nettoyage. Le système immunitaire entre en action pour faire baisser la charge virale. Des millions de bactéries, de parasites et de virus succombent, tandis que le système lymphatique et le foie s'activent pour métaboliser ces déchets.

Lorsque l'esprit s'élève, le corps éprouve le besoin de se purifier.

Imaginez que vous gagniez à la loterie et disposiez soudain de millions. Vous courez aussitôt vous offrir une garde-robe flambant neuve. À votre retour à la maison, une corvée nouvelle vous attend : vous devez vider vos placards pour ménager de la place pour vos récentes emplettes. Voilà une parfaite métaphore du processus de purification de l'organisme. Impossible d'y échapper. Dès que vous effectuez un changement mental positif, votre corps éprouve le besoin de se purifier, afin de poursuivre dans cette voie.

Il arrive que les personnes les plus positives affichent un embonpoint impressionnant, au cœur duquel elles stockent leurs toxines excédentaires dont, même avec un régime strict et un programme sportif draconien, elles ne parviennent pas à se défaire, ni de leurs kilos superflus. Il s'agit souvent de personnes ayant réussi à élever leur conscience, sans comprendre qu'il leur fallait dans le même temps faciliter le travail de leur foie à l'aide d'exercices purifiants. S'ils sont immuablement aimants et attentionnés, leur corps s'accroche toujours à ses toxines.

Qui comprend le principe de la purification appréciera la valeur de ce processus pour qui cherche à élever sa conscience. Chaque fois que nous effectuons un changement mental positif, des toxines sont libérées dans notre flux sanguin. Si nous n'aidons pas notre foie à éliminer ces toxines, elles peuvent nous rendre malades. Pour protéger le foie et les autres organes contre les risques d'intoxication, le corps revient à l'état dans lequel il se trouvait avant l'évolution de la conscience : il interrompt donc le processus de purification.

Pour éviter la libération de toxines supplémentaires, le corps revient à l'état dans lequel il se trouvait avant la modification de l'état de conscience.

Lorsque le corps revient ainsi en arrière, la conscience en fait autant. Notre humeur se modifie et notre niveau d'énergie chute. Nous nous retrouvons à notre point de départ, lorsque nous n'avions pas encore trouvé notre motivation... si ce n'est que s'ajoute à présent la culpabilité que nous inspire notre manque de constance.

Quand trop de toxines sont libérées, le corps fait de son mieux pour vous protéger de celles-ci.

Le dimanche, nous sommes motivés ; le lundi, plus du tout. Combien de fois avons-nous prix la résolution de changer d'alimentation ou de vie dès le lendemain, sans rien faire pour concrétiser notre projet ? Combien de fois trouvons-nous la motivation nécessaire pour améliorer notre comportement, notre alimentation et notre activité physique... et abandonnons-nous rapidement la partie ? Pour entretenir sa motivation, il faut trouver un moyen efficace de purifier son organisme, en plus d'une alimentation propre à soutenir un meilleur fonctionnement cérébral.

Compléments alimentaires dépuratifs

Pendant mon séjour dans la clinique du Dr Hitt, je ne me lassais pas d'admirer les bienfaits spectaculaires d'une purification du sang par injection intraveineuse d'ozone. Quand on apporte plus d'oxygène dans le flux sanguin, la charge virale décroît, le système immunitaire est nettement renforcé et le corps élimine les virus toxiques. Même si ce traitement se révèle extrêmement efficace, il est possible d'obtenir les mêmes bienfaits à la maison en buvant chaque matin de l'eau activée avant et après dix à trente minutes d'exercice « Mars et Vénus ».

Absorber au lever un verre d'eau additionné de jus de citron, de sels minéraux et d'oligo-éléments, de jus d'aloe vera et de miel aide grandement le foie et le système lymphatique dans leurs activités quotidiennes de nettoyage.

Mars et Vénus au régime permet d'activer votre système lymphatique, afin de purifier votre organisme à mesure que vous abandonnez une à une vos mauvaises habitudes. En aidant ainsi votre corps à s'autonettoyer chaque matin, vous pourrez conserver la motivation qui vous pousse vers des aliments plus sains. Et avec une motivation constante, le régime choisi, quel qu'il soit, fonctionnera pour vous.

11
Protéines et graisses : l'équation Mars et Vénus

Un régime alimentaire digne de ce nom apporte les nutriments en quantité, qualité et équilibre appropriés. La plupart des programmes minceur se concentrent sur un seul de ces aspects. Le Régime Mars et Vénus s'attache aux trois, ainsi qu'aux meilleurs choix alimentaires en fonction de votre sexe et de votre type morphologique. Rares sont les régimes qui prennent en compte les différences entre les sexes, et peu de personnes comprennent en quoi notre morphologie affecte nos besoins alimentaires, si nous cherchons à rééquilibrer notre chimie cérébrale et à contrôler notre poids. Dans ce chapitre, nous étudierons la quantité, la qualité et l'équilibre des nutriments pour les hommes et les femmes. Considérons à présent les éléments de base du Régime Mars et Vénus.

Quantités de nutriments

Avec un apport calorique adéquat au petit déjeuner, votre corps démarre la journée à plein régime. Et comme vous assimilerez plus efficacement les nutriments tout au long de la journée, vous n'aurez plus à vous préoccuper du décompte des calories pour déterminer la quantité adéquate à absorber. Et à votre grande surprise, vous n'aurez, la plupart du temps même pas envie de terminer votre assiette. Si vous hésitez à vous reposer ainsi entièrement sur vos sensations, voici une méthode de mesure simple : votre portion de protéines à midi et au dîner doit correspondre peu ou prou à la taille de la paume de votre main.

Suivant votre poids, vous avez besoin de 200 à 300 calories au petit déjeuner. Si vous vous trouvez déjà à votre poids idéal, vous pouvez manger davantage. Si, en revanche, vous avez des kilos à perdre, un petit déjeuner pauvre en calories mais riche en nutriments incitera votre corps à puiser dans ses réserves de graisse pour produire plus d'énergie. À celles ou ceux qui doutent encore, persuadés qu'ils sont que le petit déjeuner doit être le repas le plus important de la journée, je citerai en exemple une fois de plus le peuple Hunza : il prend traditionnellement un petit déjeuner extrêmement léger, ne compte plus ses centenaires et ignore les troubles de santé les plus fréquents en Occident.

Si votre poids idéal se situe en deçà de 60 kilos, prenez 200 calories au petit déjeuner. Si d'aventure, votre poids idéal dépasse 90 kilos, vous pouvez aller jusqu'à 300 calories, mais pas plus. Entre ces deux extrêmes, multipliez votre poids idéal par 3,3. Pour un poids idéal de 68 kilos, vous devrez ainsi absorber environ 225 calories au petit déjeuner.

Voilà un bon point de départ pour la journée. Si vous souhaitez augmenter ou réduire cet apport calorique, faites-le. Écoutez toujours votre corps pour ces ajustements.

Qualité des nutriments

Contentez-vous de choisir des aliments ayant subi peu de préparation, des légumes frais et des fruits quand c'est possible ainsi que des produits animaux issus d'élevages biologiques. Les graisses présentes dans les produits d'origine animale ou les œufs sont en effet différentes lorsque les animaux vivent dans un environnement naturel. Un animal nourri au grain dans un enclos de quelques mètres carrés aura une masse adipeuse pauvre en acides gras essentiels oméga-3. Or rappelons-le : ces oméga-3 jouent un rôle essentiel dans la production de dopamine et de sérotonine.

La graisse des produits d'origine animale n'offre pas la même composition quand les animaux ne vivent pas dans des conditions naturelles.

Bonnes et mauvaises graisses

Au cours des cinq dernières années, la recherche scientifique a montré qu'un accroissement de la part des oméga-3 dans l'apport lipidique quotidien se traduit par une longue liste de bienfaits, parmi lesquels la diminution des manifestations du syndrome prémenstruel chez les femmes et une baisse d'incidence des dépressions pour deux sexes. Une supplémentation en acides gras oméga-3 accélère aussi la perte de poids. Choisissez donc toujours de préférence de la viande d'animaux issus d'élevages biologiques. Ces produits sont plus chers, mais cela en vaut la peine. Les viandes servies dans les fast-food ne proviennent bien évidemment pas de tels élevages...

La prise d'une supplémentation en acides gras oméga-3 accélère la perte de poids.

Les végétariens veilleront à absorber suffisamment de protéines complètes grâce à leur apport en céréales et en légumes secs (il faut en général combiner plusieurs aliments pour cela). En effet, sans un apport de telles protéines à chaque repas, le cerveau ne pourra pas synthétiser de neurotransmetteurs en quantité suffisante.

Les végétariens comme les non-végétariens doivent manger des légumes en abondance. Les aliments issus de centres de production bio risquent moins de renfermer des produits chimiques nocifs et se révèlent plus riches en sels minéraux, en oligo-éléments et en vitamines.

Pour absorber ces éléments en quantité suffisante, essayez d'accroître la part des aliments crus – noix, fruits secs, carottes, tomates, laitue ou céleri – dans votre alimentation. Ajoutez-en dès que possible à vos menus. Plus les feuilles des salades sont foncées, plus elles contiennent d'éléments minéraux bons pour la santé. Si vous ne mangez pas suffisamment d'aliments crus ou d'aliments organiques de grande qualité, pensez à prendre en complément des enzymes et des sels minéraux.

Même un faible apport en ingrédients crus vaut mieux que rien. Mangez ces plats au début du repas, afin d'apporter suffisamment d'enzymes à votre organisme. Mâchez-les lentement, pour favoriser la capacité de votre corps à utiliser ses enzymes. Rappelez-vous que la digestion commence dans la bouche.

Mangez des aliments crus au début du repas, afin d'apporter à votre organisme assez d'enzymes pour digérer la suite du menu.

On a écrit des livres entiers sur les bonnes graisses et les mauvaises. Les mauvaises graisses sont celles des aliments industrialisés ; vous les identifierez sur les étiquettes sous la dénomination de « graisses hydrogénées ». On ajoute en effet de l'hydrogène à ces corps gras : cela leur permet de se conserver plus longtemps, mais empêche votre estomac de la digérer. Elle n'est pas seulement inutile pour l'organisme : elle est toxique. On appelle aussi ces graisses hydrogénées « acides gras trans ».

Quantité d'études ont démontré que ces acides gras trans contribuent à détériorer les fonctions cellulaires, à obstruer les artères et favorisent les affections dégénératives. Malheureusement, ces acides gras trans sont très présents dans l'alimentation occidentale moderne.

Voici quelques-uns des aliments riches en acides gras trans que vous auriez avantage à éviter ou dont je vous recommande du moins de limiter votre utilisation : sauces de salades préparées, corps gras spéciaux pour la friture, viande grasse cuite à très haute température (préférez-la saignante), huiles hydrogénées, mayonnaise industrielle, saindoux, crème fouettée en bombe, et tous les aliments industriels et les préparations de fast-food qui utilisent des huiles hydrogénées. En somme, les frites ou les beignets sont des aliments sympathiques, mais dont il vaut mieux s'abstenir car ils sont toxiques pour l'organisme. Si vous avez vraiment besoin d'aliments réconfortants, préférez les crèmes glacées, le chocolat ou les barres protéinées.

> **Les frites et les beignets sont des aliments sympathiques, mais mieux éviter d'en abuser car ils sont toxiques pour l'organisme.**

La plupart des experts s'accordent à dire que nous manquons d'acides gras oméga-3, et divers programmes ont montré l'effet remarquable d'une ou deux cuillerées quotidiennes de graines de lin sur la santé, le niveau d'énergie et la stabilité de l'humeur. Le petit déjeuner « Mars et Vénus » comporte des graisses alimentaires apportées par des graines de lin ou de chanvre, naturellement riches en oméga-3.

Glucides simples et complexes

Il existe deux principaux types de glucides, aussi appelés hydrates de carbone : les glucides simples et les glucides complexes. Les premiers regroupent les sucres, principalement le sucre de table et les autres édulcorants naturels, le fructose des fruits et le lactose du lait. Les glucides complexes sont présents dans les féculents, les céréales, les légumes secs et les légumes. Quand l'organisme métabolise des glucides – simples ou complexes –, il les transforme en glucose utilisable par les organes ; la grande différence entre ces deux catégories vient de ce que les sucres simples sont libérés beaucoup plus rapidement dans le sang.

Le cerveau a besoin d'un apport constant en sucre. Si votre taux de sucre sanguin est trop bas, vous manquerez d'énergie et aurez du mal à réfléchir clairement. En excès, le sucre n'est pas bon non plus, car le pancréas sécrète alors de l'insuline afin de faire baisser la glycémie sanguine. Un excès de sucre produit un sursaut d'énergie qui retombe brutalement. Pour éviter ces montagnes russes émotionnelles, privilégiez les glucides complexes, libérés beaucoup plus lentement dans le flux sanguin, donc bien meilleurs pour la santé.

Les glucides passant rapidement dans le sang possèdent un « indice glycémique » élevé, tandis que les aliments libérés plus lentement affichent un indice glycémique bas. Vous trouverez p. 257- 258 une liste d'aliments classés en fonction de leur indice glycémique.

Quand vous choisirez vos glucides, rappelez-vous ces quelques règles :

– le fructose naturel, c'est-à-dire le sucre provenant des fruits, se répand beaucoup plus lentement dans le sang. Il doit en effet être métabolisé par le foie avant d'être libéré dans le flux sanguin. Les autres sucres simples passent directement dans le sang : cela provoque des sautes d'humeur, des accès d'hyperactivité et une prise de poids ;

– quand on mange des protéines ou des graisses avec des aliments à fort indice glycémique, celles-ci ralentissent l'absorption du sucre et évitent les hausses brutales de la glycémie sanguine ;

– votre énergie dépend de ce que vous mangez. Les aliments à indice glycémique élevé (sucres simples) vous donnent un sursaut d'énergie, mais celui-ci ne dure pas ;

– les glucides raffinés ne renferment pas les vitamines, les sels minéraux, oligo-éléments et fibres présents dans les aliments bruts.

Équilibre des nutriments

Un petit-déjeuner équilibré « Mars et Vénus » apporte exactement la quantité de protéines, de glucides et de graisses alimentaires dont votre corps a besoin. Vous pourrez adapter la composition spécifique de votre petit déjeuner en appliquant la Formule Mars et Vénus.

Nous l'avons déjà vu : pour favoriser un équilibre chimique cérébral optimal, les hommes et les femmes doivent consommer environ 50 % de glucides. Les hommes ont en outre besoin de 30 % de protides et 20 % de lipides, tandis que les femmes se contenteront de 20 % de protides pour 30 % de lipides. Cet équilibre « Mars et Vénus » apporte à l'organisme la combinaison nutritionnelle la plus favorable à un bon équilibre cérébral.

Les hommes ont besoin de 30 % de protéines et de 20 % de graisses, tandis que les femmes ont besoin de 20 % de protéines et de 30 % de graisses pour équilibrer leur chimie cérébrale.

Un apport accru en protéines chez les hommes permet de produire plus de dopamine, et un apport moindre chez les femmes permet d'éviter une inhibition de leur production de sérotonine. Une alimentation plus riche en lipides leur permet de sécréter plus d'ocytocine, une hormone particulièrement bonne pour elles ; l'apport accru en protéines permet aux hommes de produire plus de testostérone, leur hormone du bien-être. Quand une femme absorbe trop peu de bonnes graisses, elle tend à manger trop. Et quand les hommes n'absorbent pas assez de protéines ou ne parviennent pas à digérer celles qu'ils ingèrent, eux aussi risquent de manger trop.

Un apport accru en graisses permet aux femmes de sécréter plus d'ocytocine ; un apport accru en protéines permet aux hommes de produire plus de testostérone.

Une alimentation plus grasse stimule également chez les femmes la production de prostaglandines, lesquelles favorisent leur équilibre hormonal. Les femmes naissent avec une quantité plus importante de cellules réceptrices de lipides parce que leurs besoins hormonaux sont plus importants que ceux des hommes. Un homme qui mange trop gras produira trop de sérotonine : cela peut le rendre somnolent et affaiblir son énergie.

Cela dit, même si les femmes ont besoin d'un apport en graisses plus important que leurs compagnons, les sujets des deux sexes doivent veiller à limiter leur consommation globale de lipides. On évoque souvent ce problème, mais force est d'admettre qu'en l'absence d'un petit déjeuner approprié, la plupart d'entre nous abusent de tous les nutriments et pas seulement des graisses. Et ce n'est pas seulement l'excédent de matières grasses dans l'alimentation qui provoque maladies cardiovasculaires, diabète et hypertension artérielle : c'est la suralimentation...

Une étude menée sur 12 000 hommes dans sept pays différents a indiqué que les habitants de la Crète étaient en bien meilleure santé que leurs congénères italiens, néerlandais, finlandais, yougoslaves, japonais ou américains. Le fameux « régime crétois » a montré ses effets positifs spectaculaires chez des patients atteints de cancer et d'affections cardiovasculaires, ainsi que pour la gestion du poids et du stress. Or, en Crète, les lipides représentent 40 % de l'apport calorique total !

Dans son livre *Le Régime des stars*, Barry Sears évoque la peur des graisses qui étreint notre société. Il démontre de manière très claire et convaincante l'importance d'un équilibre entre glucides, protides et lipides dans l'alimentation. Pour sa part il recommande un rapport 40/30/30 de glucides, protides et lipides. Bon nombre d'athlètes de niveau international ont récemment pris conscience, eux aussi, de l'importance d'un apport accru en bonnes graisses pour améliorer leur endurance.

Sachez toutefois que *tout* pourcentage de matière grasse, même s'il s'agit de bonnes graisses, se révélera malsain si vous *mangez trop* à tous les repas. Ainsi, en Occident, même les personnes affichant une silhouette sans défaut mangent en général deux fois plus de calories que nécessaire. Dans ce cas de figure, c'est la quantité plus qu'un mauvais équilibre qui tue.

L'étude des divers régimes et programmes minceur permet de constater qu'une alimentation comportant entre 20 et 40 % de bonnes graisses riches en acides gras oméga-3 est sans l'ombre d'un doute plus saine. Alors, détendez-vous et profitez de la saveur que le supplément de lipides apporte à vos plats.

Équilibrer son alimentation

Tout comme un médecin vous administrerait un dosage précis de médicaments chaque matin, vous donnerez tous les jours à votre organisme un repas idéalement équilibré pour commencer la journée. Vous activerez ainsi votre métabolisme pour vingt-quatre heures et stimulerez votre production de neurotransmetteurs : cela vous conduira, tout au long du jour, à aspirer à une alimentation plus équilibrée.

Le reste du temps, il vous suffira, lors de vos repas, de vérifier que vos calories proviennent pour parts *à peu près* égales des protéines, des glucides et des graisses. Si vous absorbez des nutriments globalement de bonne qualité, vous pourrez en manger autant que vous le souhaitez.

Si, en revanche, vous consommez des mets industrialisés, vous devrez faire preuve d'un peu de volonté, car ces aliments moins nutritifs vous incitent à manger plus que vous ne le feriez d'ordinaire.

> **Les aliments industriels manquent de nutriments : ils rassasient moins que les aliments plus naturels.**

Si vous savez que vous mangez trop et éprouvez des difficultés à réduire votre apport alimentaire, voici cinq astuces pour vous corriger.

1. Mangez très lentement et dites-vous que si vous laissez quelque chose dans votre assiette, vous aurez droit à un dessert. Au restaurant, on se croit souvent obligés d'achever le contenu de son assiette par respect envers le cuisinier. Si vous éprouvez le besoin de vous justifier, dites simplement que vous vous réservez pour le dessert. Cela vous aidera à cesser de manger. Lorsque vient le moment de commander le dessert, proposez aux autres convives de le partager avec vous et ne vous sentez pas obligé de le finir.

2. Écartez la nourriture de votre vue et partez faire un tour à pied. Passez un marché avec vous-même : si vous avez encore faim au retour de votre promenade, vous pourrez man-

ger de nouveau. Parfois, les quelques pas vous séparant de la salle de bains suffisent pour vous distraire de la tentation.

3. Arrêtez de manger, buvez un verre d'eau additionnée de jus de citron, puis voyez si vous éprouvez encore le besoin de manger. Le citron aide à conserver un taux de glycémie bas ; ainsi vous n'aurez plus envie de manger de sucreries.

4. Arrêtez de manger, buvez un verre d'eau additionnée de jus de citron, puis promettez-vous que vous pourrez finir votre repas une heure plus tard si vous avez encore faim.

5. Prenez un en-cas ou une préparation hypocalorique et riche en nutriments entre les repas, et veillez à ne jamais sauter un repas. Si vous vous passez de déjeuner, vous aurez du mal à ne pas trop manger au dîner. Dans ce cas, un Breuvage Mars et Vénus avant le dîner vous aidera à contrôler votre appétit.

Si vous savez que vous mangez trop, interrompez-vous en vous promettant une douceur si vous avez encore faim dans une heure.

Veillez à ce que chacun de vos repas ou en-cas comporte des protides, des glucides et des lipides. Autre principe de base : les hommes ont besoin de portions plus importantes de protéines, et les femmes d'un apport lipidique un peu plus conséquent. Mais ne sombrez pas dans le fanatisme. L'équilibre parfait n'existe pas en ce bas monde ; pourquoi nous attendrions-nous à le trouver dans notre alimentation ?

Chacun de vos repas doit seulement comporter un peu de chaque groupe de nutriments essentiels (protéines, glucides et graisses). Voici quelques conseils personnels, qui illustrent bien l'art d'équilibrer son apport de ces divers éléments.

– Quand vous mangez un toast ou une tranche de pain, pensez à lui ajouter un peu de saumon, de poulet ou de thon pour l'apport en protéines, un peu de beurre ou de fromage pour l'apport en lipides et une feuille de salade pour le « cru ». Rappelez-vous que la cuisine tue les enzymes. Si vous ne mangez que des aliments cuits, prenez un complément d'enzymes avec votre repas.

– Si vous voulez un repas léger, prenez deux tranches de pain aux graines de chanvre germées avec du beurre et de la confiture. Une telle combinaison apporte toutes les protéines nécessaires pour un repas léger avec un bon apport en oméga-3. Le beurre et la confiture satisferont vos papilles. Vous pouvez aussi faire fondre un peu de mozzarella sur votre pain ou ajouter une tranche de tomate : voilà une « pizza » ultra-saine. Le pain au chanvre renferme en outre une bonne quantité de fibres qui régularisent le transit intestinal.

– Si vous mangez une pomme de terre en robe de chambre, aliment riche en glucides et dotée d'un indice glycémique élevé, ajoutez-lui un peu de fromage, de beurre ou de crème pour l'apport en lipides, du bacon dégraissé ou de soja pour les protides, et saupoudrez le tout de ciboulette, pour les enzymes. Vous obtiendrez ainsi un bon équilibre de nutriments essentiels. Les femmes ont tout particulièrement avantage à consommer des patates douces avec une touche de beurre et un aliment protidique : cet aliment est très favorable à la production matinale de sérotonine. Au Japon, les femmes mangent couramment des patates douces au petit déjeuner. Signalons au passage que la langue japonaise ne comporte pas de mots désignant le syndrome prémenstruel ou les bouffées de chaleur...

– Sur un bol de riz, de flocons d'avoine, de pâtes de sarrasin, tous aliments entièrement composés de glucides, émincez un ou deux œufs durs. Le blanc d'œuf est extrêmement riche en protéines et le jaune renferme les graisses indispensables à votre organisme. Quand vous le pouvez, choisissez des œufs enrichis en oméga-3. Vous pouvez aussi goûter au quinoa, une céréale d'origine sud-américaine, délicieuse froide avec quelques grains de raisin blanc ou noir, de l'oignon haché et du fromage de chèvre.

– En l'absence de pain riche en protéines comme le pain aux graines de chanvre, tartinez vos toasts de beurre de cacao ou de beurre d'amande : ils apportent protéines et lipides. Toutes les noix sont riches en protéines et en graisses ; comme il s'agit d'aliments crus, elles apportent aussi quelques enzymes.

– En guise d'en cas, j'aime associer quelques cuillerées à soupe de beurre d'amande croquant avec des tranches de pommes et un peu de miel. J'adore ce mélange !

– Quand vous mangez des fruits, équilibrez cet apport en fructose avec une poignée de vos noix ou graines préférées.

– Si vous mangez de la viande agrémentée de pommes de terre, commencez le repas par une salade : cet aliment cru vous apportera suffisamment d'enzymes pour digérer le reste du repas. Une bonne huile d'olive (mieux que des graisses animales) stimulera les capacités de combustion des graisses de votre organisme, ainsi que sa capacité à métaboliser les acides aminés. Cela permet d'apporter à l'organisme ce dont il a besoin pour atteindre un équilibre cérébral générateur de santé et de bonheur.

– Les desserts contenant des sucres raffinés doivent impérativement être consommés après un repas. Ainsi, les graisses et les protéines présentes dans l'estomac ralentit la libération du sucre dans le flux sanguin : cela diminue les risques de variation brutale de la glycémie.

– Quand vous prenez un dessert, choisissez-en un contenant à la fois des glucides, des lipides et ses protéines comme des pêches (glucides) avec de la crème (protides et lipides). Pour accroître l'apport en protéines, ajoutez quelques noix : le dessert n'en sera que plus sain. Si vous mangez de la crème glacée, ajoutez aussi quelques noix pour un meilleur équilibre.

– Dans les sushi, l'apport en protéines et en matières grasses du poisson est équilibré par les glucides du riz. Les algues des petits rouleaux sont pour leur part riches en éléments minéraux. Quant à la soupe au miso fermenté, elle aide l'organisme à tuer les parasites susceptibles de se cacher dans le poisson. Le saumon, le thon, le maquereau et les sardines sont les poissons les plus riches en oméga-3.

– Si vous aimez les œufs, équilibrez cet apport en protéines en y ajoutant des légumes : par exemple, des courgettes, des poivrons, des champignons, des tomates, des asperges ou des brocolis.

– Rappelez-vous, cependant : la qualité de chaque nutriment et la quantité absorbée est tout aussi importante que l'équilibre entre les divers nutriments. En effet, un équilibre idéal mais avec trop de calories mettra à mal votre chimie cérébrale, suscitant des envies de mets malsains. Un bon équilibre et un bon apport calorique n'excluent en outre pas le risque d'aliments appauvris en sels minéraux, en oligo-éléments, en vitamines, en bonnes graisses, en protéines complètes et en bons glucides.

Manger pour équilibrer son taux de sucre sanguin

Pour accroître notre taux de dopamine et de sérotonine, il nous faut des glucides en abondance. Dans le même temps, nous devons surveiller l'équilibre de notre glycémie sanguine. Quand celle-ci grimpe trop, le corps libère de l'insuline pour la faire baisser ; lorsque le taux de sucre sanguin descend en deçà d'un certain niveau, le cerveau ralentit sa production de neurotransmetteurs. Pour rééquilibrer celui-ci, choisissez autant que possible des glucides complexes à faible indice glycémique.

Les aliments à fort indice glycémique ne sont pas mauvais pour la santé, mais ils doivent être consommés avec modération. Absorbez-les de préférence avec des protéines et des graisses, afin d'en limiter les conséquences nocives. Si vous êtes particulièrement sensible au sucre, veillez à manger moins de mets à haute teneur glycémique et plus de matières grasses. Les biscuits, par exemple, ont un indice glycémique élevé, mais la crème glacée en a un beaucoup plus bas parce que la matière grasse présente dans les glaces ralentit la libération du sucre dans le flux sanguin. Mieux vaut cependant manger un petit morceau ou une petite quantité d'un aliment à indice glycémique élevé qu'une énorme portion d'un aliment à faible indice glycémique. En général, un biscuit ne pose aucun problème : mais en dévorer un paquet entier fait déraper la glycémie sanguine !

Voici une liste de glucides classés en fonction de leur indice glycémique. Gardez présent à l'esprit que si vous les consommez associés à des protides et à des graisses, vous ferez baisser leur indice glycémique.

Crèvent presque le plafond

Pain blanc et autres produits à base de farine raffinée
Pâtisseries, viennoiseries, beignets...
Purée de pommes de terre (maison ou en flocons)
Barres chocolatées, biscuits
Riz blanc ou précuit
Chips de maïs
Riz soufflé et galettes de riz

Élevé

Corn flakes et autres céréales industrielles
Raisins secs et autres fruits secs
Pommes de terre cuites à l'eau, au four, frites ou sautées
Bananes, mangues, abricots, ananas, pastèque
Carottes cuites
Pâtes à base de blé raffiné
Miel

Moyen

Pain complet et autres produits à base de farine complète
Riz complet
Céréales complètes sans sucre ajouté
Couscous
Betteraves
Compote de pommes
Jus d'orange et de pamplemousse
Pâtes complètes ou semi-complètes
Maïs
Patates douces
Petits pois
Raisins, oranges, pêches, myrtilles
Potages aux lentilles ou aux pois cassés
Nouilles à cuisson instantanée
Pop-corn et chips
Crème anglaise

Bas

Légumes verts à feuilles
Yaourt (sans sucre ajouté)
Haricots blancs, noirs et rouges
Pois cassés
Lentilles
Pois chiches
Pommes, poires, prunes, cerises, pamplemousses
Tomates
Champignons
Crèmes glacées (oui, vous avez bien lu : leur teneur en matières grasses abaisse leur indice glycémique)
Fructose
Lait entier ou écrémé

Vraiment bas

Haricots de soja
Cacahuètes

Pour les femmes, manger pour produire plus de sérotonine

Pour produire plus de sérotonine, vous pouvez combiner cette tactique destinée à rééquilibrer la glycémie sanguine avec un choix de protéines déjà riches en tryptophane. Vous trouverez ci-après une liste de protides offrant une teneur relativement plus élevée en tryptophane qu'en phénylalanine et en leucine. Lorsque le tryptophane ne se trouve pas en compétition avec ces deux autres acides aminés, son absorption se fait mieux et la sécrétion de sérotonine augmente. La phénylalanine, elle, favorise principalement la production de dopamine et inhibe celle de sérotonine. La leucine décompose le tryptophane. Les aliments idéaux sont ceux offrant le « facteur de production de sérotonine » (FPS) le plus élevé, autrement dit un rapport tryptophane/phénylalanine + leucine plus élevé.

Ces aliments sont excellents pour les hommes, même s'ils sont tout particulièrement recommandés aux femmes. Voici la liste des 51 aliments les plus propices à la fabrication de sérotonine.

	Aliment	Ratio SPF
1.	Persil	1,00
2.	Cèpes	0,98
3.	Fucus, kombu (algues)	0,40
4.	Dattes séchées	0,35
5.	Papaye	0,31
6.	Girolles (chanterelles)	0,29
7.	Cassave (yucca)	0,29
8.	Tapioca	0,29
9.	Bière	0,25
10.	Oignons	0,24
11.	Autres champignons	0,22
12.	Noix de pécan (pacanes)	0,21
13.	Feuilles de moutarde	0,20
14.	Pastèque	0,20
15.	Céleri branche	0,20
16.	Graines de moutarde jaune	0,20
17.	Rutabaga	0,19
18.	Spiruline (algue)	0,19
19.	Wakame (algue)	0,18
20.	Courge d'hiver	0,18
21.	Carotte	0,18
22.	Navet	0,18
23.	Betterave	0,18
24.	Abricot secs	0,17
25.	Poivron	0,17
26.	Orange	0,17
27.	Mangue	0,17
28.	Petit-lait	0,16
29.	Abricot, fraise, clémentine	0,16
30.	Cerise, ananas, prune	0,16
31.	Pamplemousse	0,16
32.	Beurre	0,16
33.	Piment fort	0,16
34.	Graines de tournesol	0,16
35.	Patate douce	0,15
36.	Courge	0,15
37.	Potiron	0,15
38.	Goyave	0,14
39.	Chocolat	0,14
40.	Concentré de tomates	0,14

41.	Sarrasin	0,14
42.	Poire d'Asie	0,13
43.	Amande	0,13
44.	Tomate	0,13
45.	Graines de potiron	0,13
46.	Graines de sésame	0,13
47.	Pomme de terre	0,13
48.	Choux de Bruxelles	0,13
49.	Farine de blé complète	0,13
50.	Figue	0,12
51.	Banane, raisin	0,11

Pour les hommes, manger pour produire plus de dopamine

Pour fabriquer plus de dopamine, vous devrez faire preuve de prudence avec les aliments présentant un indice glycémique élevé. En effet, ceux-ci réduisent la sécrétion de neurotransmetteurs, mais favorisent aussi un pic de sérotonine, lequel tend à faire baisser le taux de dopamine. Manger plus de protides et moins de glucides à fort indice glycémique aide le cerveau à produire de la dopamine en quantité suffisante. Parmi les aliments riches en protéines, privilégiez les plus pauvres en lipides, car un excès de graisses inhibe la production de dopamine.

Voici quelques exemples de protéines maigres. Bien entendu, ces aliments conviennent aussi très bien aux femmes ; mais ils se révèlent particulièrement utiles aux messieurs. Voici la liste des 50 aliments riches en protéines qui favorisent le mieux la production de dopamine. Indiquée en regard de chacun d'eux, se trouve leur proportion matières grasses/protéines. La proportion idéale dans un repas est de 68 % pour les hommes et de 150 % pour les femmes. Un taux de 100 % indique que les calories de l'aliment proviennent à parts égales des lipides et des protides. Nous l'avons déjà expliqué : les femmes naissent avec un plus grand nombre de cellules graisseuses, elles ont besoin d'une alimentation plus riche en lipides.

Aliment	Ratio Graisses/Protéines (%)
1. Blanc d'œuf	0 (100 % protéine-0 % graisse)
2. Petit-lait	0-2,5
3. Haricots adzuki, haricots mungo, haricots rouges, haricots secs	2-10
4. Crabe	6
5. Morue	8
6. Flétan	9
7. Lait écrémé	9
8. Ormeaux	9
9. Homard, langouste	10
10. Clams	15
11. Haricots noirs	15
12. Fromage blanc allégé	16
13. Crevettes	19
14. Bar (loup)	25
15. Dinde (blanc sans peau)	25
16. Églefin	25
17. Spiruline (algue)	31
18. Poulet (blanc sans peau)	33
19. Muffin anglais complet	37
20. Espadon	44
21. Muffin anglais	45
22. Foie (bœuf ou poulet)	45
23. Jambon maigre	50
24. Pain aux graines de lin germées	57
25. Dinde (autres morceaux sans peau)	57
26. Thon	63
27. Yaourt maigre	64
28. Saumon	70
29. Huîtres	75
30. Côte de bœuf maigre	80
31. Lait demi-écrémé	81
32. Agneau (morceaux maigres)	81
33. Poulet (autres morceaux sans peau)	83
34. Flocons d'avoine	83
35. Coquilles Saint-Jacques	90
36. Tempeh	90

37.	Canard (sans peau)	100
38.	Sardines	112
39.	Tofu	112
40.	Lentilles	112
41.	Edamame	122
42.	Graines de soja	122
43.	Mozzarella allégée	129
44.	Poulet (autres morceaux avec peau)	141
45.	Bœuf haché maigre	144
46.	Maquereau	150
47.	Saucisse de dinde	150
48.	Œuf entier	200
49.	Bœuf haché ordinaire	205
50.	Yaourt au lait entier	209

Toutes les céréales, qu'il s'agisse du sarrasin, de l'orge, du maïs, du millet, du seigle ou du blé, pour ne citer que les plus courantes, présentent une teneur moyenne en protéines et très peu de matières grasses. Cela fait d'elles un aliment maigre de base idéal pour les hommes comme pour les femmes. À l'autre bout de l'échelle, se trouvent des aliments riches en protéines mais très gras, à consommer avec prudence. Voici une liste des aliments riches en protéines, mais aussi en graisses, à utiliser avec modération.

	Aliment	**Ratio Graisse/Protéine (%)**
51.	Emmenthal (et la plupart des fromages)	218
52.	Lait entier	225
53.	Steak ordinaire	270
54.	Cheddar	297
55.	Feta	330
56.	Bacon	350
57.	Saucisses	360
58.	Beurre de cacahuète	401
59.	Travers de porc (*ribs*)	472
60.	Cacahuètes	487
61.	Amandes	525
62.	Salami	545

63.	Noix de cajou (riches en graisses comme la plupart des noix)	675
64.	Noix de pécan (pacanes)	1 866
65.	Noix de macadamia	1 875

Ces aliments ne sont pas malsains, à condition d'en prendre des portions de petite taille et de les équilibrer avec des protéines maigres. Un peu de graisse est bon pour la santé, mais celle-ci ne doit pas dépasser de 20 à 40 % l'apport calorique total d'un repas. Croquer quelques noix de macadamia ne peut pas faire de mal, mais considérez les plus comme un apport en lipides que comme un apport en protéines !

Consommer plus d'acides gras essentiels Oméga-3

Un apport accru en protéines inhibe la production de sérotonine chez les femmes : pour conserver un taux de glycémie stable, une femme doit donc plus compter sur les bonnes graisses pour ralentir la diffusion des glucides à fort indice glycémique dans son organisme. Chez l'homme, les protéines se chargent de cette tâche, mais cela n'empêche pas les Martiens d'avoir besoin de ces bonnes graisses pour produire des neurotransmetteurs. Les hommes ont besoin de plus d'acides gras oméga-3 que d'oméga-6 – tout comme les femmes –, mais en quantité moins importante. Vous trouverez ci-dessous une liste d'aliments riches en oméga-3 et pauvres en oméga-6. L'absorption d'un surplus d'oméga-3 permet de restaurer l'équilibre de notre organisme.

1. Poissons gras des mers froides : saumon, maquereau, morue et thon
2. Algues marines : nori, hijiki et kombu
3. Noix
4. Graines de potiron
5. Haricots de soja
6. Haricots rouges

7. Graines de lin et huile de graines de lin
8. Graines de chanvre et huile de graines de chanvre
9. Huile de foie de morue

Graisses hydrogénées : à éviter ou à limiter

Nous l'avons déjà vu, il faut absolument éviter les acides gras trans. Considérez-les comme des aliments malsains ; ils sont d'ailleurs présents dans la plupart des mets à éviter. Prenez le temps de vérifier sur l'étiquette que le produit que vous achetez n'en contient pas ; il suffit en général d'opter pour des biscuits de qualité supérieure. Les industriels de l'agroalimentaire savent aussi que les graisses hydrogénées provoquent une certaine dépendance... Voici une liste d'aliments riches en acides gras hydrogénés.

1. Margarine
2. Biscuits industriels
3. Pain blanc industriel
4. Gâteaux industriels
5. Beignets
6. Chips

Aliments riches en graisses saturées

Les graisses restant solides à température ambiante, comme le beurre ou l'huile de palme, portent le nom de graisses saturées. La recherche a montré amplement qu'un excès de graisses saturées accroît le risque d'affections cardiovasculaires et d'obésité. Cependant, ce risque est minimisé lorsque nous équilibrons notre apport en acides gras essentiels oméga-3 et oméga-6. Une supplémentation en aliments riches en oméga-3 nous dispense donc de trop nous inquiéter de notre consommation d'acides gras saturés.

Cependant, abuser de ces aliments entravera votre énergie, votre motivation et vous obscurcira l'esprit. Les chercheurs ont pu démontrer que les aliments riches en acides gras saturés provoquent une chute de la vivacité d'esprit et de la concentration. Un apport excessif de ces acides gras inhibe en outre la production de dopamine. Pour préserver au mieux votre chimie cérébrale, choisissez des viandes maigres et n'en abusez pas. Voici une liste d'aliments riches en graisses saturées.

1. Viande de bœuf
2. Viande de porc
3. Viande d'agneau
4. Charcuterie
5. Hot-dog
6. Beurre
7. Mayonnaise industrielle
8. Crème glacée
9. Fromage à tartiner
10. Jaune d'œuf
11. Fromage
12. Lait et laitages entiers
13. Noix de coco

Choisir vos huiles de cuisson

Malheureusement, nous tirons une grande partie de notre apport en acides gras essentiels de sources comme les huiles utilisées pour la cuisson. La plupart des huiles confectionnées à partir de noix ou de graines présentent une teneur relativement élevée en oméga-6, mais pas d'oméga-3. Le terme huile végétale évoque un produit sain, mais ce n'est pas toujours le cas : ainsi, les huiles de carthame, de tournesol, de maïs ou d'arachide ne contiennent pas d'oméga-3. Parmi les plus saines figurent l'huile de colza, l'huile de soja et l'huile de sésame, moins riches en oméga-6 et un peu plus riches en oméga-3.

Le terme « huile végétale » évoque un produit sain, mais ce n'est pas toujours vrai.

Tout le monde connaît aujourd'hui les propriétés bénéfiques de l'huile d'olive. Les Grecs, qui en consomment en abondance, présentent le taux d'affections cardiovasculaires le plus bas du monde. Plusieurs études indiquent également un risque de cancer du sein de 25 % inférieur à la moyenne chez les femmes qui absorbent tous les jours de l'huile d'olive. Les bienfaits de ce corps gras ne s'arrêtent pas là. Précisons à cet égard que ceux-ci ne s'appliquent bien entendu qu'à l'huile d'olive extra-vierge première pression à froid (la seule dont la vente est autorisée dans l'Hexagone). Si l'huile d'olive ne contient guère d'oméga-3, elle est aussi pauvre en oméga-6. Or, diminuer la consommation d'oméga-6 favorise un meilleur ratio oméga-6/oméga-3 dans notre apport quotidien. En effet, la place importante tenue par la viande, les œufs, le poisson et les laitages dans notre assiette nous garantit déjà un apport plus que suffisant en oméga-6.

Les meilleures huiles de cuisine, du point de vue de la chimie du cerveau, sont l'huile d'olive et l'huile de sésame. L'huile de colza, contenant plus d'oméga-3 et peu d'oméga-6, ne convient pas à toutes les préparations : on ne peut en effet la chauffer.

L'huile de colza est la plus riche en oméga-3, avec peu d'oméga-6.

Quantité de nutritionnistes recommandent l'usage d'huile de palme aussi bien pour la cuisson qu'en guise de pâte à tartiner. On a longtemps associé cette huile riche en graisses saturées avec une hausse du taux de cholestérol, mais les études incriminées avaient été menées sur l'huile de palme hydrogénée, c'est-à-dire un acide gras trans nocif. Il existe désormais des huiles de palme non hydrogénées bien meilleures pour la santé.

Cette huile offre une autre particularité intéressante : sa richesse en acide laurique, une substance présente dans le lait maternel qui favorise la lutte contre les virus, les bactéries et autres agents pathogènes, et stimule les fonctions immunitaires. Le corps médical la recommande donc aux personnes atteintes de troubles de l'immunité.

Voici un bref résumé des lipides que vous pouvez utiliser en cuisine.

Les meilleurs

Huile d'olive
Huile de sésame
Huile de colza
Huile de soja
Huile de palme
Beurre et ghee (beurre clarifié)

Les pires

Huile de carthame
Huile de tournesol
Huile de maïs
Huile d'arachide

Toutes ces listes vous aideront à appliquer les suggestions diététiques du Régime Mars et Vénus. Rappelez-vous : ce programme fonctionne précisément parce qu'il n'exige pas d'effort de volonté et qu'il ne doit pas la solliciter. Ses éléments les plus importants sont les breuvages reminéralisés, les séances d'exercices et la Préparation Mars et Vénus du petit déjeuner. Vous pourrez ensuite vous en remettre à vos sensations, et manger ce que vous voulez et autant que vous le souhaitez.

12

Manger en fonction de son type morphologique

Les Occidentaux mangent presque tous trop : aux États-Unis, 65 % de la population souffre de surpoids. Pourtant, certaines personnes trop corpulentes mangent moins que d'autres, plus minces et plus musclées. Comprendre le fonctionnement de la glycémie sanguine et les divers types morphologiques nous aidera à comprendre pourquoi certains peuvent manger n'importe quoi sans jamais prendre de poids...

La plupart des personnes en surpoids mangent nettement moins que d'autres, plus minces mais plus musclées.

On constate en outre que les personnes minces mangent, tout comme les autres, trop de glucides, de lipides ou de protides appauvris en nutriments. Elles aussi sont taraudées par des envies d'aliments malsains. Mais quand leur taux de sucre sanguin augmente, l'énergie excédentaire est métabolisée différemment : au lieu d'être stockée sous forme de graisse corporelle, elle est brûlée par les muscles ou par le cerveau. Le cerveau consomme en effet des calories au même titre que les muscles.

C'est notre type morphologique qui détermine la façon dont notre organisme réagira à une montée du taux de sucre sanguin. On en distingue quatre principaux.

1. Le type rond. Les personnes présentant ce type morphologique viennent au monde avec plus de cellules adipeuses que les autres. Or cet élément du patrimoine organique n'évolue pas au cours de l'existence. Les femmes et les hommes de type morphologique rond voient leurs kilos s'accumuler autour du ventre : cela leur donne peu ou prou une silhouette en forme de pomme. Mal manger les fait facilement prendre du poids, même s'ils ont une activité physique intense, car chez eux le sport à outrance inhibe la combustion des graisses par l'organisme.

2. Le type triangulaire. Les femmes « triangulaires » présentent une silhouette en sablier, tandis que leurs compagnons sont en général plus solides et carrés, mais avec une taille assez mince. Ces individus viennent au monde avec une masse musculaire supérieure à la moyenne. De ce fait, une mauvaise alimentation risque de les faire sombrer dans la dépendance envers un sport ou une quelconque substance ou activité. Une sédentarité excessive les conduit certes à grossir, mais ils perdent facilement leurs kilos excédentaires simplement en accroissant leur activité physique.

3. Le type rectangulaire. Les femmes et les hommes appartenant à ce type morphologique sont plutôt grands et minces. Les quelques kilos superflus des femmes tendent à s'accumuler sur leurs hanches et leurs cuisses ; les hommes, eux, les portent en général sur le ventre. Ces personnes présentent rarement un véritable surpoids, et leur excédent pondéral est d'ordinaire la conséquence de toxines stockées dans leur corps. Il s'agit le plus souvent d'individus dotés d'une ossature fine. En situation de stress, ils perdent couramment l'appétit ; mais quand leur taux de sucre sanguin chute, ils se jettent sur des mets malsains dont ils feront un repas copieux. D'ordinaire minces, ils sont plus sujets que la moyenne aux troubles liés à l'anxiété ainsi qu'aux troubles obsessionnels compulsifs. Tout excédent de sucre sanguin est chez eux littéralement pompé par le cerveau, lequel se met alors en hyperactivité.

En cas de stress, les gens minces perdent souvent l'appétit pour un temps avant de se rattraper par la suite.

Indépendamment du type morphologique, d'autres facteurs liés à la santé contribuent à la perte ou au gain de poids. Parmi eux figurent les médicaments, les traumatismes, les anomalies génétiques ou un déséquilibre fonctionnel de certaines glandes. Ainsi une thyroïde défectueuse peut entraîner une prise de poids ou un amaigrissement chez tous les types morphologiques.

Mais le facteur influant le plus sur le poids et l'humeur reste l'alimentation. Le mauvais régime alimentaire – si souvent le lot de nos contemporains – peut activer des maladies génétiques latentes ou provoquer un déséquilibre hormonal au niveau glandulaire. La bonne nouvelle réside dans l'incroyable adaptabilité du corps humain et ses ressources insoupçonnées : il les manifeste dès qu'on lui fournit un « carburant » adapté et la possibilité d'éliminer les toxines accumulées en lui.

L'excédent de sucre sanguin résultant d'une alimentation déséquilibrée peut produire trois effets différents.

1. Un stockage adipeux chez une personne de type rond.
2. Une activité physique obsessionnelle ou une hyperactivité chez les personnes musclées.
3. Un cerveau en sur-régime (lequel provoque notamment inquiétude et anxiété) chez les personnes minces.

Précisons toutefois qu'il est rarissime d'appartenir purement à un type morphologique ; la plupart d'entre nous présentent un mélange d'au moins deux d'entre eux – un type dominant et un secondaire. Chacun de nous présentant une combinaison unique des trois types morphologiques existants, nous subissons tous à des degrés divers ces trois types de réaction à un déséquilibre de la glycémie sanguine.

Avant de considérer en détail ce que nous devons manger en fonction de notre type morphologique, essayons d'abord de comprendre pourquoi nous sommes si souvent attirés par les aliments nocifs.

Pourquoi nous mangeons des aliments nocifs

Les personnes présentant un taux de sucre sanguin peuvent avaler un en-cas ou un repas plein d'aliments industrialisés et sentir un mieux-être immédiat. Elles éprouvent bien entendu l'envie de continuer à absorber ces aliments qui leur procurent un bien-être instantané. Pour leur corps, la situation est simple : il mourait de faim et il a été nourri. Mais il s'agit là d'une perception erronée, car une ou deux heures plus tard leur taux de glycémie sanguin retombe et leur énergie avec.

Si ce n'est pas la seule raison qui nous pousse vers les aliments malsains, cela explique en grande partie le problème qu'ils nous posent. Parmi les autres raisons, figurent une production trop basse de certains neurotransmetteurs, un déficit minéral et/ou en enzymes, et les divers degrés de malnutrition ou de déficit nutritionnel. Revenons rapidement sur les liens entre la production d'insuline et le taux de sucre sanguin. Compte tenu des chiffres de consommation de sucre en Occident, elle mérite de plus amples explications.

Insuline et faible taux de sucre sanguin

Quand on consomme des aliments industriels ou des glucides raffinés (sucre, pain blanc, céréales, pâtisseries), le sucre de ces mets se transforme très rapidement en énergie. Dès qu'ils atteignent votre estomac, le sucre qu'ils renferment est libéré dans le flux sanguin et convoyé jusqu'aux muscles et au cerveau. Si vous absorbez en même temps des fibres, des éléments minéraux, des protéines et des lipides en quantité suffisante, leur sucre se répandra en revanche à un rythme plus lent et plus sain. Il devra en effet transiter par le foie, lequel contrôlera sa diffusion afin de maintenir une glycémie sanguine stable.

Avec un en-cas glucidique à indice glycémique élevé et pauvre en nutriments, comme un paquet de chips ou une boîte de biscuits, le sucre passe si rapidement dans le sang que l'organisme doit sécréter de l'insuline (au niveau du pancréas), afin de contrôler la hausse du taux de sucre sanguin et maintenir celui-ci dans des limites acceptables pour un bon fonctionnement cérébral.

Quand le taux de sucre sanguin est trop bas, nous sommes attirés par des glucides peu nutritifs, mais qui font remonter ce taux en un clin d'œil et redonnent rapidement de l'énergie.

Malheureusement, ces sécrétions excédentaires d'insuline fatiguent le pancréas qui, au bout d'un certain temps, prend l'habitude de produire trop d'insuline, au cas où... De même qu'un joueur de tennis frais et dispos place ses balles avec une précision redoutable, mais que l'acuité de ses tirs diminue à mesure qu'il se fatigue, un pancréas trop souvent sollicité en urgence perdra, l'âge aidant, de son efficacité. Lorsque votre taux de sucre sanguin s'élève, il libère trop d'insuline, ce qui fait chuter la glycémie de manière excessive. De ce fait, votre énergie baisse elle aussi brutalement, parfois de manière très soudaine. On observe plus particulièrement ce phénomène chez les femmes : si on ne leur procure pas rapidement une source d'énergie, leur humeur s'en ressent fortement.

Pour ramener le taux de sucre sanguin à un niveau correct, l'insuline convertit l'excédent de sucre afin de le stocker dans les muscles et dans le foie. Le reliquat sera conservé sous forme de graisse corporelle. La glycémie sanguine retombe, nous sentons renaître notre appétence pour des aliments rapidement énergétiques ; nous en mangeons, une nouvelle sécrétion d'insuline impromptue s'impose, la glycémie sanguine retombe, et ainsi de suite. En clair, de tels aliments apportent un bref sursaut d'énergie ; mais il ne dure pas et la faim ne tarde pas à nous tenailler de nouveau.

Pensez à ce mécanisme quand vous vous plongerez dans les pages consacrées aux types morphologiques ainsi qu'aux besoins et vulnérabilités nutritionnels de chacun d'eux.

1. Le type morphologique rond

Ce type morphologique doit veiller à manger chaque jour au moins trois repas et deux petits en-cas équilibrés. Un en-cas équilibré comporte un peu de protides, un peu de glucides et un peu de matières grasses. Une bonne solution consiste à croquer quelques noix (qui offrent un bon rapport protéines/matières grasses) accompagnées de raisins secs (pour les glucides).

Ce type morphologique peut absorber plus d'acides gras de bonne qualité. En effet, contrairement à ce qu'on pourrait penser, les personnes appartenant à ce type morphologique ont besoin d'un apport de lipides supérieur à la moyenne – lequel reste néanmoins très inférieur aux consommations couramment observées en Occident, qui dépassent parfois les 100 g de lipides quotidiens (voire 200 g).

Les femmes tireront bénéfice d'un petit déjeuner Mars et Vénus enrichi de deux cuillerées à soupe de graines de lin moulues (11,4 g de lipides). Pour les hommes, nous recommandons une cuillerée de graines de lin (5,7 g de lipides). Les personnes en surpoids doivent *accroître* leur apport en graisses pour déclencher la combustion de leurs réserves adipeuses. Les bonnes graisses jouent un rôle essentiel dans ce processus comme dans la construction de tissus sains et, chose plus importante encore, la régulation de la production hormonale.

Manger de bonnes graisses favorise la combustion des réserves adipeuses.

D'après les experts, la quantité maximale de lipides que l'organisme humain peut utiliser au cours d'un repas se situe entre 15 et 20 g de « bonnes graisses ». Ce distinguo est primordial, car quantité de femmes obèses avalent couramment plus de 75 g de matières grasses par repas ; malgré cela, leur corps manque de bons acides gras. Une des explications de l'obésité féminine réside donc dans l'abus des mauvaises graisses assorti d'un apport insuffisant en bons corps gras. Leurs cellules sont littéralement affamées de graisses capables de les aider à brûler leurs excédents adipeux : cela les pousse à se précipiter vers des mets soi-disant allégés en lipides mais pleins d'acides gras trans et autres lipides nocifs.

Le déséquilibre des acides gras oméga-3 et oméga-6 est source de biens des souffrances inutiles, notamment chez les femmes, endormorphes ou non. En effet, les Occidentaux sont fréquemment affectés d'un déficit extrême d'oméga-3 : celui-ci accentue les manifestations du syndrome prémenstruel ainsi que les symptômes désagréables liés à la ménopause. On a aussi pu établir un lien, cette fois pour les deux sexes, entre un déficit de bonnes graisses oméga-3 et la prévalence de toute une kyrielle d'affections handicapantes ou mortelles allant des cancers à l'arthrite en passant par les affections cardiovasculaires. Une supplémentation matinale en oméga-3 constitue la clé d'une bonne production hormonale et d'un bon équilibre hormonal pour tous les types morphologiques.

Même si une consommation excessive de graisses, bonnes ou mauvaises, conduit immanquablement à prendre du poids, on grossit beaucoup plus souvent par abus d'aliments dotés d'un indice glycémique élevé. Il s'agit des glucides rapidement assimilables (gâteaux, biscuits, desserts, sucre dans le café) d'où un excédent de sucre sanguin. Or on gagne plus d'argent qu'on n'en dépense, on place en général l'excédent sur un livret de caisse d'épargne ou tout autre compte permettant de le faire fructifier. Un organisme réagit exactement de la même manière : quand le sang charrie trop de sucre, il le convertit en masse adipeuse dans laquelle il pourra puiser en période de disette.

Cette graisse excédentaire reste en place jusqu'à ce que vous en ayez besoin ; aussi longtemps que vous continuez à produire de l'insuline en excès, elle continue à s'accumuler au lieu d'être utilisée en guise de carburant. En pratique, vous grossissez encore et toujours, et vos envies de graisses et de glucides vont croissant.

Une production excessive d'insuline bloque la conversion de l'excédent adipeux en énergie.

Pour l'organisme, ces variations incessantes de la glycémie sanguine sont aussi pénibles que les fluctuations boursières pour l'épargnant. Et comme dans une conjoncture économique instable les investisseurs sont tentés de mettre leurs fonds à l'abri, votre organisme stockera tant que vous ne parviendrez pas à stabiliser votre taux de sucre sanguin.

Un apport adéquat d'acides gras et de protéines dans l'alimentation ralentit la libération du sucre dans le sang : cela ramène la sécrétion d'insuline à la normale et permet à l'organisme de brûler peu à peu sa masse adipeuse superflue.

Si vous avez des kilos en trop, commencer la journée par un petit déjeuner pauvre en calories mais nutritif fournit au corps toute l'énergie nécessaire pour les heures à venir. Et il commence d'ores et déjà à puiser dans ses réserves de graisse : vous aurez l'impression de déborder d'énergie.

2. Le type morphologique triangulaire

Ce type morphologique plus musclé exige un apport accru en acides aminés grâce à un bon équilibre protidique. Il est parfois difficile d'absorber des protéines en quantité suffisante tout en restant dans une fourchette adéquate de calories. En effet, la plupart des viandes et autres produits animaux présentent aujourd'hui un ratio protéines/graisses bien inférieur à l'idéal. Les techniques d'élevage moderne ont en effet accru la masse graisseuse des animaux de boucherie.

La valeur du bétail étant aujourd'hui fonction du poids des animaux, quantité d'éleveurs s'arrangent pour produire des animaux aussi lourds que possible. Et ce qu'ils leur administrent pour les aider à engraisser... a toutes les chances de produire les mêmes effets chez vous. En somme, non seulement nous mangeons des viandes trop grasses, mais en plus leur équilibre en bonnes et mauvaises graisses est devenu défectueux :

au lieu de contenir à peu près autant d'oméga-3 que d'oméga-6, elles contiennent désormais entre dix et vingt fois trop des seconds. En clair, le poulet, la dinde ou le bœuf que nous mangeons contiennent tous trop de bons oméga-6 et pas assez de bons oméga-3. Pour limiter ce problème, choisissez de préférence des animaux élevés selon des méthodes traditionnelles. Préférez toujours les morceaux maigres, afin de ne pas dépasser votre quota quotidien de lipides. Signalons que les poissons présentent un meilleur ratio protéines/graisses, en particulier le saumon, le maquereau, la morue et le thon, riches en oméga-3. En ajoutant à votre alimentation des mets riches en protéines et pauvre en lipides, vous aurez l'assurance de ne pas manger trop de matières grasses, susceptibles d'entraver la transformation des acides aminés en neurotransmetteurs.

Le poisson offre en général un excellent ratio protéines/graisses.

Les mésomorphes brûlent les protéines plus rapidement que les autres groupes morphologiques, en raison de l'importance de leur masse musculaire. Si les protéines sont intégralement consommées, il n'en reste plus assez pour assurer la production cérébrale de dopamine. Ces personnes ont donc besoin d'une alimentation un peu plus protéinée et un peu moins grasse. Un excès de matières grasses ou de glucides provoque en effet une réponse insulinique, laquelle dévie tous les acides aminés vers les muscles, sans en laisser pour produire de la dopamine. Des études récentes indiquent en outre une corrélation entre une alimentation trop grasse et un taux de sucre sanguin élevé. L'excès de lipides inhibe l'utilisation du glucose par les muscles : cela augmente la glycémie sanguine, laquelle produit une réponse insulinique. Les hommes et les personnes minces et musclées sont les plus vulnérables à ce type de réaction. Puisqu'il possède moins de cellules adipeuses, un homme a besoin d'absorber moins de graisses qu'une femme. Cependant, tous les types morphologiques auront avantage à prendre le matin un repas protéiné équilibré et activé par un apport en sels minéraux, en oligo-éléments et en enzymes, afin de favoriser la sécrétion de bonnes hormones cérébrales.

Un excédent de graisses ou de sucres dans l'alimentation inhibe la production de dopamine.

Les mésomorphes, qui sont plus musclés, et les hommes en général ont aussi besoin d'une activité physique plus soutenue. Voilà pourquoi les hommes parviennent en général à perdre du poids plus vite que les femmes. Ils possèdent une masse musculaire plus importante, et les mitochondries de leurs cellules musculaires se révèlent très efficaces pour brûler les graisses. Ces mitochondries nichées à l'intérieur des cellules se chargent en effet de brûler des calories en transformant les molécules de la nourriture afin d'en libérer l'apport énergétique. La plupart d'entre elles se trouvent dans les cellules musculaires. Brûler sa masse adipeuse excédentaire implique de donc faire fonctionner ses muscles. Inutile de s'épuiser : il s'agit de les inciter à se développer, pas de se blesser. Les personnes de type morphologique triangulaire menant une existence sédentaire grossiront si elles ne préservent pas leur rythme métabolique en faisant travailler leurs muscles. En l'absence de toute activité physique, leur métabolisme ralentit et elles accumulent graisse et kilos superflus. En clair : il s'avère essentiel de faire de l'exercice, mais pas trop.

L'absence d'exercice fait chuter le rythme métabolique, si bien que l'on se met à stocker les graisses et à accumuler les kilos superflus.

Qu'appelle-t-on faire trop d'exercice ? Eh bien, pour la plupart des gens, courir 10 kilomètres représente un effort bien trop rude, même si cela leur procure une sensation de profond bien-être. Je compte trop d'amis obligés de se faire opérer des genoux la cinquantaine venue parce qu'ils avaient abusé du jogging. Une règle d'or valable pour chacun de nous : si vous êtes hors d'haleine et souffrez de courbatures, cela signifie que vous en faites trop.

Bien sûr, une séance de gym peut générer quelques courbatures ; mais si vous n'en retirez aucun plaisir, c'est que vous exigez trop de votre corps. Même si cela vous plaît, trop de douleurs le lendemain montrent que vous traumatisez votre corps.

Les individus de type triangulaire ont tendance à faire trop de sport, car cela induit chez eux un bien-être lié à l'afflux d'endorphines dans leur cerveau. Il s'agit en fait d'un faux bienfait, car l'excès de sport pompe tous les acides aminés présents dans le flux sanguin et interrompt la production de dopamine dans le cerveau.

L'excès d'exercice bloque la production de dopamine.

L'abus de sports se révèle particulièrement nocif pour les étudiants. Ce n'est pas un hasard si les étudiants les plus sportifs éprouvent souvent de la difficulté à maintenir un bon niveau scolaire (je ne parle pas ici du stéréotype de l'athlète doté de gros muscles et d'un cerveau minuscule). Un excès d'exercice peut entraver la capacité de concentration, la motivation, et l'attention. Et le niveau de dopamine en baisse fait chuter l'activité du cortex préfrontal.

Ce n'est pas un hasard si les étudiants les plus sportifs ont souvent de la difficulté à maintenir un bon niveau scolaire.

Nous l'avons vu dans un précédent chapitre : le cortex préfrontal détermine la durée pendant laquelle nous pourrons maintenir notre attention, notre capacité à juger, à contrôler nos impulsions, à résoudre les problèmes, à avoir une réflexion critique, à ressentir ou à exprimer des émotions, à communiquer et à faire preuve d'empathie : en somme, quantité de fonctions primordiales. Le manque généralisé de dopamine aidant, il n'est pas étonnant qu'un petit garçon d'âge scolaire sur cinq fasse l'objet d'un diagnostic de troubles de l'attention ou d'hyperactivité, ni que 90 % de la population carcérale appartienne au sexe masculin. Les mésomorphes ne sont pas seuls vulnérables à un déficit de dopamine : c'est le cas de tous les hommes et de tous les garçons. Les hommes possèdent en général 20 % de plus de muscles que les femmes, y compris celles appartenant au type triangulaire. Et même si le sport se révèle plus important pour les hommes que pour les femmes, les méfaits d'un abus d'exercice sont bien plus nocifs. En effet, il entraîne un déficit de dopamine chez les hommes et entrave la combustion des graisses dans les organismes féminins.

Un excès d'exercice suscite un déficit de dopamine chez les hommes et inhibe la combustion des graisses dans les organismes féminins.

Quand une femme pratique un sport de façon intensive ou moyennement intensive, les mitochondries de ses cellules musculaires consomment des glucides en lieu et place des graisses. La combustion de ses stocks adipeux se trouve donc bloquée : donc, même si elle éprouve un mieux-être temporaire, elle prend du poids. Voilà pourquoi les activités modérées et de faible intensité conviennent mieux aux femmes.

Ce mécanisme aide à comprendre comment certaines s'échinent à rester minces et prendre soin de leur corps, sans résultat notable. Cela vient de ce qu'elles ne pratiquent pas les activités favorables aux Vénusiennes. Le Dr Jay Williams, auteur de *The 24-Hour Turnaround* (*Vingt-quatre heures pour renverser la vapeur*), qui exerce à Hawaii, a aidé des milliers de patients des deux sexes à revenir dans le droit chemin en une journée seulement.

Nous avons organisé quantité de séminaires ensemble, et j'ai compris pourquoi tant de célébrités et d'hommes d'affaires qui pourraient s'offrir les meilleurs entraîneurs de la planète préfèrent solliciter ses conseils. Ce praticien souligne ce fait : ce que vous faites et mangez au quotidien détermine la façon dont vous sentez. Ce que vous avez fait hier est beaucoup moins important que ce que vous ferez aujourd'hui. On progresse au jour le jour sur la voie de la guérison.

Avec une activité physique et une alimentation adéquates, vous pouvez remettre votre chimie cérébrale d'aplomb en vingt-quatre heures chrono.

Les hommes ont tendance à manquer de dopamine et une activité physique intensive fait encore baisser le niveau de cette hormone. De ce fait, les Martiens musclés présentent plus de problèmes de dépendance, de troubles de l'attention ou d'hyperactivité. Hormis l'abus de nourriture ou de cigarettes, la plupart des dépendances sont les symptômes d'un déficit de dopamine. Quand une femme mange trop ou fume trop, cela signifie en général un manque de *sérotonine* et non de dopamine. Nous avons vu dans le chapitre 3 en quoi devenir accro à une substance ou une activité aidait un homme à compenser un défaut de dopamine dans son cerveau.

La plupart des dépendances, hormis l'abus de nourriture et la cigarette, sont des symptômes de déficit de dopamine.

Les mésomorphes végétariens doivent surveiller tout particulièrement leur apport en protéines. Quand on tire ces nutriments de sources exclusivement végétales, il faut combiner plusieurs aliments pour obtenir tous les acides aminés nécessaires à la sécrétion de neurotransmetteurs. Les céréales, les légumes frais et secs et les noix contiennent quantité de protéines ; mais aucun de ces aliments ne contient de protéines « complètes » – à l'inverse des protéines animales issues du poisson, de la viande, de la volaille ou des laitages, lesquelles renferment tous les acides aminés essentiels. Il suffit cependant de varier son alimentation pour s'assurer un apport protidique végétarien tout à fait adéquat.

En Inde, où le végétarisme est très répandu, l'un des plats les plus répandus est un mélange de riz et de lentilles. La combinaison de ces deux ingrédients permet d'obtenir une protéine complète. Même chose au Mexique, avec le plat traditionnel de riz et haricots secs. En Asie, on recourt aux produits dérivés du soja. Le haricot de soja apporte en effet la totalité des acides aminés essentiels. Le chanvre – qui, répétons-le, n'est pas de la marijuana – constitue l'unique autre source végétale de protéines qui renferme tous les acides aminés essentiels : cela fait de lui un ingrédient prometteur pour les végétariens, d'autant plus qu'il affiche une proportion idéale d'acides gras oméga-3 et oméga-6.

Les haricots de soja renferment tous les acides aminés essentiels.

On a pu constater que les végétariens souffraient couramment de déficits de vitamine B12. Hors du règne animal, seuls les produits à base de soja fermenté, comme le tempeh et les algues ou les compléments vitaminés, peuvent apporter cette vitamine. Précision utile : un manque de vitamine B12 conduit à la dépression ; cette substance est indispensable à la conversion des acides aminés en dopamine et en sérotonine.

Il faut de la vitamine B 12 pour convertir les acides aminés en dopamine et en sérotonine.

Quand leur taux de glycémie sanguin augmente, les personnes plus musclées utilisent cet excédent énergétique pour intensifier leur activité physique et bénéficier d'un agréable afflux d'endorphines. Mais ce bien-être est obtenu au prix d'une usure inutile de l'organisme, laquelle accélère le processus de vieillissement. En outre, si vous vous blessez et ne pouvez plus faire de sport, vos chers muscles se transformeront en graisse...

Après une séance de musculation intense, les bodybuilders éprouvent souvent une fatigue extrême et le besoin de dormir un bon moment. Cela résulte de la chute de leur glycémie sanguine, mais aussi d'un déficit de dopamine au niveau cérébral. Les muscles se reconstituent durant le sommeil, tout comme les stocks cérébraux de dopamine.

3. Le type morphologique rectangulaire

Les personnes de type morphologique rectangulaire ont besoin de plus de sucre (glucose) provenant de bons glucides que les autres types, même si chacun de nous doit tirer 50 % environ de ses calories de ce type de nutriment. Le sucre extrait de ces aliments par l'organisme nourrit notre cerveau et nos cellules. Le sucre apporte énergie et vivacité. La combustion des graisses fournit elle aussi de l'énergie, mais le cerveau, le plus gros consommateur énergétique de l'organisme, ne se nourrit que de glucides. On constate d'ailleurs une corrélation claire entre un taux de sucre sanguin trop bas et la fatigue. Se sentir en forme, enthousiaste et intéressé par ce qui nous entoure, est signe d'une glycémie sanguine stable.

Le cerveau tire son énergie exclusivement des glucides.

Votre cerveau se préoccupe fort peu du genre de glucides absorbés. En effet, tous les glucides se transforment tôt ou tard en sucre : c'est là tout ce qui lui importe. Privé de sucre, on meurt. Ce nutriment arrive juste après l'oxygène et l'eau sur la liste des éléments indispensables à notre survie. Dans les pays développés, nul ne manque de glucides ni de sucre. Notre problème viendrait plutôt de ce que nous en absorbons trop.

Les personnes de type morphologique mince ont tendance à utiliser le surplus d'énergie résultant d'une glycémie sanguine plus élevée en intensifiant leur activité cérébrale. En somme, elles pensent trop et éprouvent des émotions trop vives. Lorsque leur taux de sucre sanguin s'accroît, leur cerveau puise aussitôt dans l'apport énergétique supplémentaire dont il dispose. Cela peut conduire à analyser absolument tout, à se montrer anxieux et émotif, voire à souffrir de troubles obsessionnels compulsifs. Les personnes minces sont donc plus sujettes aux déséquilibres de la chimie cérébrale. Consommer plus de glucides complexes, par exemple des céréales et des légumes secs, leur permet de maintenir un flux énergétique plus régulier. L'excès de glucides simples, en revanche, accentue leurs symptômes de déséquilibre cérébral.

Ce sont les personnes les plus minces qui pâtissent le plus souvent de déséquilibres de la chimie cérébrale.

En résumé, les personnes chez qui le déséquilibre du taux de sucre sanguin se traduit par des problèmes de poids peuvent le constater de visu : elles ne vont pas bien et leur alimentation les conduit à vieillir prématurément. Les individus musclés et athlétiques, qui passent leurs journées à soulever des poids ou courent 10 kilomètres par jour, croient être en bonne santé parce qu'ils affichent une silhouette impeccable... mais certains d'entre eux sont brutalement fauchés par une crise cardiaque. Quant aux joggers, presque tous passent sur le billard vers l'âge de cinquante ans. Les « heureux mortels » peuvent manger tout ce qu'ils veulent et n'ont pas besoin de faire du sport pour rester minces, sont trop occupés à se faire du mauvais sang pour comprendre que leur alimentation les tue à petit feu.

Les personnes minces qui peuvent manger ce qu'elles veulent sans prendre de poids, attribuent leurs éventuels troubles de santé à des causes génétiques.

Les ectomorphes sont souvent ultrasensibles au sucre et sujettes aux sautes d'humeur. Elles ont envie d'aliments à fort indice glycémique, générateurs de bien-être immédiat ; après quoi leur glycémie sanguine, leur énergie et leur moral chutent de nouveau. Elles deviennent donc facilement prisonnières de l'enfer des glucides.

Parmi les symptômes d'une glycémie sanguine instable, citons l'irritabilité, le sentiment de détresse, la fatigue, la faim, une impression de confusion mentale ou de faiblesse. Des millions de femmes et d'hommes subissent ces troubles de façon chronique. Il leur arrive de consulter des thérapeutes, alors qu'ils ont seulement besoin d'un petit déjeuner sain et équilibré ! Un des premiers bienfaits du Régime Mars et

Vénus est une stabilisation naturelle du taux de sucre sanguin. Dès qu'ils cessent de se gaver d'aliments malsains, parents et enfants retrouvent un équilibre qui semble la plupart du temps hors d'atteinte. Et cette correction s'effectue en quelques jours seulement.

Une supplémentation en oligo-éléments se révèle indispensable aussi pour apaiser les fringales de sucreries et stabiliser la glycémie sanguine. On sait par exemple qu'un déficit de chrome favorise l'appétence pour les aliments sucrés ou à indice glycémique élevé. Cet élément étant normalement présent dans les sols, personne n'en manquait autrefois, mais l'appauvrissement des sols a fait apparaître des déficits.

Déficit en chrome

Depuis un siècle, l'agriculture repose de plus en plus sur l'utilisation de produits chimiques. Ainsi, l'adjonction trimestrielle d'engrais à base d'azote, de potassium et de phosphore donne des récoltes plus abondantes ; mais, au fil des ans, les autres éléments minéraux du sol s'épuisent peu à peu, à l'instar du chrome. Voilà pourquoi la plupart des aliments issus de l'agriculture présentent aujourd'hui une teneur beaucoup trop faible en chrome. Ce n'est pas un hasard si, dans le même temps, notre consommation de sucre est allée en s'accroissant.

Dans son brillant essai *Achieving Vibrance*, Gay Hendricks rappelle que voici cent ans les Américains consommaient environ une livre de sucre par an. Il s'agissait d'un aliment réservé aux grandes occasions et utilisé avec parcimonie : une cuillerée par semaine tout au plus. Aujourd'hui, l'Américain moyen absorbe chaque année quelque 50 kilos de sucre raffiné ! Presque tous les aliments en conserve ou tout préparés en contiennent, ainsi que des graisses raffinées et des farines raffinées propres à nous apporter un bref regain d'énergie et à nous laisser le cerveau embrumé vingt minutes plus tard. Le terme « raffiné » indique que tous les autres nutriments, comme les sels minéraux, les oligo-éléments ou les fibres, ont été éliminés – d'où un déséquilibre très nocif pour l'organisme.

L'Américain moyen absorbe chaque année environ 50 kilos de sucre raffiné.

Le traitement des aliments réduit encore leur teneur en chrome (et en autres éléments cruciaux pour notre santé) dans des proportions pouvant atteindre 90 %. Il en résulte un déficit général en chrome que notre mode de vie n'a aucune chance de corriger, loin s'en faut. Or le manque de chrome favorise l'anxiété, la fatigue, l'impression d'avoir l'esprit embrumé, les troubles de la vue, une fonction immunitaire affaiblie, les prises de poids intempestives, l'acné, les troubles liés à une intolérance au glucose (hypoglycémie, diabète), l'hypercholestérolémie et son corollaire l'athérosclérose (durcissement et obstruction progressive des artères)...

Les chercheurs ont constaté depuis plusieurs décennies que les malades décédés d'affections cardiaques présentent un taux de chrome anormalement bas. Une étude récente a confirmé que les patients cardiaques disposaient de réserves en chrome de 40 % inférieures en moyenne à celles de leurs semblables en bonne santé.

On remarque chez les personnes décédant de maladie cardiaque un taux de chrome anormalement bas.

L'importance du chrome pour le maintien d'une bonne santé et d'une vitalité satisfaisante réside dans son rôle de cofacteur de la régulation de l'insuline. Quand on manque de chrome, le cycle de l'insuline ne fonctionne pas correctement : cela peut faire chuter la glycémie sanguine de manière potentiellement dangereuse.

Si les aliments absorbés n'étaient pas appauvris en chrome, nous tirerions sans problème l'apport quotidien nécessaire des céréales complètes, du riz complet, des brocolis, de la viande, du fromage, des autres laitages, des œufs, des champignons, des cacahuètes ou des pommes de terre. Le chrome aussi est dans certaines plantes aromatiques et épices comme le thym, la cannelle, la valériane, la réglisse, ainsi que dans le poivre, les piments et les poivrons. Le kava-kava, qui fait partie de la même famille végétale, possède des vertus bien connues en terme de stabilisation de la glycémie sanguine et favorise particulièrement la production de sérotonine. Comme notre alimentation ne nous apporte plus suffisamment de chrome, il faut prévoir un apport extra-alimentaire.

La prise d'un complément de chrome peut suffire à briser le cercle vicieux de l'abus de sucreries. En effet, manger des sucreries fait baisser le taux de cet oligo-élément tous en stimulant de manière spectaculaire le taux de sucre sanguin et la sécrétion d'insuline. Quand le cycle de l'insuline fonctionne correctement, le sucre et les acides gras présents dans le sang se métabolisent correctement et produisent de la chaleur (processus de thermogenèse), et non une prise de poids. Et on a pu constater que la combustion de la masse adipeuse dans le cadre d'un programme amincissant était améliorée par une supplémentation en chrome.

Un déficit de chrome peut engendrer des fringales de sucreries.

Les bodybuilders prennent des suppléments de chrome depuis des années, en raison du rôle de cet oligo-élément dans le métabolisme des protéines et dans la conversion de la masse adipeuse en masse musculaire. Certains nutritionnistes spécialisés dans le sport pensent que le chrome accroît légèrement la masse musculaire, même chez les patients ne faisant pas d'exercice, sans doute par suite d'une sensibilité accrue à l'insuline. On a aussi découvert les vertus du chrome pour lutter contre l'acné. Pour toutes ces raisons, la supplémentation en chrome fait partie des préceptes de base du Régime Mars et Vénus.

Le mythe des régimes hyperprotéinés

Il existe bon nombre d'idées reçues quant aux bienfaits d'une alimentation riche en protéines et en lipides et appauvrie en glucides. Considérons quelques-uns un de ces mythes.

1. Les régimes hyperprotéinés provoquent un amincissement spectaculaire. Dans le cadre d'un régime hyperprotéiné, on perd en moyenne 10 kilos en six mois : aucune différence donc, avec les effets des autres protocoles amincissants appauvris en graisses ou avec un régime végétarien. La popularité de ce genre de régime réside dans le fait que la consommation accrue de lipides permet d'oublier pour un temps les mauvais glucides.

2. Les mets gras ne font pas grossir. Certains croient à tort que, puisque les Américains et les Occidentaux surveillent en général leur apport en graisses et pourtant ne cessent de grossir, les régimes appauvris en lipides ne fonctionnent pas. Ce postulat repose sur une erreur fondamentale : en réalité, nous mangeons de plus en plus de lipides. Des études réalisées aux États-Unis indiquent ainsi que l'apport en lipides par adulte est passé de 81 g en 1980 à 86 g en1991.

3. Les personnes mangeant le plus de glucides ont tendance à grossir le plus. On en a déduit à tort que les aliments riches en glucides étaient responsables de l'épidémie d'obésité qui sévit aujourd'hui. Toutes les études et les essais cliniques aboutissent à des conclusions inverses. En Asie, où les glucides représentent une part très importante de l'apport alimentaire de la plupart des individus (sous forme de riz, de nouilles ou de légumes), on observe beaucoup moins de problèmes de poids que dans les pays industrialisés. Quant aux végétariens, qui ont nécessairement une alimentation riche en glucides complexes, ils sont en général plus minces que les non-végétariens.

Les dangers du sucre

La meilleure chose que nous puissions faire pour notre santé consiste à diminuer notre consommation de sucres raffinés. Toute personne agissant ainsi verra ses kilos s'envoler et se sentira mieux.

En revanche, je ne recommande pas les sodas light, ni les édulcorants de synthèse à bas d'aspartame. Cette substance est en effet l'objet d'âpres controverses, certains soutenant qu'elle provoque des effets secondaires dangereux. Je préfère pécher par excès de prudence et éviter l'aspartame en remplacement du sucre, d'autant qu'il existe d'autres substituts sans danger, même si l'industrie agroalimentaire ne s'est guère intéressée à eux jusqu'à présent. Il en va ainsi de la stévia, une plante au pouvoir édulcorant cinq cents fois supérieur à celui du sucre : de surcroît, elle stabilise à long terme le taux de sucre sanguin.

Les études ont montré que la stévia, une plante dotée d'un pouvoir édulcorant cinq cents fois supérieur à celui du sucre, stabilise le taux de sucre sanguin.

La meilleure solution consiste cependant à diminuer son apport en sucre. Si vous avez pris un dessert sucré, un verre d'eau additionnée de citron et d'un bon complément alimentaire constitue un excellent antidote. Oligo-éléments et citron font baisser le taux de glycémie sanguin de 30 %. En outre la prise d'oligo-éléments dispense alors votre organisme de puiser dans ses réserves osseuses pour métaboliser le sucre. Quant au citron, il présente l'avantage annexe de rétablir le pH alcalin de l'organisme bouleversé par l'absorption de sucre raffiné acidifiant.

13
Votre corps est conçu pour se guérir tout seul

Si on lui apporte l'aide nécessaire, l'organisme peut se soigner tout seul. Pour l'appuyer, à nous de lui assurer une alimentation saine et une activité physique appropriée, et aussi de réduire notre dépendance envers le café, le thé et l'alcool.

Vous n'aurez cependant pas besoin de renoncer immédiatement à ces stimulants pour que le Régime Mars et Vénus fonctionne. Mieux vaut d'ailleurs l'entreprendre sans se soucier de ces détails pendant la première semaine. Si vous avez coutume de boire du thé ou du café le matin, ou une bière ou un apéritif en fin de journée, accordez-vous une semaine avant de renoncer à ces breuvages. En démarrant le programme, vous avez posé les bases du processus qui vous conduira à vous libérer des stupéfiants, des médicaments, de l'alcool et des autres stimulants.

Après une semaine de Régime Mars et Vénus, commencez à abandonner, l'une après l'autre, vos mauvaises habitudes. Chaque fois que vous dites adieu à une substance nocive, votre foie fait le ménage dans votre organisme ; après quoi, votre dépendance envers ce produit s'envole. Ces toxines éliminées, vous serez libéré de vos dépendances comme de vos fringales.

Une fois votre poids revenu à la normale et votre organisme désintoxiqué, vous pourrez de nouveau boire de temps à autre du café, du thé ou de l'alcool, ou vous autoriser un repas au fast-food. Ainsi, même si je ne suis absolument accro à aucun breuvage ou aliment, il m'arrive d'avoir envie d'une bière bien fraîche ou d'un hamburger : dans ce cas, je ne m'en prive pas.

Avec un foie désintoxiqué, on peut, en général sans dommage, boire avec modération du café, du thé et de l'alcool.

Le Régime Mars et Vénus m'a fait perdre sept kilos en quelques semaines. Une fois mon poids stabilisé, j'ai découvert que je pouvais adopter une approche moins stricte et manger de temps à autre des choses malsaines qui me tentaient, sans effets secondaires nocifs. Rappelez-vous : pour jouir des bienfaits de ce programme, il n'est nul besoin de suivre un régime parfait, ni d'être soi-même parfait !

Il n'est pas nécessaire d'être parfait pour accéder à la santé, au bonheur et à l'amour durable.

Si vos mauvaises habitudes reprenaient le dessus, vous pouvez toujours revenir à un programme plus strict. Cette fois, cela vous paraîtra plus facile puisque votre foie sera déjà en bien meilleure santé ; de plus, votre nouvel équilibre cérébral vous soutiendra dans vos efforts. Il est en effet beaucoup plus facile de changer de mode de vie quand le cerveau a commencé à produire de la dopamine et de la sérotonine en quantités appropriées.

Abandonnez vos mauvaises habitudes

La plupart des patients perdent automatiquement le goût des produits caféinés dès qu'ils appliquent les préceptes de *Mars et Vénus au régime*. Cesser de fumer se révèle un peu plus difficile. Les études le montrent : abandonner la cigarette fait chuter le taux de sérotonine de façon spectaculaire. Cela affecte beaucoup plus les femmes que la plupart des hommes. Être accro à l'alcool ou au café stimulant au contraire la production de dopamine, ces dépendances sont les plus difficiles à briser pour les Martiens.

Aujourd'hui, 90 % des fumeurs affirment vouloir cesser de fumer sans y parvenir. Cela s'explique par le fait que le tabac fait grimper le taux de sérotonine de manière significative, et y renoncer en fait nettement baisser le niveau. Même les hommes, qui affichent un niveau de sérotonine moyen plus élevé que leurs compagnes, en viennent à compter sur leurs cigarettes pour déclencher la sécrétion de ce neurotransmetteur. Quelques semaines du Régime Mars et Vénus, qui favorise la production de sérotonine, facilitent grandement la décision de renoncer au tabac pour retrouver les charmes de l'air pur.

90 % des fumeurs avouent aujourd'hui vouloir cesser de fumer sans y parvenir.

Comprendre l'importance de l'équilibre chimique cérébral dans notre capacité à bouleverser nos mauvaises habitudes incite à la compassion à l'égard des drogués en tout genre. Des millions de nos contemporains se trouvent en effet réellement dans l'*impossibilité* de se délivrer de leurs regrettables manies. Toutes les aides psychologiques et les émissions de télévision qui conseillent de « dire non au tabac » tout simplement ne peuvent contrer l'impact d'un déséquilibre des neurotransmetteurs.

Ce qui se produit quand on renonce à une mauvaise habitude

Dès que l'on abandonne une mauvaise habitude, deux phénomènes se produisent, qui semblent devoir saboter tous vos efforts pour gagner en bien-être et en santé. En premier lieu, la sécrétion des neurotransmetteurs et hormones du bien-être chute. Cela peut redoubler votre appétence de stimulants. Toutefois, si vous suivez déjà un régime et respectez un programme d'activité de nature à rééquilibrer votre chimie cérébrale, cette réaction sera réduite à sa plus simple expression, si tant est qu'elle survienne.

En second lieu, renoncer à des stimuli malsains comme l'abus de nourriture, d'alcool, de café ou de sucre déclenche au sein de l'organisme un processus d'élimination des toxines. Votre foie se félicite : vous cessez enfin de le surcharger de travail, il peut donc se lancer dans un grand nettoyage de printemps.

Mais l'afflux subséquent de toxines dans le sang aigrit l'humeur et fait chuter votre énergie – sauf si vous prenez la précaution d'absorber une supplémentation adéquate en acides aminés – et cela pousse souvent à replonger dans ses errements passés afin de recouvrer son bien-être. Grâce à *Mars et Vénus au régime*, vous savez à présent comment aider votre foie dans sa tâche dépurative quotidienne. Ainsi libéré des stimulants ou des stupéfiants, vous pouvez désormais donner directement à votre cerveau ce dont il a besoin pour se sentir bien.

Renoncer à une mauvaise habitude conduit à la libération de toxines, ce qui n'aide pas à se maintenir dans le droit chemin.

On considère en général qu'au terme de quelque neuf jours de supplémentation en acides aminés, les dépendances se dissipent. Quand vous jetez une mauvaise habitude au panier, votre foie se met aussitôt en devoir de se débarrasser de toutes les toxines accumulées à cause d'elle. Il arrive que, pendant cette phase, il soit tellement occupé par ce travail de désintoxication qu'il ne trouve plus le temps de contribuer à la synthèse des neurotransmetteurs indispensables à une bonne chimie cérébrale. Certains devront donc parfois patienter un peu plus longtemps avant de ressentir les bienfaits de leur « bonne action ». Rappelons-le : parmi les principales complications associées à l'alcoolisme et la toxicomanie, figure un affaiblissement du foie. Le Régime Mars et Vénus permet à cet organe de se régénérer, afin d'accomplir plus efficacement les tâches qui lui incombent.

Traiter l'affection à la source

Mars et Vénus au régime va apporter à votre organisme l'appui nécessaire pour accomplir sa destinée. Même si ce programme ne peut à l'évidence éliminer tous vos problèmes de santé, il aidera votre corps à retrouver sa capacité à se soigner lui-même. Le corps humain est en effet conçu pour être en bonne santé. Et quand il est en proie à la maladie, subit un accident, un empoisonnement ou les méfaits du stress, il est parfaitement à même de se désintoxiquer et de se « réparer ».

La médecine occidentale traite surtout les symptômes des affections ; elle commence tout juste à se préoccuper de prendre les problèmes à la source. La médecine holistique, la médecine préventive et les médecines complémentaires gagnent en importance, à mesure que le corps médical réalise que les patients attendent plus qu'un soulagement immédiat et un traitement symptomatique. La science commence à comprendre qu'une guérison va bien au-delà de la prescription de médicaments ou de radiothérapies.

Aujourd'hui, les patients attendent de la médecine plus qu'un traitement symptomatique ; ils sont en quête de moyens naturels d'obtenir une guérison à long terme.

De nos jours, quantité de cabinets médicaux proposent sur le recours à des chiropracteurs, des naturopathes, des homéopathes, des spécialistes de médecine traditionnelle chinoise, ainsi que des compléments vitaminiques, de l'acupuncture, de la phytothérapie, de l'aromathérapie, du qi-gong, du tai-chi-chuan, du yoga, de la méditation, des massages, des techniques de visualisation positive et la tenue d'un journal-santé.

Quantité de médecins et de cabinets médicaux proposent aujourd'hui à leurs patients des méthodes de traitement alternatives.

Ces techniques thérapeutiques stimulent, chacune à sa manière, la capacité de l'organisme à se soigner lui-même. Le Régime Mars et Vénus ne dispense pas de recourir à ce type d'aide. Il intensifie leurs bienfaits en fournissant à l'organisme le carburant adéquat.

Reprenons le parallèle automobile : l'alimentation et l'activité physique fournissent l'essence et l'huile nécessaires au fonctionnement du moteur. Quand vous consultez votre médecin ou votre thérapeute, c'est la même démarche que faire réviser ou réparer votre voiture. Le Régime Mars et Vénus ne remplace pas les traitements, mais elle améliore leur effet et diminue le besoin d'y recourir.

Manger équivaut à remplir le réservoir de votre organisme, et les consultations médicales à des révisions ou des réparations au garage.

J'ai pu constater l'efficacité de tous ces traitements et le plus apporté par une alimentation et une activité physique adéquates. Dans la mesure où il existe quantité d'ouvrages consacrés à ces diverses branches thérapeutiques, je n'en évoquerai ici que quelques-unes, les plus actives sur le plan de la chimie cérébrale.

Supplémentation en acides aminés

Il s'agit d'un traitement particulièrement efficace de toutes les formes de dépendance. Dans bien des cas, un apport des acides aminés manquants réduit en l'espace de neuf jours les symptômes des troubles de l'attention, de l'autisme, de l'anxiété, de la dépression bipolaire, de la schizophrénie et des toxicomanies en tout genre. Cette stratégie repose sur l'idée suivante : si on donne au cerveau un complément d'acides aminés, le corps peut enclencher le processus conduisant à une chimie cérébrale équilibrée. En somme, dès que vous donnez à votre cerveau affamé ce dont il a besoin, il peut se mettre à fonctionner normalement, parfois pour la première fois de son existence.

J'ai aussi vu des patients renoncer à la drogue sans éprouver aucun symptôme de manque. Comme nous l'avons expliqué, les dépendances naissent d'un manque préexistant de dopamine ou de sérotonine. Une fois la chimie cérébrale restaurée, le besoin de ces substances s'envole aussitôt pour laisser la place au besoin de consommer les aliments favorisant la production de ces neurotransmetteurs. Pour les patients récemment désintoxiqués, *Mars et Vénus au régime* constitue un programme de stabilisation idéal et extrêmement efficace.

Il existe quantité de cliniques pratiquant ce type de traitement, dont mon centre de thérapie alternative « Mars et Vénus » situé en Californie.

L'homéopathie contre les traumatismes cérébraux

En dépit de son ancienneté, l'homéopathie demeure peu respectée des médecins allopathes classiques. Des recherches ont démontré l'efficacité de cette science vieille de deux siècles, même si nombre de chercheurs avouent encore ne pas comprendre comment elle fonctionne.

On pratique l'homéopathie depuis deux siècles, et on ne compte plus les cas de guérison spectaculaires.

L'homéopathie se révèle particulièrement utile pour instaurer une chimie cérébrale propre à apporter la santé, le bonheur et l'amour durable. Elle comporte notamment un traitement efficace pour favoriser la guérison du cerveau, lequel m'intéresse tout particulièrement. En effet, un faible pourcentage de patients entreprenant le Régime Mars et Vénus n'en retirent pas les résultats spectaculaires observés chez les autres. Cela peut venir de ce que leur foie est trop intoxiqué, mais aussi résulter d'un traumatisme cérébral mal résorbé.

On peut en effet avoir eu le cerveau traumatisé sans souffrir d'infirmités ou de séquelles notables. De même qu'un os brisé se répare et gagne même en solidité pour peu qu'on le mette à l'abri d'un plâtre pendant quelques mois, le cerveau se régénère après un choc. Imaginez que vous ayez, en vous cognant la tête, choqué votre hypophyse, une glande située à la base du crâne et déterminant le fonctionnement de toutes les autres glandes du cerveau. Un problème à ce niveau peut provoquer divers symptômes au niveau du cerveau et ailleurs. À moins de faire le nécessaire pour favoriser la guérison de cette glande, vous risquez de perdre définitivement votre capacité à produire des neurotransmetteurs en quantité adéquate. On trouve ainsi couramment une blessure, même très ancienne, à l'origine de troubles physiques, mentaux ou émotionnels chroniques. Le traitement classique a permis aux os de votre crâne de se ressouder, mais vous restez déprimé ou anxieux. Alors, l'allopathie prescrit des antidépresseurs. Certains passent ainsi le restant de leur existence à tester un médicament puis un autre, n'en retirant que des bienfaits temporaires... tout cela parce que la cause profonde – et traumatique – du trouble n'a pas été prise en considération.

Il arrive souvent, alors même qu'on a survécu à un accident, que le cerveau reste endommagé.

Les blessures cérébrales, plus communément appelée traumatismes crâniens, peuvent résulter de causes aussi diverses qu'un choc survenu *in utero*, une naissance difficile, un accident de voiture, ou encore une chute ou une collision dans le cadre d'une activité sportive. Juste après le choc, on éprouve parfois des maux de tête, accompagnés ou non d'étourdissements. Ces symptômes peuvent perdurer un certain temps avant de disparaître. Il peuvent aussi ne se manifester que des années après le traumatisme initial.

La médecine moderne sait fort bien ressouder les os brisés, mais elle traite peu les traumatismes crâniens sans gravité. Il s'agit pourtant de pathologies banales, notamment chez l'enfant. Après un accident minime, le cerveau parvient en général à se soigner tout seul si le patient a une alimentation suffisamment riche en sels minéraux et en oligo-éléments. Dans le cas contraire, il éprouvera beaucoup de difficultés à se remettre pleinement du traumatisme.

Mais un choc à la tête ou une fracture des os crâniens peuvent produire des méfaits durables. On voit souvent des personnes au psychisme normal avant un accident souffrir par la suite de divers types de dépression ou de crises d'angoisse. Pourtant, il suffit parfois de six petites semaines d'un traitement homéopathique simple pour les guérir totalement...

Un traumatisme crânien non traité peut entraîner dépression, anxiété ou sautes d'humeur pendant le restant de l'existence du patient.

J'ai pour ma part été très impressionné par l'efficacité des traitements homéopathiques sur les traumatismes crâniens. J'en ai moi-même suivi un, qui m'a fait un bien immense. Comme nombre d'enfants, je suis un jour tombé d'un arbre la tête la première. Bilan : un bras cassé, dûment soigné, et un traumatisme crânien ignoré. J'ai souffert de toutes sortes de problèmes liés à cette blessure, en particulier en période de stress : maux de tête, sautes d'humeur, etc. Il m'a suffi de six semaines de traitement pour me débarrasser définitivement des conséquences résiduelles de ce vieil accident.

Il s'agit d'un traitement bon marché, tout à fait sans danger, les parents peuvent administrer eux-mêmes à leurs enfants. Il est encore plus utile de nos jours que dans mon enfance puisque notre alimentation ne nous apporte plus à elle seule les éléments nutritifs nécessaires pour nous remettre efficacement d'un accident ou d'un traumatisme. Consacrez un moment à vous remémorer votre enfance, votre jeunesse. Quels souvenirs vous reviennent si je vous pose les questions suivantes ?

– Vous est-il arrivé de faire un séjour dans un hôpital ; que s'était-il passé ?

– Vous est-il arrivé de tomber d'un arbre et de vous casser un bras ?

– Vous est-il arrivé de vous cogner la tête, le menton ou le front, et de vous faire une bosse grosse comme un œuf ?

– Vous est-il arrivé de tomber de vélo et de vous faire mal ?

– Avez-vous eu un accident de voiture ? Votre voiture a-t-elle été heurtée à l'arrière ?

– Vous a-t-on jamais laissé tomber lorsque vous étiez bébé, ou vous a-t-on raconté que vous tombiez de votre lit ?

– Vous est-il arrivé de vous cogner la tête contre le fond ou le côté d'une piscine, ou contre un plongeoir ?

– Vous est-il arrivé de recevoir une balle en pleine figure et d'avoir mal ?

– Vous est-il arrivé de recevoir un coup et d'être assommé ?

– Un choc vous a-t-il coupé la respiration ?

– Vous est-il arrivé de tomber brutalement en faisant du patin à glace ou du ski ?

– Votre mère a-t-elle mis particulièrement longtemps à vous mettre au monde ?

Si vous avez répondu oui à une seule de ces questions, vous pouvez avoir souffert de dommages cérébraux minimes qui n'ont jamais réussi à se cicatriser complètement. Or, l'une des conséquences du vieillissement consiste en une intensification de toutes nos faiblesses quand notre nutrition n'est pas adaptée à nos besoins... Si vous vous êtes fait mal au poignet à maintes reprises en tombant sans pour autant avoir jamais souffert d'une blessure sérieuse, quand vous prendrez de l'âge et commencerez à souffrir dans votre corps, c'est votre poignet qui vous fera le plus mal.

Le stress lié à un déficit nutritionnel se manifeste en premier lieu dans les zones les plus affaiblies de l'organisme ou dans celles qui ont été le plus souvent blessées.

Voici quelques années, je me suis accidentellement démis le pouce. Il a rapidement été remis en place, ce qui m'a fait très mal, mais mon pouce n'a jamais totalement guéri. Quand j'ai commencé à prendre régulièrement des capsules d'huiles riches en oméga-3, la douleur diffuse qui m'empoisonnait s'est dissipée en trois jours pour ne jamais revenir... sauf quand, parfois, j'abuse des (bonnes) graisses. Je vois alors reparaître les symptômes de déséquilibre lipidique sous forme de douleurs et de raideurs dans l'articulation de mon pouce, zones affaiblies de mon organisme. Dès que je lui donne ce dont il a besoin, mon pouce perd de sa raideur et cesse de me faire souffrir.

De la même façon, tout choc à la tête – et ailleurs, même si c'est plus rare – peut traumatiser durablement l'hypophyse si vous ne l'aidez pas un peu à guérir. Plus nous avançons en âge, plus nous ressentons les effets de ces blessures anciennes.

Plus nous avançons en âge, plus nous souffrons des conséquences de blessures survenues dans notre enfance.

Si au terme d'un mois de Régime Mars et Vénus, vous n'avez pas obtenu les résultats escomptés, vous devrez peut-être envisager un traitement homéopathique des traumatismes crâniens. En effet, un traumatisme mal guéri, même survenu cinquante ans auparavant, inhibe la production équilibrée de neurotransmetteurs. Mais entre *Mars et Vénus au régime* et les bienfaits potentiels de l'homéopathie, vous êtes à présent en mesure d'aider votre corps à surmonter toutes ses blessures passées.

Pour en savoir plus de plus, adressez-vous à un médecin homéopathe, ou bien consultez le site www.homeopathicwonders.com (en anglais).

L'aromathérapie

L'une des méthodes les plus simples pour accélérer et entretenir les bienfaits du Régime Mars et Vénus consiste à recourir à l'aromathérapie. De nombreuses études ont montré que le cerveau associe certaines expériences à certaines odeurs. Si vous portez un parfum à base d'huiles essentielles au pouvoir apaisant et euphorisant, votre cerveau en vient tout naturellement à associer la production de sérotonine et de dopamine avec cette fragrance. Une fois ce lien établi, il suffit d'appliquer un peu de cette huile essentielle pour que votre cerveau produise plus de neurotransmetteurs.

Les huiles essentielles constituent une thérapie alternative efficace pour la plupart des troubles de santé, en particulier pour ceux affectant le cerveau. Des milliers de patients ont pu remplacer leurs médicaments classiques par un traitement aromathérapique. En période de stress, ma femme veille à diffuser des huiles essentielles dans la maison afin de remplir l'atmosphère d'arômes apaisants.

Des milliers de patients ont pu remplacer leurs médicaments traditionnels par un traitement aromathérapique.

Tout comme les plantes médicinales, les essences aromatiques possèdent chacune ses propriétés curatives propres. Rappelons qu'une huile essentielle est le produit de la distillation d'une plante, d'une fleur, d'un arbuste, de feuilles, de racines ou de graines. Elle renferme les propriétés régénératrices, oxygénantes ou stimulantes de la fonction immunitaire des végétaux dont elle est issue. Et quand nous exposons notre organisme à des huiles essentielles, elles agissent comme un catalyseur pour le transfert de l'oxygène et des nutriments vers les tissus corporels.

Accroître l'apport d'oxygène dans le cerveau stimule la production de bons neurotransmetteurs.

En l'absence de molécules d'oxygène, l'organisme n'est pas en mesure d'assimiler pleinement les nutriments : les maladies s'installent ; les dysfonctionnements cérébraux sont en somme liés à un déficit nutritionnel d'oxygène. Or, les huiles essentielles contiennent des molécules oxygénantes et possèdent en outre une fréquence bioélectrique. Il s'agit d'une énergie électrique mesurable circulant à un rythme constant entre deux pôles. La recherche clinique montre que les huiles essentielles présentent des fréquences particulièrement élevées et capables de créer un environnement impropre à la survie des maladies, des bactéries, des virus et des moisissures. Mon huile essentielle préférée est l'huile de rose : elle bénéficie de la fréquence la plus élevée de toutes.

Les huiles essentielles comptent parmi les remèdes les plus anciens utilisés par l'homme. Les hiéroglyphes égyptiens comme les manuscrits chinois le prouvent : les prêtres et les médecins les utilisaient déjà plusieurs millénaires avant notre ère. On trouve quelque 188 références aux huiles dans la Bible, et chacun connaît l'histoire des rois mages venus apporter des cadeaux à l'Enfant Jésus. Mais qui se souvient qu'ils lui offrirent des huiles d'encens et de myrrhe ? On sait à présent que l'huile essentielle d'encens stimule très efficacement le système immunitaire.

Les trois rois mages venus rendre hommage à l'Enfant Jésus lui ont apporté des huiles d'encens et de myrrhe.

La science commence tout juste à redécouvrir les propriétés curatives des huiles essentielles. Les magasins de produits diététiques vendent des huiles de bonne qualité ; et vous en apprendrez plus long sur leurs propriétés dans les nombreux ouvrages qui leur sont consacrés. Pour en retirer les merveilleux bienfaits, vous pourrez au choix les porter en guise de parfum, les utiliser pour vous masser ou les diffuser dans votre maison ou votre bureau.

Ce que votre médecin en sait

Si vous suivez actuellement un traitement, vous devez bien entendu consulter votre médecin avant de mettre les préceptes de cet ouvrage en pratique. Rappelez-vous toutefois que bon nombre de généralistes n'ont eu que quelques heures de cours consacrées à la nutrition durant leurs études ; de plus, ils ont rarement le temps ou l'inclination nécessaires pour se tenir au courant des dernières découvertes en matière de régime et d'alimentation.

Bon nombre de médecins généralistes ou de psychiatres n'ont eu que quelques heures de cours consacrées à la nutrition.

Si vous attendez de votre médecin qu'il vous supervise au cours de votre Régime Mars et Vénus, demandez-lui combien d'heures de formation nutritionnelles il a bénéficié. Sachez que les médecins naturopathes ont pour leur part à leur actif ou moins quatre années de cours de diététique. Si vous jugez votre médecin insuffisamment formé pour vous aider, n'hésitez pas à demander une seconde opinion. Il ne manque pas de praticiens versés dans les techniques médicales alternatives.

Permettez-moi de vous donner deux exemples spectaculaires pour illustrer ce conseil.

Votre régime alimentaire affecte-t-il votre santé ?

Voici trois ans, Carol a participé à un atelier curatif de trois mois que j'avais organisé pour des patients atteints d'affections graves. Ils avaient besoin de bien plus que du Régime Mars et Vénus. Nous nous retrouvions trois fois par semaine pour pratiquer ensemble les techniques d'autoguérison que j'ai exposées dans mon ouvrage *Petits miracles au quotidien*. Carol comptait parmi les 25 participants atteints de cancer au stade III ou IV. À leur arrivée, la plupart des participants avaient une espérance de vie de quelques mois tout au plus. Mais tous, même ceux qui ont fini par perdre la bataille contre la maladie, ont affirmé que les techniques d'autoguérison que je leur enseignais leur avaient procuré un immense soulagement émotionnel et spirituel.

Carol appartient au groupe qui a vécu une rémission complète – ce que certains appellent une guérison spontanée. Pendant la première semaine, après avoir été informée de quelques-uns des changements diététiques que le programme implique, elle a interrogé son médecin à leur propos. Sa réponse fut très choquante : il lui dit que sa nourriture importait peu ! À l'appui de ses dires, il affirma qu'aucune recherche n'indiquait qu'une alimentation particulière pouvait aider à guérir un cancer.

Il s'agit là d'une opinion extrêmement répandue. Outre qu'elle est inexacte, elle est aussi trompeuse que dangereuse. Parmi les préceptes les plus importants exposées dans *Mars et Vénus au régime*, figure celui-ci : un corps sain a envie d'aliments sains, tandis qu'un corps en mauvaise santé est attiré par les aliments malsains. Quand on est malade, on ne peut pas manger ce dont on a envie puisque, par définition, ces aliments sont forcément mauvais pour la santé.

En apprenant à commencer la journée par un petit déjeuner approprié, vous permettez en revanche à votre métabolisme de brûler l'énergie que vous lui donnez tout au long de la journée, vous l'incitez à exiger des aliments sains tout en vous délivrant de vos envies malsaines de sucreries, de stimulants et de corps gras nocifs.

Un corps en bonne santé peut s'accommoder de repas occasionnels au fast-food ; en revanche, une personne atteinte de cancer ou de toute autre maladie au pronostic réservé et en déficit nutritionnel doit adopter une alimentation mise au point avec autant de précision que son traitement médical. Si vous mangez trop de mauvais aliments, la capacité naturelle de votre corps à se guérir s'en trouve en effet gravement compromise.

Un corps en bonne santé s'accommode de repas malsains occasionnels ; une personne malade ne peut pas s'accorder de telles libertés.

Si un médecin m'affirmait que ma nourriture ne peut affecter la capacité de mon organisme à lutter contre un cancer, je me précipiterais aussitôt chez un autre praticien. J'espère que les informations données dans cet ouvrage sur la nourriture et ses conséquences sur votre santé, votre bonheur et votre vie sentimentale vous ont convaincu d'en faire autant.

Que prenez-vous au petit déjeuner ?

Mon second exemple ressurgit régulièrement dans mon émission de radio ou au cours de mes séminaires. On me demande : « Si je commence ce programme, je pourrai cesser de prendre mes antidépresseurs ? »

À quoi je réponds par une autre question : « Est-ce que le médecin a pris la peine de vous demander ce que vous mangiez au petit déjeuner ? Vous a-t-on d'abord prescrit un régime alimentaire doublé d'un programme d'activité physique pour voir si cela allégeait ou faisait disparaître votre dépression ? »

La réponse est toujours la même : « Non, on ne m'a rien demandé sur mon petit déjeuner et on m'a pas non plus prescrit de programme nutritionnel ou sportif spécifique. »

Quand on connaît toutes les recherches disponibles sur la nutrition et la dépression, il me paraît impensable que les médecins oublient encore si souvent d'interroger leurs patients sur leur alimentation. Quand une personne présente des troubles cérébraux ou des symptômes psychologiques préoccupants, la prescription de psychotropes doublée de séances de thérapie peut produire un effet miraculeux et même sauver la vie du patient. Mais s'il n'y a pas d'urgence, mieux vaut d'abord se pencher sur l'alimentation et l'hygiène de vie du patient. Bien souvent, leur amélioration permet au praticien de déterminer si le sujet a réellement besoin de médicaments.

Une prescription médicale a des conséquences sérieuses : elle ne doit donc pas être entreprise à la légère.

Pour certains, la possibilité de prendre un médicament compte parmi les miracles de la médecine moderne. Mais quand un patient souffre de déficit nutritionnel, comme c'est à mon avis le cas de la plupart des personnes suivant ce type de traitement, une telle option thérapeutique ressemble plutôt à une peine de prison. En effet, pendant toute votre existence, vous allez devoir subir les effets indésirables de ce traitement.

Parmi les millions de personnes prenant des psychotropes, la plupart ne souffrent pas de maladie mentale mais d'un simple déficit nutritionnel.

Nos descendants considéreront notre époque et sa manie de la médicalisation avec horreur : elle leur paraîtra aussi « primitive » que le sont pour nous la saignée ou la lobotomie ! Même chez les patients en réel traumatisme cérébral, des recherches récentes laissent supposer qu'une supplémentation en acides aminés et un traitement homéopathique pourraient suffire à guérir le patient. Les médicaments cessent alors d'être nécessaires pour certains.

Mais tant qu'on ne comprendra pas les principes de base exposés dans *Mars et Vénus au régime*, la surmédicalisation continuera à sévir chez l'adulte comme chez l'enfant. Cela s'explique, car les options naturelles sont encore mal connues. La plupart des données figurant dans ces pages reposent sur des recherches plutôt récentes. Elles révèlent l'importance de certains acides aminés pour la production équilibrée de neurotransmetteurs. Mais les applications pratiques de ces découvertes, comme la supplémentation en acides aminés, restent méinconnues par la plupart des chercheurs.

J'appelle de mes vœux une solution de ce genre depuis que mon petit frère, atteint de troubles maniaco-dépressifs, s'est tiré une balle dans la tête voici près de vingt ans. Je me suis alors juré de trouver un jour un traitement naturel des maladies mentales.

Se libérer de la dépression sans médicaments

Même si les psychotropes induisent chez nombre de personnes des effets secondaires déplaisants, les symptômes consécutifs à l'abandon du traitement se révèlent bien pires. À en croire certaines études, jusqu'à 85 % des patients souffriraient, à des degrés divers, de symptômes de manque dès qu'ils interrompent leur traitement. Parmi les symptômes évoqués : nausées, nervosité, comportements violents, dépression suicidaire et mélancolie. Il s'agit exactement des troubles ayant poussé lesdits patients à entreprendre ce traitement

Lorsque ces manifestations trop bien connues resurgissent, le patient panique et retourne se faire prescrire le médicament salvateur. *Mars et Vénus au régime* aidera votre corps à retrouver son équilibre cérébral normal sans effets indésirables, mais cela prendra quelque temps. Les médecins recommandent en général de s'accorder plusieurs semaines, voire plusieurs mois, pour diminuer progressivement le dosage absorbé. Plus longtemps vous aurez pris ce médicament, plus longtemps il vous faudra pour vous en libérer.

Sachez toutefois que, tant que vous prendrez ces médicaments, les bienfaits du Régime Mars et Vénus resteront limités. Vous aiderez certes votre organisme et votre cerveau, mais tout se passera un peu comme si vous nagiez à contre-courant. Chaque jour, vous donnerez à votre organisme les éléments nécessaires pour produire des neurotransmetteurs en quantité adéquate, mais les médicaments indiquant à votre cerveau un taux de sérotonine satisfaisant l'informent ainsi qu'il est inutile d'en produire... En outre, vous accroissez la teneur en toxines de votre organisme, au lieu de les éliminer.

Selon une étude publiée par le *Journal of Clinical Psychiatry*, 70 % des médecins généralistes et 30 % des psychiatres ignoreraient les conséquences véritables d'une interruption sans préavis d'un traitement sérotoninergique. Nombre d'entre eux ne pensent donc pas à prévenir leurs patients que s'ils souhaitent arrêter les antidépresseurs, ils doivent le faire de façon très progressive.

Le cerveau a besoin de temps pour s'adapter à la nouvelle donne et se remettre à produire lui-même les hormones nécessaires. *Mars et Vénus au régime* vous permettra de le soutenir dans cette entreprise et d'arrêter la prise de médicaments sans sensation de manque.

Donnez à votre cerveau les nutriments dont il a besoin *avant* d'interrompre un traitement antidépresseur.

Les policiers le savent bien : la plupart des actes de violence sont le fait de toxicomanes en quête d'argent pour acheter de la drogue. Après un bref mieux-être, ils ne tardent pas à retomber en état de manque... et à voler ou tuer pour se procurer leur dose. Les violences familiales résultent elles aussi pour la plupart de problèmes de toxicomanie et d'alcoolisme. Autant dire que se libérer d'une drogue comme d'un médicament sans aucune supplémentation en acides aminés se révèle non seulement douloureux mais dangereux pour le patient et pour les autres.

Un déficit de sérotonine ne met pas seulement en danger le patient. Les recherches effectuées sur les tueurs en série de sexe masculin révèlent ainsi des dysfonctionnements cérébraux liés à un niveau extrêmement bas de sérotonine. Si vous voulez vous délivrer d'une drogue, prenez votre temps, afin de permettre à votre cerveau de se remettre à produire sa propre sérotonine. Sachez aussi que sans une alimentation équilibrée doublée d'une activité physique appropriée, cela ne se produira peut-être jamais.

Quand certains neurotransmetteurs font défaut, les stimulants divers en relancent temporairement la production, ce qui procure un soulagement fugace. Mais lorsque le cerveau devient dépendant de médicaments psychotropes, d'une drogue ou de toute autre substance, le cerveau croit produire suffisamment de dopamine et de sérotonine. De ce fait, un cerveau déjà en déficit de dopamine ou de sérotonine en produit encore moins. Voilà pourquoi, quand on supprime une drogue ou un médicament dans le but de recouvrer une chimie cérébrale saine, on se sent parfois encore plus mal qu'auparavant.

Les accros à l'alcool, aux stupéfiants ou aux médicaments doivent le comprendre : même avec une supplémentation adéquate, il faut plusieurs semaines à un cerveau pour se réhabituer à produire normalement des neurotransmetteurs. Pensez donc à adopter une alimentation adéquate et une bonne hygiène de vie avant même de tenter de vous délivrer de votre dépendance. Veillez aussi à vous faire aider par un professionnel compétent. N'hésitez pas à consulter des ouvrages, car ils sont fort utiles. Leurs auteurs et des centaines de leurs confrères aident chaque jour des femmes et des hommes à soigner leurs troubles mentaux au moyen de méthodes naturelles, sans nécessairement leur prescrire de médicaments.

Créer un univers de santé, de bonheur et d'amour durable

Pour conclure, je crois que tous nos problèmes ont une solution et qu'ils la trouveront quand les femmes et les hommes apprendront à partager réellement leur existence afin de préserver la magie de leur amour. Pourquoi cette magie ? Parce que c'est la première victime lorsque nos cœurs commencent à se refermer. L'amour nous pousse à donner le meilleur de nous-mêmes. Il constitue aussi l'un des défis les plus exaltants qu'il nous soit donné de relever. Pour atteindre le bonheur, nous devons croître en amour, en tolérance, en pardon et en sagesse.

Il est facile de contourner le problème en enterrant ses sentiments. Rester en contact avec l'amour qui baigne notre cœur nous relie à ce que nous avons de meilleur en nous.

Cela nous incite à nous efforcer de faire tout ce qui nous paraît beau et merveilleux. Un amour durable implique que nous restions heureux. En effet, une personne malheureuse ne peut entretenir les flammes transcendantes de la passion : celles-ci couvent au plus profond de notre âme, mais il nous appartient les faire ressurgir encore et toujours.

Admettre que nous sommes responsables de notre bonheur nous incite à en chercher la source tapie tout au fond de notre cœur : chacun de nous reçoit ce don à la naissance, mais nous le perdons peu à peu. À nous de faire en sorte de retrouver ce bonheur intérieur. Grâce à lui, nous pourrons tous devenir ce que nous pouvons être : des individus capables de donner leur amour sans reprocher aux autres leurs moments de moindre bonheur. Désormais, la seule accusée sera la biochimie !

Si vous cherchez un coupable, accusez votre biochimie !

Il est plus facile de rester heureux et de garder un cœur grand ouvert quand on se trouve en bonne santé. Voilà pourquoi réactiver chaque jour les capacités d'autoguérison de l'organisme aide à gagner en bonheur inconditionnel. Inutile d'avoir une vie ou une santé parfaites pour être heureux. En revanche, il est indispensable de donner au corps ce dont il a besoin pour relever les défis qui s'élèveront devant lui dans le domaine de la santé.

Si vous faites le nécessaire pour aider votre corps à se soigner lui-même et à rester en bonne santé, vous aurez posé les fondations du bonheur sur lequel un amour durable et vivace peut se construire. Sans amour, on peut toujours faire preuve de sagesse, de tendresse, de gentillesse et de compassion, mais dans des moindres proportions. La vie sans amour est peut-être plus raisonnable et plus autonome, mais le seul élément susceptible d'apporter à notre planète une paix réelle et durable lui fait alors défaut.

Une vie sans amour se révèle plus raisonnable et plus autonome, mais l'essentiel lui fait défaut.

On ne peut entretenir la magie de l'amour dans le cadre d'une union maritale qu'après avoir appris à respecter et à apprécier ses différences. Il s'agit là d'une tâche difficile. Mais, ce but atteint, nous devenons capables de relever le défi plus important que représente le règlement de désaccords liés aux divergences culturelles à plus large échelle. Il est trop facile de blâmer un autre pays, une autre culture, ses dirigeants, ou les nôtres d'ailleurs, quand nous-même ne nous risquons pas au quotidien à ouvrir notre cœur au pardon et au partage...

À mesure que le monde se fait plus exigu, il devient de plus en plus nécessaire d'apprendre à communiquer avec plus d'efficacité et de compassion. Quantité de dirigeants politiques persistent à reproduire encore et toujours les mêmes comportements, lesquels génèrent encore et toujours les mêmes problèmes. Résoudre des tensions globales et des angoisses planétaires passe, à mon sens, par l'apprentissage par nous autres, citoyens du village global, de l'art et de la manière de surmonter les tensions et les troubles affectant notre propre vie et notre village privé.

Tant que nous nous abrutirons avec des médicaments, nous n'aurons aucune chance de résoudre les problèmes du monde. Il nous faut en effet oser faire face à la réalité sans détour, avec clarté, sagesse et compassion. Comment envisager d'apporter une solution aux difficultés de la planète si on ne parvient pas à maintenir en permanence son cœur ouvert aux besoins de son partenaire, de ses enfants, de sa famille et de ses voisins ? La bataille ne se déroule pas au-dehors, mais ici même, dans notre maison.

La paix dans le monde commence chez nous.

Dans toutes les religions, le stade spirituel le plus élevé consiste à reconnaître que nous ne faisons qu'un avec la nature et l'univers. À cet égard, nous sommes tous intimement liés. Vous vous efforcez de relever les défis de votre propre quotidien, ou de faciliter, même de façon minime, la prise par les autres des bonnes décisions. Dès que vous franchissez une étape, vous aidez tous les humains à en faire autant.

Quand on essaie de retrouver l'amour au lieu de s'accrocher à des ressentiments anciens, on aide le monde à s'ouvrir à davantage d'amour.

Quand on parvient à trouver en soi la faculté de pardonner et d'oublier les blessures du passé, le monde entier devient plus indulgent.

Quand vous vous entraînez à vivre dans le présent et à apprécier ce que vous avez, vous aidez le monde à progresser vers une ère où les problèmes pourront être résolus, au lieu de s'appesantir sur un passé auquel on ne peut plus rien changer.

Nous vivons une époque particulière. Nous disposons du potentiel nécessaire pour enrichir chaque aspect de notre existence, ou réduire l'humanité à néant. Ce choix nous appartient.

Nous disposons du potentiel nécessaire pour enrichir chaque aspect de notre existence... ou réduire l'humanité à néant.

Vous faites usage de ce droit dès que vous vous engagez dans la voie conduisant à une chimie cérébrale équilibrée. Si vous négligez votre organisme et votre cerveau et renoncez à ce choix, vous retomberez sous la coupe des petits soucis – le lot des cerveaux en surchauffe ou en sommeil. Pensez au potentiel tapi en vous et sachez que chaque pas fait en ce sens vous aide et en même temps tous ceux que vous aimez.

Lorsque je me lève le matin, que je me livre à ma séance d'exercices quotidienne et que j'absorbe mon petit déjeuner équilibré, je ne le fais pas seulement pour moi, mais aussi pour ma femme, pour ma famille. Je sais que prendre ainsi soin de mon corps et de mon cerveau me permet de me montrer plus aimant et de leur apporter un soutien plus efficace. Je sais à présent que l'esprit et le corps sont indissociables, et que mon attitude envers ceux que j'aime vous aide aussi, chers lecteurs, ainsi que tous les autres habitants de notre planète. À mon échelle, modeste, je contribue à changer le monde chaque fois que j'agis de manière à promouvoir une chimie cérébrale génératrice de santé, de bonheur et d'amour durable.

Je sais que vous aussi allez changer les choses, et que nos efforts conjugués et nos cœurs grands ouverts rendront le monde plus beau. Merci de partager avec moi cette nouvelle et merveilleuse aventure. J'espère que vous la ferez aussi partager à vos amis et à ceux que vous aimez. N'hésitez pas à me faire parvenir vos remarques par l'intermédiaire de mon site Internet www.MarsVenus.com. Je reste à votre disposition pour répondre à vos questions, pour être à l'écoute de vos commentaires et de vos préoccupations. Surtout, faites-moi part de vos succès, qui m'inspirent de même que tous les autres visiteurs de ce site. C'est aussi une façon d'affirmer, non seulement aux autres mais aussi à vous-même, que vous pouvez réussir et, plus important encore, que vous êtes en train de le faire !

Partagez vos succès : ils n'en seront que plus grands.

Rappelez-vous : je vous soutiens et j'ai besoin de votre appui. Ensemble, nous pouvons changer notre quotidien et le sort de la planète. Puissiez-vous toujours grandir en amour et bénéficier de la santé, du bonheur et de l'amour durable qu'apporte un cerveau équilibré.

Table des matières

J'AI LU
Bien être

8412

Composition PCA

Achevé d'imprimer en Slovaquie
par NOVOPRINT
le 17 décembre 2017

EAN 9782290357156
OTP L21EPBN000106G002
1er dépôt légal dans la collection juillet 2007

Éditions J'ai lu
87, quai Panhard-et-Levassor, 75013 Paris
Diffusion France et étranger : Flammarion